KB080501

당신의 미래에 던지는

빅 퀘스천 10

BIG
QUESTION

당신의 미래에 던지는
빅 퀘스천 10

이영탁 · 손병수 지음

BIG
QUESTION

한국경제신문

왜 빅 퀘스천인가

미래는 이미 우리 곁에 와 있다. 미래를 모르고 살아가는 것은 어둠 속에서 방향감각 없이 헤매는 격이라고 하지 않았던가. 스티브 잡스가 만들어낸 포노 사피엔스(Phono Sapiens)가 신인류가 되어 세상의 무한 변화를 주도하고 있다. 이러다가 이 세상이 어디까지 가려고 하는가. 문명의 급격한 변화는 거대한 위기를 불러올 수 있다. 그런데도 우리는 너무 과거에 매달린다. 현재가 과거와 싸우면 미래가 없다고 한다. 미래를 안다고 성공을 보장할 순 없지만 미래를 모르고는 실패할 수밖에 없다. 미래를 제대로 알아야 할 이유가 여기에 있다.

다가오는 미래 세상은 파워 이동이 심하여 기존의 큰 것은 모두 사라진다고 한다. 대기업, 대학, 언론은 물론이고 정부나 거대 군사력도 포함된다. 이러한 변화는 이미 시작되었다. 1인 가구, 1인 기업, 1인 방송에다 혼밥, 혼술, 혼영이 급속하게 확산되고 있다. 유튜브가 미디어의 모든 영역을 점령해가고 있다. 페이스북이 문자메시지를, 구글이 휴대전화 산업을, 아마존이 종이책 산업을, 애플이 음악

플레이어 시장을, 우버가 배달산업을, 링크드인이 리크루팅 산업을 붕궤시키고 있다. 블록체인이 금융산업을 포함한 모든 중간매개업을 궁지로 몰아가고 있다. 일찍이 빌게이츠가 말했다. 앞으로 금융은 지속되겠지만 금융기관은 사라질 거라고. 어떤 준비를 하고 있는가?

저출산 고령화로 인하여 나라마다 노인사회가 다가오고 있다. 문제는 여기에 그치지 않고 인간의 불노·불사가 곧 가능해진다는 것이다. 2040년대가 되면 과학기술의 발전이 폭발적으로 이루어져 인간의 죽음이 사라지는 싱귤래리티(Singularity) 시대가 된다고 한다. 그러나 이것도 잠시, 인간보다 훨씬 우수한 슈퍼 인공지능을 지닌 기계인간의 출현으로 어쩌면 호모사피엔스, 즉 현 인류의 종말이 올 수도 있다고 한다.

지금 우리는 뉴 노멀 시대를 살고 있다. 과거의 경험이나 시각으로 세상을 봐서는 안 된다. 금리가 제로에 가까워도, 기업이 돈을 쌓아두고도 투자는 늘어나지 않는다. 낮은 출산율을 두고 앞으로 일은 누가 하느냐고 하지 마시라. 이제 일은 컴퓨터가, 로봇이, 기계가하는 세상이다. 인공지능을 장착한 이들 기계는 인간보다 훨씬 일을 잘하기 때문에 인간이 뒷전으로 밀리는 것이다. 이제부터 인간은 놀고먹으면서 일생을 즐길 줄 알아야 하겠다. 수입이 없이 어떻게 먹고사느냐고? 다행히 한계비용 제로 사회가 오고 있다. 이제 모든 물품의 가격이 내려가고 물가가 오르지 않는다. 개인이 스스로 필요한 물건을 만들어 쓰는 메이커의 시대를 맞아 DIY, 3D프린팅 등이 확산되고 있는데다 가성비를 찾는 소비층이 갈수록 늘어나고 있다.

급속한 미래변화 속에서 확대될 수밖에 없는 불평등은 세계 각국이 공통적으로 겪고 있는 문제이다. 현재 가장 보편적인 이데올로기는 보수 대 진보도 아니고 우파 대 좌파도 아닌 반기득권주의라고 한다. 이제 미국에서 아메리칸 드림은 사라졌고 개천에서 용도 나오지 않는다고 한다. 앞으로 미국 사회에 형성될 정치 구도는 민주당 대 공화당이 아니라 기득권층 대 비기득권층이라고 한다. 우리 사회는 아직 이런 문제 인식이 약할 뿐 아니라 견해가 다른 사람을 보수나 진보로 갈라버리는 바람에 서로 간에 갈등만 커지고 있다. 생각의 차이를 이해하지 못하고 틀린 것, 심지어 나쁜 것으로 치부하는 일은 우리가 극복해 나가야 할 해묵은 과제이다.

이 책은 세계미래포럼 창립 10주년을 맞아 기획했다. 미래가 좋고, 미래와 함께 즐기고 싶어서 포럼을 차린 지 10년. 그동안 19차례에 걸쳐 미래경영 교육과정이 배출한 수료생이 1,200명을 넘어섰다. 매월 조찬 콘서트를 개최하고, 중소기업과 교사, 학생을 대상으로 한 교육과정도 운영했다. 지금까지 세계미래포럼의 교육과정과 행사에 동참해준 원우들과 회원 여러분께 감사드린다. 어렵고 궂은일을 마다하지 않은 전 현직 포럼 가족에게도 감사드린다.

다시 새로운 10년을 시작하면서 우리 사회가 다 함께 미래 지향으로 바뀌길 간절히 기대한다. 그동안 익히고 경험한 미래지식을 거대한 질문(Big Question)으로 제시하고 스스로 답을 만들어 보았다. 이 책이 던지는 거대한 질문이 사람마다 밝은 미래를 열어가는 좋은 길잡이가 될 수 있기를 바란다. 동시에 퓨처리스트가 많아지는 세상, 그리고 과거보다는 미래를 더 많이 생각하는 사람과 세상이 되었으면 참 좋겠다.

이영탁

BIG QUESTION 1 **첫 번째 질문**
인간의 실체는 무엇인가?

첫 번째 질문

인간의 실체는
무엇인가?

1. 방황하는 인간

인간이란 무엇인가를 얘기하려면 인류의 기원부터 따져봐야 할 것이다. '신이 어느 날 우주 만물을 창조하셨다'는 식의 종교적 세계관은 일단 제쳐두자. 대신 우주의 탄생과 인간의 진화 과정에 대한 과학 성과를 인용해보자. 우주의 역사를 1년으로 환산해서 비교해보는 '우주달력(Cosmic Calendar)' 개념을 적용해보면 인간의 기원이나 역사는 그리 오래되지 않았다. 오히려 찰나에 해당하는 순간이다.

우주달력은 미국의 천체물리학자 칼 세이건(Carl Sagan, 1934~1996)이 1977년에 발간한 《에덴의 용(The Dragons of Eden)》과, 당시 그가 진행해 선풍적인 인기를 끌었던 우주과학 TV 프로그램 '코스모스(Cosmos)'에 소개되면서 널리 알려진 개념이다. 칼 세이건은 138억 년 전에 발생한 '빅뱅'을 우주달력의 1월 1일 0시, 현재를 12월 31일 자정 직전으로 설정해놓고 그동안 천체와 지구의 역사를 한눈에 볼 수 있도록 정리했다. 이 달력에 따르면 1초는 437.6년,

1시간은 157만 5천 년, 하루는 3천 780만 년, 1개월은 11억 5천만 년에 해당한다.

우주달력에서 보면 지구가 포함된 태양계는 9월(약 46억 년 전) 들어서 탄생했다. 지구에서 발견된 단세포 형태의 최초의 생명체 탄생 시점은 9월 21일(38억 년 전)이었다. 10월(약 34억 년 전)에 광합성이 이뤄지기 시작했고, 12월 5일(약 8억 년 전)에야 다세포생물이 출현했다. 이어 원시 형태 동식물이 살기 시작하다가 공룡이 지구를 지배하던 시점이 12월 25일(약 2천 300만 년 전)에 해당한다. 포유동물은 12월 26일(약 2천만 년 전)에 첫선을 보인다.

이 달력에서 인간의 역사는 12월 31일하고도 오후 8시가 지난 시점에야 시작된다. 영장류 가운데 침팬지와 인간이 분리된 시점이 그때였다. 돌로 만든 기구를 쓸 줄 아는 원시인이 출현한 시점은 밤 10시가 지난 시각(약 2만 5천 년 전)이었다. 인간이 농사를 시작한 시점은 밤 11시 59분 32초(1만 2천 년 전)에 해당한다.

이후 인간이 재난과 전쟁을 극복하며 걸어온 문명화의 시간은 초 단위 이하로 쪼개질 수밖에 없다. 인류문명의 발상지로 꼽히는 인더스문명의 출현 시점은 12월 31일 11시 59분 48초(5천 년 전), 로마제국과 예수 그리스도는 11시 59분 55초, 몽고제국 시대와 미주대륙 발견 시점은 11시 59분 58초에 해당한다. 인류가 산업혁명과 정보혁명, 두 차례 세계대전을 겪으며 이룬 문명이나 진보는 우주달력으로 보면 마지막 10초 이내에 집중 발생했다. 138억 년의 우주

역사에 비하면 그야말로 찰나의 순간에 불과하다. 우주달력의 24시간을 별일 없이 지내다가 그토록 짧은 시간에 우리는 일찍이 보거나 겪지 못한 거대하고 폭발적인 변화에 직면하고 있다. 이른바 '가속의 시대'로 불리는 문명과 기술 폭발의 시대가 도래한 것이다. 하루가 다르게 새로운 기술, 혁신이 쏟아져 나오는 시대에 많은 사람들이 길을 찾지 못해 헤매고 있다. 너무나 빠른 변화 속도와 방향을 따라잡지 못하는 나머지 상실과 소외에 시달리고 있다. 이런 가속의 시대가 우리에게 던진 질문과 과제는 '10가지 빅 퀘스천(10 Big Questions)'으로 집약할 수 있다. 먼저 인간의 실체는 무엇이냐는 질문부터 풀어보기로 하자.

2. 인간은 어디서 왔고 어디로 가는가

인간의 존재와 운명에 관한 철학적 함의를 담은 대표적인 예술작품 가운데 하나가 폴 고갱(Paul Gauguin, 1848~1903)의 그림일 것이다. 고갱이 사랑하는 딸을 잃은 후 1891년에 남태평양의 타히티 섬으로 건너가 1897년에 완성한 작품이다. 미국 보스턴 미술관에 보관된 그림의 제목은 〈Where do we come from, What are we, Where are we going〉이다. 폭 3.7미터, 높이 1.4미터에 달하는 대작인데, 고갱이 직접 붙인 제목에는 특이하게도 의문부호가 없다.

동양식으로 보면 생로병사(生老病死)의 과정이 이 그림과 제목 속에 함축돼 있다. 사람이 태어나서 나이 들고 괴로워하고 마침내 죽음에 이르는 과정이 모두 담겨 있어 볼 때마다 감동을 안기는 그림이다.

그림 오른쪽 아래에 세 여인과 어린아이가 보이는데, 이 부분이 말하자면 '우리는 어디서 왔는가(Where do we come from)'에 해당하는 부분이다. 중간 부분에는 젊은이가 과일을 따고 있거나 가축을 돌보고 다른 사람들과 대화하며 살아가는 모습이 나온다. '우리는 누구인가(What are we)'를 묘사한 듯하다. 왼쪽 끝의 늙은 여인은 죽음을 앞둔 모습으로, '우리는 어디로 가는가(Where are we going)'를 상징한다. 고갱은 이 그림을 통해 인간의 과거와 현재, 그리고 미래의 모습을 보여준다.

이 그림이 주는 의미 가운데 하나는 인간은 누구나 생로병사의 모습이 비슷하다는 점이다. 인간은 태어나자마자 인생이라는 학교에 입학한다. 그 학교에는 수업 시간도, 과목도 정해진 것이 없다. 선생님도 없다. 스스로 인생을 살아가면서 배워가는 것이다. 이 학교에는 학년이나 학급도 따로 없다. 한 가지 확실한 것은 죽으면 비로소 졸업하게 된다는 사실이다. 인생 학교에서 평생 인생 공부를 하면서 살아가는 셈이다.

지금 세계 인구가 70억 명 정도라고 하지만 인류가 존재하기 시작한 이후로 지금까지 지구에서 살다가 사망한 사람의 누적 합계가

1천억 명에 달한다고 한다. 그 많은 인간들이 살아 있는 동안 인생 학교를 다니고 인생 공부를 했다. 그중 많은 사람들이 인생이 무엇이냐는 명제에 대해 나름대로 설파했지만, 정작 모든 사람이 공감하고 동의하는 정답은 없다. 이것만 봐도 인생이란 참으로 오묘한 것이다.

그런 관점에서 볼 때 지구상에 두 가지 큰 미스테리(Two Big Mysteries)가 있다. 하나는 인간의 마음이며, 다른 하나는 우주다. 인간의 마음을 관장하는 두뇌에는 1천억 개의 뉴런(신경세포)이 있다. 우주에는 1천억 개의 별이 있다고 한다. 참으로 신비스러운 현상이다. 특히 인간의 마음은 1천억 개 뉴런의 상호작용 속에서 종잡을 수 없고 통제하기 어려운 대상이 아닐 수 없다. 인간은 누구나 생로병사 과정을 경험한다. 그러나 구체적인 삶의 형태와 방식은 사람마다 천차만별이다. 종잡을 수 없는 인간의 마음처럼. 아마도 그런 차이 속에 인간의 실체가 녹아 있을 것이다.

3. 인생 수업

그런 인간의 마음을 잘 파고든 학자가 엘리자베스 퀴블러 로스(Elisabeth Kübler-Ross, 1926~2004)라는 스위스 출신 의사다. 그녀는 인간의 삶과 죽음에 대한 연구에 일생을 바쳐 미국 시사주간지 〈타임〉

이 '20세기 100대 사상가' 중 한 명으로 선정한 정신과 의사다. 죽음을 앞둔 인간의 모습 속에서 생로병사 과정을 지나는 인간 실체를 분석했다.

세계 최초로 호스피스 운동을 도입한 그녀가 평생 죽음을 눈앞에 둔 환자들을 돌본 경험과 사유의 결과를 집대성한 《인생 수업》은 불후의 명작으로 꼽힌다. 이 책은 죽음에 직면한 사람들이야말로 '삶이라는 학교'의 교사들이며, 이 학교에서 우리는 인간의 정체성, 사랑, 인간관계, 시간, 두려움, 인내, 놀이, 용서, 수용, 상실, 행복 등의 가치를 배운다고 말한다.

사람들은 종종 부조리하고 무의미한 삶 속에서 즐겁지 않은데도 웃고, 원치 않는 관계를 맺고, 아무 생각 없이 밥을 먹으며 살아간다. 그렇게 살다 보면 삶의 마지막 순간에 간절히 원하게 되는 것이 너무 많다. 돌아보면 시간이나 기회가 넘쳤는데도 못한 것들이 한두 가지가 아니다. 그때 그곳에서 왜 그렇게 하지 못했을까 하는 후회로 땅을 치곤 한다. 퀴블러 로스의 조언은 "지금 당장 그것을 하라"이다.

그녀가 돌본 환자들은 삶이 기회이자 아름다움이며, 즐거운 놀이라고 말하면서 삶을 붙잡고 감상하고 누리라고 권한다. 인생에는 배워야 할 것들이 많고 한 번의 삶으로 모든 것을 배울 수는 없지만, 진정으로 살아보기 전에는 죽지 말아야 한다고 강조한다. 그녀는 살고(Live), 사랑하고(Love), 웃고(Laugh), 그리고 배우라(Learn)는 유명한 가르침을 남겼다.

인생에서 두 가지 중요한 과목은 '이별'과 '상실'이다. 인간의 궁극적인 상실은 결국 죽음을 뜻한다. 그런데 죽음보다 더 가슴 아픈 것이 이별이다. 상실과 이별의 구멍을 메워줄 수 있는 것은 사랑이다. 굳이 설명하지 않아도 우리는 사랑의 가치와 중요성을 안다. 그러나 우리는 사랑 앞에서 변명이 너무 많다. 사랑을 한다면 그것으로 됐지, 이런 저런 조건이 왜 그리 많은가. 예를 들어 부부가 결혼해서 살다 보면 다투기 시작하는데, 정작 본인은 변하지 않으면서 상대는 완벽하기를 기대한다. 조금만 허점이 보이면 바꾸라고 시비를 거는 사람들이 무수히 많다. 그렇다면 당신은 부모나 형제가 마음에 들지 않는다고 바꾸려고 할 것인가. 마찬가지로 사랑도 무조건, 조건 없이 주는 것이다. 사랑에 '공부 잘해야 한다, 예의 바르게 굴어야 한다, 손을 잘 씻어야 한다…' 같은 여러 조건을 붙이는 것은 가짜 사랑일 뿐이다.

용서 역시 마찬가지다. 용서는 상대를 위한 것이 아니라 자기 자신을 치유하고 남을 사랑하기 위해 필요한 것이다. 용서를 미루거나 아예 하지 않는 것은 결국 자기 자신에게 벌을 주는 것이다. 우리가 가장 많이 용서해야 하는 대상은 바로 자기 자신이다.

인간의 진정한 행복에 대해서는 뒤에 다시 자세히 다루겠지만, 타인과의 과도한 비교는 불행으로 가는 지름길이다. 사실 대부분의 사람들은 무엇이 행복이며 어떻게 해야 행복해지는지를 나름대로 짐작한다. 그러면서도 불행을 벗어나지 못하거나 자초하는 큰 이유 가운데 하나가 바로 비교에 있다. 특히 돈에 대한 과도한 집착은 근원적으로 타인과의 비교에 따른 불행으로 귀결되는 경우가 많다. 1억 원을 벌면 주변에 10억 원을 가진 사람이 보이고 10억 원을 벌어도 주위에 100억 원대 부자만 눈에 들어오니, 무리에 무리를 거듭하다가 불행한 종말을 맞는 사람이 의외로 많은 세상이다.

인간의 삶은 불치병 진단을 받는 순간에 끝나는 것이 아니다. 오히려 그 순간에 새롭게 시작할 수 있다. 죽음을 앞둔 사람들이 남긴 가장 큰 교훈은 이런 것들이다. 당신에게 주어진 모든 날들을 최대한 의미 있게 살아라. 여러분들은 대체로 무난히 살아가고 있겠지만 과연 한 번이라도 가슴 뛰는 삶, 열정을 다한 삶을 살아본 적이 있는가. 만약 그렇지 못하다면 인생을 제대로 산다고 할 수 있겠는가. 이것이 바로 《인생 수업》이 던지는 질문이다.

퀴블러 로스는 인간의 삶의 일부로서 죽음의 문제도 파고들었다. 그녀가 1969년에 펴낸 《죽음과 죽어감(On Death & Dying)》은 죽음학 연구의 고전으로 꼽힌다. 이 책에서 그녀는 유명한 '죽음의 5단계' 이론을 제시한다. 죽음을 앞둔 인간은 ①부정과 고립으로 시작해서 ②분노하고 ③협상해보지만 ④우울에 빠져들다가 ⑤수용에 이르는 과정을 거친다는 것이다. 그가 죽음 연구를 통해 전달하는 메시지는 결국 인생을 더 잘 살자는 것이다. 누구든 피할 수 없는 죽음이라는 사건을 좀 더 이성적이고 두려움 없이 이해하고 직시해야 한다고 말한다. 그러면 비로소 오늘이 마지막인 듯 인생을 충실히 살아야겠다는 자각이 주어지며, 보다 인간적으로 생을 마칠 수 있게된다고 강조한다.

4. 이기적 유전자와 인간

/

퀴블러 로스가 죽어가는 환자들을 통해 인간의 진면목을 파악하려 했다면 리처드 도킨스(Richard Dawkins, 1941~)는 진화론 관점에서 예리하게 인간의 실체와 속성을 파헤친 인물이다. 도킨스에 의하면 인간은 누구나 유전자를 보유하고 있으며, 이 유전자가 인간의 몸과 마음을 창조했다. 그리고 이 유전자를 보존하는 것이 인간 존재의 유일한 이유다. 인간은 말하자면 유전자의 보존과 번식을 위한 '생존기계'라는 것이다.[1]

오직 살아남는 것이 절체절명의 과제인 진화 과정에서 유전자의 세계는 비정한 경쟁, 끊임없는 이기적 이용, 그리고 속임수를 불사한다. 유전자가 창조한 인간과 다른 종족 간 경쟁은 물론 인간들끼리도 세대와 지역, 피부색, 남녀 간에 끊임없이 반복된 싸움에서 무수히 되풀이된다. 이런 싸움에서 유전자 자체의 생존과 번식을 유지하려는 목적은 애당초 이기적일 수밖에 없다. 싸움에서 패배한 유전자는 소멸하는 운명을 맞기 때문이다. 인간을 비롯한 모든 생물의 이기적 행동은 진화 과정에서 비롯된 본능적인 것이다.

이런 관점에서 보면 지금까지 생존에 성공한 유전자의 특징은 '비정한 이기주의'라고 할 수 있다. 인간을 포함해 지금까지 생존한 모든 동물들은 강하거나 힘이 세거나 머리가 좋아서가 아니다. 그때그때 주어진 환경 변화에 치사할 정도로 자기 자신을 잘 적응시킨, 극단적인 이기주의가 발현한 결과로 볼 수 있다.

리처드 도킨스는 인간을 포함한 생물체의 유전자가 '이기적'이라는 속성으로만 규정되는 한계를 넘어서기 위해 부모 또는 동족 간 희생이나 헌신 등 '이타적' 속성이 함께 작용한다는 점을 설명한다. 그러나 그는 그런 이타적 행위도 결국은 종족이나 개체의 생존과 번식을 위한 이기적인 유전자로 귀결된다고 강조한다. 가령 재난 현장에서 남을 구해주는 이타적 행위가 순수하게 이타적인 동기에 의한 것이 아니라는 얘기다. 그런 행위를 통해 궁극적으로 자신과 동질적인 유전자를 확산시키기 위한 행동으로 보기 때문이다.

그가 '이기적인 자기복제자'로 규정한 유전자 외에 인간의 진화론적 변화를 설명하는 또 하나의 개념이 '밈(meme)'으로 명명한 문화적 유전자다. 그는 우주의 모든 생물이 이기적 유전자라는 자기복제자를 갖고 있지만, 인간이라는 종이 특수한 존재로 인정받을 만한 근거가 바로 '문화'라고 본다. 밈은 말하자면 유전자처럼 자기

복제 기능을 갖춘 문화적 유전자라고 설명한다. 유전자가 특별한 이유는 자기복제 기능 때문인데, 인간은 밈이라는 또 하나의 전달자가 더해져 전 우주에서 특별히 성공적인 진화를 이끌어냈다는 설명이다. 앞서 언급한 이타적 속성도 밈의 작동으로 이해할 수 있다. 그는 말한다. "우리는 유전자의 기계로 만들어졌고, 밈의 기계로서 자라났다."

5. 개인과 분인(分人)

리처드 도킨스는 진화론이라는 과학의 틀을 활용해 인간의 원형질을 쪼개 '이기적 유전자' 개념을 제시했다. 인간을 생명의 원형질인 유전자를 보존하고 번식시키기 위한 로봇으로 묘사했지만, 생물학적으로 보면 그 유전자와 로봇은 분리가 불가능한 동일체다. 그렇다면 인간의 심리적 내면은 어떤 것일까. 하나의 단일한 존재일까, 아니면 쪼개고 나눌 수 있는 것일까.

이런 주제를 위해 지그문트 프로이트(Sigmund Freud, 1856~1939)가 창시한 정신분석학의 세계로 되돌아갈 필요는 없다. 너무 멀고 복잡한 길이다. 대신 비교적 최근에 제시된 일본 작가 히라노 게이치로(平野啓一郎, 1975~)의 '분인(分人)' 개념을 들여다보자. 인간의 내면적 실체를 공감할 만한 방식으로 분석하고 있기 때문이다. 그가

2012년에 발표한 《나란 무엇인가—개인에서 분인으로》²는 이른바 '분인론'의 이론 전개와 시사점을 제시한다.

개인과 분인의 차이는 이렇다. 우선 개인의 개념이다. 개인을 뜻하는 영어 individual의 구성은 in+dividual로, divide(나누다)라는 동사에서 유래된 dividual에 부정접두사 in이 붙은 단어다. individual의 어원을 직역하면 '불가분', 즉 '더는 나눌 수 없다'라는 의미이며, 이 말이 오늘날의 '개인'이라는 의미로 정착된 시기는 불과 얼마 안 된 근대에 접어든 후였다.

더는 나눌 수 없는 존재로서의 개인은 인간의 육체를 떠올리면 당연한 얘기다. 사람의 몸은 교통사고나 지뢰 폭발 등의 외상으로 일부가 떨어져 나가거나 사후에 토막을 내지 않는 한 분리될 수 없다. 그렇다면 우리가 '인격'으로 부르는 인간의 내면은 어떨까. 몸처럼 더는 나눌 수 없는 단일한 실체요, 개념일까?

히라노 게이치로는 그렇지 않다고 본다. 예를 들면 회사에서 일할 때, 가족과 함께 있을 때, 오랜만에 동창생과 술 한잔할 때, 연인과 단둘이 사랑을 속삭일 때 등등, 이런 상황에서 나의 실체는 한결같이 하나의 모습으로만 나타나지 않는다는 것이다. 오히려 상황이나 장면에 따라 인간은 서로 다른 얼굴로, 마음으로 나타난다고 말한다. 그는 단 하나뿐인 '진정한 나' 따위는 존재하지 않는다고 단정한다. 거꾸로 대인 관계마다 드러나는 여러 얼굴이 모두 '진정한 나'라고 강조한다.

당신의 미래에 던지는 **빅 퀘스천 10**

그래서 그는 개인이라는 말의 문제를 깊이 생각해보기 위해 '분인(dividual)'이라는 새로운 단위를 도입한다. 부정접두사 in을 떼어버리고, 인간을 나눌 수 있는 존재로 간주하는 것이다. 따라서 분인은 대인 관계마다 드러나는 다양한 자기를 의미한다. 애인과의 분인, 부모와의 분인, 직장에서의 분인, 친구와의 분인…. 이런 분인들은 반드시 동일하지 않으며, 상대와의 반복 커뮤니케이션을 통해 자신의 내부에서 형성되어가는 패턴으로서의 인격에 해당한다. 한 명의 인간은 여러 분인의 네트워크이며, 거기에 '진정한 나'라는 중심 같은 것은 없다. 내면의 여러 분인들이 그때그때 복합된 비율이 인격과 개성으로 나타난다는 것이다.

　그의 표현을 빌리면, 인간은 속에 단단한 씨앗이 견고하게 자리 잡은 복숭아가 아니라 벗겨도 벗겨도 끝없이 나오는 양파 같은 존재다. 부모나 좋아하는 사람, 사랑하는 사람을 만났을 때의 나와 싫어하는 사람이나 기분 나쁠 때 만나는 사람을 대하는 나는 완전히 다른 사람이다. 그만큼 인간은 종잡을 수 없다.

　나라는 인간은 대인 관계에 따라 몇 가지 분인으로 구성된다. 그리고 사람의 됨됨이(개성)는 여러 분인의 구성 비율에 따라 결정된다. 분인의 구성 비율이 바뀌면 당연히 개성도 바뀐다. 개성이란 절대 유일 불변한 개념이 아니다. 또한 타자의 존재 없이는 결코 생겨나지 않는다.

　히라노 게이치로의 분인론은 요컨대 인간의 내면이 우리가 진정한 나라는 신화로 포장된 단일한 실체가 아니라는 점을 인정하자는 것이다. 육체와 달리 우리 마음 또는 인격은 하루에도 어떤 상황에서 누구를 만나느냐에 따라 얼마든지 달라질 수 있다. 그렇다고 인간은 모두가 가면을 쓰고 연기를 하며 산다고 해야 할까? 어떤 사람을 놓고 "저 사람은 그럴 사람이 아닌데…" 하며 혼란스러워 하는 반응도 단일한 인격이나 개성에 집착하기 때문이 아닐까? 그보다는 육체는 나눌 수 없을지라도 인격은 나눌 수 있다고 받아들이면 인간의 실체를 이해하기가 수월하다는 것이다.

6. 불혹(不惑)과 무소유, 흔들리는 인간

굳이 개인과 분인을 나누지 않더라도 인간은 참으로 종잡을 수 없는 존재다. 한 인간의 삶은 일직선처럼 나타나지 않는다. 그보다는 많이 흔들리고 자주 갈팡질팡한다. 타인과의 비교, 욕심, 유혹이 끊임없이 이어지기 때문일 것이다.

공자(孔子)는 《논어(論語)》에서 나이 사십이면 불혹(不惑)이라는 표현을 썼다. 그러나 공자 같은 대인이니 사십에 세상 유혹에 흔들리지 않을 수 있을 뿐, 죽는 날까지 세상의 온갖 유혹을 극복한 사람들이 과연 몇이나 될까. 그보다는 온갖 욕심과 번뇌 속에서 살다가 가는 것이 일반적인 인간의 모습이 아닐까.

법정스님(1932~2010)은 우리 시대에 '무소유(無所有)'라는 명제를 던져주고 떠났다. 우리는 필요에 의해서 물건을 갖지만, 때로는 그 물건 때문에 마음이 쓰이게 된다. 따라서 무엇인가를 갖는다는 것은 다른 한편 무엇인가에 얽매이는 것이다. 그러므로 많이 갖고 있다는 것은 그만큼 많이 얽혀 있다는 뜻이다. 그는 아무것도 갖지 않을 때 비로소 온 세상을 얻게 된다고 설파했다.

스님은 "내가 소유한 권력이나 명예는 내 것이 아니다, 잠시 나와 인연이 닿아서 내 곁에 와 있을 뿐, 언젠가는 나를 떠나고 마는 것"이라고 말했다. "내 몸이 내 것이 아닐진대 하물며 잠시 내게 온 돈이나 권력이 어찌 내 것이냐"라고 되묻는다. 공자가 세속적인 유혹을 경계했듯 스님도 돈과 권력을 향한 인간의 집요한 소유욕을 경계했다.

법정 스님이 가끔 인용하던 얘기가 있다. 어느 절에서 스님이 새벽에 소변을 보러 나오다 보니 도둑이 분명한 사람이 절간 뒤주에서 쌀을 퍼내서 지게에 지고 가려 하고 있었다. 그런데 쌀을 너무 많이 퍼 담다 보니 지게를 지고 일어서질 못하는 게 아닌가. 스님이 얼른 뒤로 다가가서 지게를 지고 일어서도록 도와준 뒤 "누가 보기 전에 빨리 가시오" 하고 일러주었다. 날이 밝은 후 절간에 도둑이 들었다고 야단법석이 일었을 때, 스님이 빙긋이 웃으면서 말했다. "원래 우리에게는 쌀이 없지 않았느냐. 누군가 쌀이 필요하면 가져가는 것이다 쌀이 없어지면 언제든 다시 생기지 않겠느냐."

이 일화는 지어낸 얘기가 아니라 실화라고 한다. 실제로 쌀을 훔쳐갔던 사람이 후에 크게 회개하고 훔친 쌀을 되갚은 것은 물론 아주 모범적인 불자가 됐다고 한다. 아무튼 법정 스님은 이 얘기를 인용하면서 무소유의 개념을 설명하곤 했다.

7. 인간의 가장 확실한 미래, 죽음

이쯤에서 인간의 미래를 얘기해보자. 인간의 미래는 불확실성으로 가득 차 있지만, 한 가지 확실한 것은 죽음이다. 죽음에 관해서는 《죽음이란 무엇인가》 같은 부류의 책과 《어떻게 죽을 것인가》 같은 부류의 책이 있다. 두 부류의 책들을 읽어보면 결국 죽음이란 무엇인가라는 질문은 삶이란 무엇인가로, 어떻게 죽을 것인가라는 질문은 곧 어떻게 살 것인가와 동일한 질문으로 귀결된다.

인간의 죽음에 관해 연구나 저작이 많은 곳이 미국 예일대학교다. 우선 '죽음이란 무엇인가' 쪽의 대표 학자로 꼽히는 셸리 케이건(Shelly Kagan, 1954~) 예일대학 교수는 죽음에 관한 두 가지 관점을 제시하고 있다.[3] 하나는 '죽음은 문(gate)', 즉 영혼의 세계로 들어가는 문이라는 관점이다. 다른 하나는 '죽음은 벽(wall)', 즉 영혼의 세계는 없고 죽는 순간 모든 것이 끝난다는 관점이다. 인간의 정신은 육체에 붙어 있는데, 육체가 죽는 순간 정신도 함께 꺼진다.

죽음이라는 벽에 부딪혀 끝나버린다는 것이다.

한국을 여러 차례 방문한 그는 2014년 방한 당시 인터뷰에서 이렇게 말했다. "죽음에 대한 저의 생각은, 죽음은 완전한 끝이라는 것입니다. 물론 몸과 전혀 다른 분리된 영적인 무엇인가가 있어서 죽음 이후에도 계속 삶이 이어진다고 믿는 사람들도 많습니다. 저는 이런 주장이 틀렸다고 생각합니다. 저는 살과 피와 뼈가 저의 전부이고 그렇기 때문에 내 몸이 죽음을 맞이하는 순간 모든 것이 끝난다고 생각합니다."[4]

케이건은 영혼의 세계를 믿는 관점은 신앙에 바탕을 두고 있다고 본다. 그는 마치 냉장고나 TV를 작동시키는 스위치를 끄는 순간 기능이 정지되듯 인간도 죽음을 맞이하는 순간 모든 것이 정지된다고 설명한다. 주변에서 죽었다 살아났다거나 꿈속에서 천국에 갔다가 누군가 돌아가라고 해서 되살아났다는 식의 얘기를 듣거나 본 적이 있을 것이다. 이런 얘기들은 기본적으로 의사의 오진에서 비롯되었다고 본다. 그런 얘기를 하며 다시 살아났다는 사람들은 사실은 제대로 죽지 않은 것이라는 얘기다.

그렇다고 사후 세계란 애당초 없는 것이니 하고 싶은 대로, 아무렇게나 살아도 된다는 얘기는 아니다. 사후 세계에서 잘 살자고 신앙에 의지하는 삶 역시 죽음의 벽 앞에서 의미를 잃는다. 케이건은 다소 섬뜩하게 들리는 설명을 내놓는다. 인생은 누구에게나 한 번밖에 없다. 누구든 두 번 살 수 없으며, 되돌릴 수도 없다. 한 번뿐인 인생이기에 더욱 잘 살아야 한다는 것이다.

다시 그의 인터뷰를 인용하자. "죽음에 대해 생각하면서 배울 수 있는 가장 중요한 것 중 하나는, 죽음은 정말로 끝이라는 사실에 직면하게 되는 것입니다. 우리는 60년이나 80년, 운에 따라서 조금 더 많이 살 수도 있겠지만, 그 시간이 우리가 가진 전부입니다. 그래서 우리는 이런 물음을 던지게 됩니다. 이 시간을 현명하게 보낼 것인가, 아니면 낭비하고 헛되이 보낼 것인가?"

삶은 죽음이 있기 때문에 존재한다. 죽음이 있어서 비로소 완성되는 인간의 가장 위대한 모습이 바로 삶이 아닌가. 죽음의 본질을 이해하면 가치 있는 삶을 살 수 있다. 거듭 말하지만, 누구든 두 번 살 수 없으며, 삶을 되돌릴 수도 없다. 그래서 더욱 정신 차리고, 잘 살아야 한다.

8. 이반 일리치의 죽음, 어떻게 죽을 것인가

'어떻게 죽을 것인가'라는 관점에서 누구든 언젠가 죽는다는 사실을 인정하자, 그리고 실천하자고 생각해보자. 여기서 실천하자는 표현은 이를테면 일찌감치 연명 치료를 받지 않겠다는 의사를 문서 형태로 만들어두는 것과 같은 의사표시나 행동을 가리키는 것이다.

셸리 케이건이 죽음의 의미를 설명하면서 인용하는 작품이 있다.

러시아의 대문호 톨스토이의 단편 〈이반 일리치의 죽음〉(1808년)이다. 제정 러시아 시대, 판사인 주인공이 우연히 당한 사고가 불치병이 되면서 죽어가는 과정을 통해 죽음의 의미와 인간의 문제를 제시한 단편소설이다. 톨스토이의 중단편 가운데 대표작으로 꼽히는 명작이다.

이반 일리치는 좋은 가정에서 태어나 법관이 되고 역시 좋은 집안 출신 여인과 결혼해서 가정을 꾸리고 유복하게 살다가 어느 날 불치병에 걸리면서 죽어가게 된다. 일리치는 그 과정에서 이 약을 먹으면 좋아진다거나 조금만 지나면 나을 것이라는 지인들의 가식적인 위로에 절망한다. 그가 진정 원하는 것은 같이 가슴 아파하고 손을 잡아주는 모습이었다. 고통 속에서 그가 발견한 위안은 어느 날 악몽 속에서 몸부림치다 깨어난 순간 아들이 그의 손을 잡고 울고 있던 장면이다. 대소변까지 받아내며 병실을 지키던 하인의 말도 큰 위안이 됐다. 그는 자신의 헌신적인 봉사를 고마워하는 주인에게 "저도 어차피 이런 과정을 거쳐 죽을 텐데요" 하며 넉살을 섞어 대답한다.

반면 일리치의 아내나 딸은 전혀 다른 모습을 보여준다. 딸은 고통 속에 죽어가는 아버지 앞에서 "나는 어떻게 결혼을 하란 말이냐"라고 앙탈을 부린다. 아내는 일리치의 변호사가 오자 남편이 사망한 후에 받을 연금이 얼마인지부터 문의한다. 일리치는 이런 모습에 많이 실망하고 분노하지만 끝까지 슬퍼하지만은 않고 결국은 용서를 한다. 그리고 죽음이 임박한 순간에 지나온 삶을 정리한다. 병에 걸리기 이전의 삶이 사실은 '내려가는 삶'이었다고 말한다.

"난, 내가 조금씩 산을 내려오는 것도 모르고 산 정상을 향해 나아간다고 믿고 있었던 거야. 세상 사람들의 눈에는 산을 오르는 것처럼 보였지만 내 발밑에서 진짜 삶은 멀어지고 있었던 거지."

대신 그는 병석에 누워 죽어가는 나날 속에서 비로소 진정한 삶, '올라가는 삶'을 찾았다.

9. 호모데우스가 인간의 미래인가

인간의 미래를 죽음부터 언급하는 것이 불편할 수도 있겠다. 불확실성으로 가득한 미래에서 죽음만이 확실한 실체이기 때문으로 이해하자. 그러면 지금 인간 앞에 놓인 미래는 어떤 모습일까. 최근의 급속한 과학기술 발전은 천국 같은 미래를 보장할 것인가. 아니면 AI(인공지능)로 대표되는 기계에게 지배당하거나 원폭, 수폭 같은 대량살상 무기들을 터뜨려 스스로 멸종의 길로 치달을 것인가.

최근에 인간의 미래를 다뤄 세계적인 명성을 얻은 저작은 유발 하라리(Yubal Harari, 1976~)의 《사피엔스(Sapiens: A Brief History of Humankind)》(2014년)와 《호모데우스(Homo Deus: A Brief Historyof Tomorrow)》(2016년)를 꼽을 수 있다. 하라리는 《사피엔스》에서 인간

의 역사를 끊임없이 되풀이되는 기아와 역병, 전쟁을 극복해온 과정으로 해석한다. 그는 약 7만 년 전 호모사피엔스 종이 출현하여 문화를 만들고 역사를 개척하는 지점에서 이야기를 시작한다. 호모사피엔스 이전에 지구상에는 네안데르탈인, 호모 에렉투스 등 최소 여섯 종의 인간이 살았지만 호모사피엔스 종이 유일한 승자로 살아남았다.

하라리는 이후 수만 년 역사를 관통하여 호모사피엔스의 세상을 만든 것은 '세 가지 대혁명' 덕분으로 분석한다. 바로 약 7만 년 전의 인지혁명, 약 1만 2천 년 전의 농업혁명, 그리고 약 500년 전의 과학혁명이다. 그는 이런 3대 혁명을 통해 역사 발전 과정의 결정적인 '일곱 가지 촉매제'가 탄생했다고 말한다. 불, 언어, 농업, 신화, 돈, 모순, 과학이 그것이다. 인지혁명의 시작으로 불을 지배함으로써 먹이사슬의 최정점에 올라선 인간은 언어를 통해 사회적인 공동체를 형성하게 된다. 수렵 채집인에 머물던 인간은 농업혁명을 통해 정착하면서 공동체를 형성하고 기하급수적인 인구 증가도 경험한다. 늘어난 인구를 통제하는 강력한 무기는 종교, 계급, 권력 등 허구의 신화들이었다.

농업 발달은 부의 증가로 이어졌고, 사람들은 돈을 맹신하게 되었으며, 돈의 맹신은 사회적 모순을 야기한다. 그리고 500년 전 시작된 과학혁명은 지구와 인간의 역사에서 완전히 다른 세상을 열어가고 있다. 그는 "이 혁명은 역사의 종말을 불러올지도 모르고 뭔가 완전히 다른 것을 새로이 시작하게 할지도 모른다"라고 말한다. 이어 "40억 년간 자연선택의 지배를 받아온 인류가 이제 신의 영역까지 넘보고 있다"라고 한다.

《사피엔스》를 이은 7의 신작 《호모데우스》는 앞으로의 인간 역사를 제시한다. 호모데우스(HOMO DEUS)의 '호모(HOMO)'는 '사람 속(屬)을 뜻하는 학명'이며 '데우스(DEUS)'는 '신(GOD)'을 의미한다. 곧 '신이 된 인간'이라는 뜻이다. 그는 인간이 《사피엔스》의 시대에 인류를 괴롭히던 기아, 역병, 전쟁을 진압하고 이제 신의 영역이라 여겨지던 불멸, 행복, 신성의 영역으로 다가가고 있다고 본다. 죽지 않고 행복을 누리며 마침내 신의 경지에 도전하는 존재. 그런 단계에 이르는 인간은 지혜를 갖추고 질병의 위협에서도 벗어나며, 나아가 종교로부터도 점차 자유로워질 것으로 본다. 지혜와 장수를 두루 갖춘 인간은 종교에 의지할 필요가 줄어들 수밖에 없다. 따라서 이제 우리는 진지하게 '그래서 무엇을 인간이라고 할 것인지, 어디까지 타협하고 나아갈 것인지'를 논의해야 한다고 강조한다.

그는 2017년 번역 출간된 한국어판 서문에서 이렇게 말한다.

"인공지능은 우리의 인지능력을 빠르게 따라잡고 있다. 2016년에 알파고는 바둑에서 어떤 인간도 생각해내지 못했던 전략을 이용해 이세돌 9단을 꺾었다. 머지않아 컴퓨터는 자동차를 운전하고 질병을 진단하는 것은 물론 인간의 감정을 이해하는 일까지도 인간보다 더 잘해낼 것이다. 컴퓨터가 노동시장에서 인간을 밀어내고 거대한 규모의 '쓸모없는 계급'을 만들어낼 때 복지국가에는 무슨 일이 일어날까? 구글과 페이스북이 우리가 좋아하는 것과 우리의 정치적 선호를 우리 자신보다 더 잘 알게 되면 민주주의에 어떤 일이 일어날까?

한편 생명공학은 인간 수명을 대폭 연장하고 인간의 몸과 마음을 업그레이드할 것이다. 이러한 기술 발전의 혜택이 모든 사람에게 공평하게 돌아갈까, 아니면 우리는 전례 없는 생물학적 빈부격차를 목도하게 될까? 성능이 향상된 초인간과 평범한 인간 사이의 격차는 호모사피엔스와 네안데르탈인의 격차보다 더 클 것이다."

신에게는 불멸과 창조의 능력이 있다. 인류는 이제 신의 영역으로 한발 더 내딛고 싶어 한다. 그 속도가 너무 빠르고, 그 물결은 거세서 개인의 힘으로는 막을 수 없다. 이제 우리는 인간의 미래상을 근본적으로 논의해야 할 갈림길에 서 있다.

유발 하라리가 쓴 한국어판 서문의 마지막 부분을 다시 한 번 음미해보자.

"결론적으로 인류는 지금 전례 없는 기술의 힘에 접근하고 있지만, 그것으로 무엇을 해야 하는지는 잘 모른다. 다가올 몇 십 년 동안 우리는 유전공학, 인공지능, 나노 기술을 이용해서 천국 또는 지옥을 건설할 수 있을 것이다. 현명한 선택이 가져올 혜택은 어마어마한 반면 현명하지 못한 결정의 대가는 인류 자체를 소멸에 이르게 할 것이다. 현명한 선택을 하느냐 마느냐는 우리에게 달려 있다."

10. 인간의 미래, 어떤 선택과 준비가 필요한가

지금까지 여러 관점과 방법론을 통해 인간의 실체를 논의해봤다. 우리는 먼저 인생이라는 학교를 통해서 배우는 인간의 모습과 과제를 정리했다. 다소간 역설적이긴 하지만, 죽음을 앞둔 사람들을 통해 공통적으로 드러나는 인생의 특징은 크게 세 가지다.

첫째, 모르고 죽는다. 대부분의 사람들이 삶의 의미나 가치를 깨닫지 못하고 죽어간다.

둘째, 너무 늦게 안다. 다행히 알아차렸을 때는 이미 늦은 경우가 대부분이다.

셋째, 알고도 실천하지 않는다. 삶의 가장 큰 고통인 이별과 상실을 치유할 길이 '사랑'에 있다는 점을 알면서도 실천하는 사람은 그리 많지 않다. 이런 인생의 특징은 인간의 실체를 보여주는 중요한 단면이다.

인간의 실체를 보다 과학적인 관점에서 들여다보기도 했다. 찰스 다윈의 진화론을 계승한 리처드 도킨스는 이기적 유전자가 존재의 근원에 자리 잡고 있는 인간의 실체를 보여주었다. 인간은 생존과 번식을 최우선 과제로 설정한 이기적 유전자의 조종을 받는 꼭두각시에 불과하다는 것이다. 얼핏 불쾌하게 느낄 수도 있지만, 인간을 창조한 유전자는 결국 인간의 일부요 동일한 생명체다. 지구상에서 오랜 진화의 세월을 이겨내는 동안 형성된 인간의 실체일 따름이다.

생물학적 관점에서 인간과 내면의 유전자는 동일체이지만, 심리학적 관점은 다르다. 우리는 내면적인 존재로서의 인간은 단일한 존재가 아니며, 상황과 상대에 따라 여러 자아로 나뉠 수 있는 분인(分人)적 실체로 이해해야 한다는 관점도 살펴봤다. 공자가 말한 불혹(不惑)과 법정 스님이 남긴 무소유의 가치와 필요성을 인정하면서도 우리가 제대로 실천하지 못하는 이유 역시 같은 맥락에서 이해할 수 있을 것이다.

인간의 미래는 어떤 것일까. 과학이 무섭게 발전하고 뉴스가 하루 종일 쏟아지지만 불과 한 시간, 하루 앞을 확실히 알지 못하는 세상이다. 가장 확실한 미래는 죽음뿐. 죽음은 영생의 세계로 들어가는 문(gate)이라는 종교적 관점을 따를 것인가. 아니면 죽음은 모든 것이 끝나버리는 벽(wall)이라는 관점을 택할 것인가.

어느 쪽이든 지나간 시간과 삶을 되돌릴 수 없다는 점은 분명하다. 그래서 지금 우리에게 주어진 삶이 더욱 소중한 것이다. 같은 맥락에서 '어떻게 죽을 것이냐'라는 질문은 결국 '어떻게 살 것이냐'라는 명제로 이해할 수 있다. 톨스토이가 만들어낸 인물인 이반 일리치가 죽어가는 과정이 이런 명제를 뒷받침한다.

이 시점에서 가장 흥미 있고 관심이 집중될 수밖에 없는 과제는 우리에게 임박한 미래의 모습일 것이다. 시대는 인간의 지혜와 과학기술의 기하급수적인 발전이 결합돼 문명의 대폭발로 달려가고 있다. 과연 우리 앞에 닥칠 미래는 어떤 모습이며, 인간은 어떻게 변해갈 것인가. 인간은 과연 유발 하라리가 제시한 대로 '호모데우스(Homo Deus)', 즉 신의 영역에 도달할 것인가.

우리가 맞을 미래가 장밋빛 일색은 아니다. 오랜 진화의 역사는 앞으로도 인간에게 무수한 과제와 도전이 기다리고 있다고 경고한다. 우리가 풀어내야 할 숙제들은 이제부터 하나하나 따져볼 것이다. 그 과정에서 어떤 선택과 준비가 필요한지도 고민해볼 것이다. 오늘의 인간은 지구상에서 유전자와 종족을 유지하고 번식시키면서 승자로 살아남았다. 세상은 과거에 상상조차 해보지 못한 속도로 변하고 있다. 새로운 미래를 우리는 어떻게 대비하고 살아갈 것인가. 이제부터 함께 고민해보자.

두 번째 질문

왜 과거나 현재보다
미래가 중요한가?

1. 미래가 중요한 이유

우리는 앞서 인간의 실체에 접근하는 여러 관점들을 살펴보았다. 죽은 다음의 인간은 과학보다는 종교의 영역이라는 점을 감안하면 인간의 실체를 다룬 관점들이 공통적으로 강조하는 것은 한 가지다. 살아 있는 동안 최선을 다해 살아야 한다는 것이다.

인생은 그렇듯 소중하고 다른 무엇과도 바꿀 수 없다. 그렇다면 당신은 단 한 번밖에 주어지지 않는 당신의 인생에 대해서 최선을 다하고 있는가. 어제 세상을 떠난 사람들이 그토록 그리던 오늘을 가치 있게 살아가고 있는가. 이런 질문에 자신 있게 "그렇다"고 답할 수 있는 사람이 얼마나 될까. 오늘은 지나고 나면 다시 오지 않을 과거가 될 줄 알면서도 대충대충 살아가는 사람들이 대부분이다.

이런 사람들의 공통 문제 가운데 하나가 미래를 단지 주어지는 것으로 생각할 뿐이라는 점이다. 일도, 운명도, 환경이나 시간까지도 모두 나의 의지와는 관계없이 그저 주어지는 것으로 생각한다. 과연 그런가. 미래는 도대체 내가 어떻게 할 수 없는 것인가. 그렇지 않다. 미래를 생각해보려고, 가보려고, 만져보려고 노력하는 사람들이 분명히 존재한다. 그들은 때로 몽상가나 허풍쟁이라는 손가락질을 받기도 한다. 그러나 오랜 인류 역사에서 승자로 남은 인물들은 어떤 형태로든 자신에게 닥칠 미래를 미리 예상하고 준비했던 사람들이었다.

이제 우리에게 미래가 왜 중요한지를 하나하나 논리적으로 따져보자. 사실 과거에는 인간의 삶에 그리 큰 변화가 없었다. 불과 100여 년 전까지만 해도 어제와 오늘이 큰 차이가 없는 세상이었다. 대부분의 사람들은 시골 오두막집에서 태어나 평생 나무하고 농사짓다가 죽었다. 너나없이 못살았고 못 먹었다. 나이 50을 넘기기도 쉽지 않았다. 조선왕조 500년을 지배한 국왕들의 평균수명이 46세였으며, 일반 백성들의 평균수명은 40세 전후로 추정한다. 같은 고을에 사는 누구든, 그의 어제를 알고 오늘을 보면 내일도 짐작 가능했다.

갑자기 신분이 바뀌거나 큰돈을 번다거나 하는 일은 거의 없었다. 간혹 세상을 뒤바꿔보려는 시도가 반란이나 내란의 형태로 나타났지만, 이내 진압된 후로는 다시 같은 유형으로 돌아갔다. 쉽게 말해 '어제=오늘=내일'이었다. 과거와 현재와 미래가 거의 같았다는 얘기다. 그만큼 미래도 뻔히 예측할 수 있었던 까닭에 관심이 크지 않았다. 미래는 그저 주어지는 것으로 받아들였을 뿐이다.

그런데 지금은 어떤 세상인가. 어제와 오늘이 명백히 다르다. 하

당신의 미래에 던지는 빅 퀘스천 10

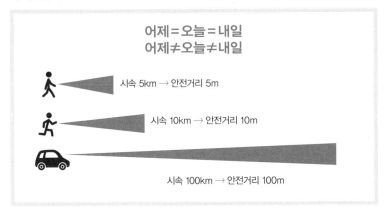

루가 다르게 변하고 있다. 오늘과 내일은 어떤가. 어제와 오늘의 차이보다 훨씬 크고 빠른 변화가 발생하고 있지 않은가.

변화의 속도는 갈수록 빨라지고 있다. 속도는 거리와 시간을 보장하지만 안전은 담보하지 못한다. 예를 들어 우리가 시속 5킬로미터 정도의 속도로 걷는다고 하자. 이때는 안전거리를 5미터만 확보해도 충분하다. 다음엔 뛰기 시작해서 시속 10킬로미터 이상의 속력을 낸다고 하자. 주변과 좌우를 살펴보면서 좀 더 긴 거리, 이를테면 10미터 정도를 확보하는 것이 안전하다. 이제 걷거나 뛰는 정도가 아니라 자동차로 달린다고 생각해보자. 시속 100킬로미터로 달린다면 안전거리를 100미터는 확보해야 한다. 미래 사회는 변화의 속도가 과거와 비교할 수 없이 빨라지고 있기 때문에 우리도 주변을 더 넓게 살피고 시야를 더 멀리 내다봐야 한다.

2. 속도와 사고의 충돌

하지만 우리 현실은 어떤가. 새로운 미래 지식을 필요로 하는 기업과 개인, 정부가 필요한 지식과 정보를 과연 제때 제대로 활용하고 있는가. 안타깝게도 그렇지 못한 것이 현실이다. 오히려 미래에 대한 준비는 점점 소홀해지고 무관심해져가고 있다.

개인의 평균수명이 계속 늘어나 90세, 100세까지 사는 사람이 늘어나고 있다. 60세 전후에 은퇴하면 30~40년을 빈둥거리며 지루하게 인생을 살아야 할 수도 있다. 지구는 둥글지만 세계화와 더불어 인터넷과 스마트폰, SNS(Social Network Service, 사회관계망서비스)가 온 세상을 평평하게 만들면서 기업은 무한 경쟁에 노출돼 있다. 미래 변화의 방향과 속도를 제대로 인식하지 못하는 기업은 살아남기조차 어려워지고 있다. 개인도 그렇고 기업도 과거 방식에만 의존해서는 변화 속도를 따라잡을 수 없는 세상이다.

앞으로 우리가 직면한 '가속의 시대'를 여러 각도에서 살펴볼 것이다. 여기서는 세상이 얼마나 빠르게 변하고 있는지를 보여주는 사례 하나를 인용해보자. 세계적인 컨설팅 기업인 맥킨지(McKinsey)가 20세기 이후 인류가 만들어낸 주요 발명품들이 사용자 5천만 명을 확보하는 데 걸린 기간을 조사한 결과, 가장 먼저 나온 라디오가 38년, 이어 나온 TV는 13년이 걸렸다.

이에 비해 스티브 잡스의 아이팟(iPod)은 4년, 인터넷(월드와이드웹,

사용자 5천만 명 확보에 걸린 시간

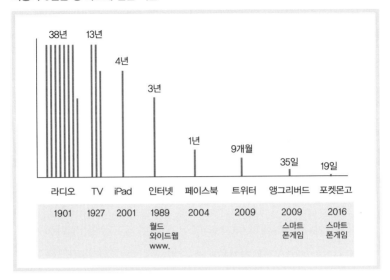

라디오	TV	iPad	인터넷	페이스북	트위터	앵그리버드	포켓몬고
1901	1927	2001	1989 월드 와이드웹 www.	2004	2009	2009 스마트 폰게임	2016 스마트 폰게임

www)은 1999년을 기준으로 3년, 페이스북은 1년으로 족했다. 2016년 스마트폰 게임 열풍을 일으킨 포켓몬고는 불과 19일 만에 사용자 5천만 명을 돌파했다.

이처럼 무서운 속도로 변해가는 세상에서 미래는 항상 미래로 남아 있는 것이 아니다. 순식간에 현실로 다가온다. 미래가 현재가 되고 또 과거로 바뀌면서 금방 새로운 미래가 나타난다.

'탄광의 카나리아' 이야기를 기억할 것이다. 과거 탄광의 광부들은 유독가스와 폭발사고를 막기 위해 카나리아를 데리고 갱도로 들어가서 작업했다. 카나리아는 일산화탄소와 메탄가스에 민감하게 반응해서 광부들이 위험이 닥치기 전에 대피할 신호를 주기 때문이다. 앞으로 우리가 맞이할 미래는 이미 우리 곁에 와 있다. 우리 주변에서 여러 징후가 나타나고 있는데도 우리의 사고는 과거에서 헤어나지 못하고 있다. 답답한 일이다. 카나리아가 반응했을 때면 이미 미래는 현실이 되어버린 후인데도.

'미래학의 대부'로 불리는 짐 데이토(Jim Dator, 1940~) 하와이대학교 교수는, "미래는 예측하는 것이 아니라 창조하는 것(Future is not to forecast but to be created)"이라고 말했다. 미래에 관심 없이 살아가는 우리 모두에게 던지는 값진 교훈이다. 미래는 단순히 앉아서 기다리거나 예측에만 매달릴 일이 아니다. 한 걸음 더 나아가 각자 원하는 미래를 만들 수 있도록 노력과 지혜를 쏟아보자. 오늘보다 나은 내일, 더 큰 미래는 누구나 원하는 것이다. 그것은 곧 치열한 경쟁사회에서 승자가 되는 가장 확실한 길이기도 하다.

앞으로 변화 속도는 갈수록 빨라지므로 더 멀리, 더 넓게 미래를 내다봐야 한다. 급변하는 미래 사회에 올바르게 대처하기 위해서는 급격한 변화 속도에 뒤지지 않도록 시스템을 갖춰야 한다. 일찍이 앨빈 토플러(Alvin Toffler, 1928~2016)는 《부의 미래》(2006년)에서 '속도의 충돌'을 예고했다. 정보화사회에서 기업이 가장 빠른 속도로 변하고 있는데 반해 정부나 정치권, 학교 시스템 등은 크게 뒤처지고 있어 경제성장뿐 아니라 전반적인 사회 발전을 저해하고 있다는 지적이다. 그 가운데서도 정치나 법률 분야의 변화 속도가 가장 더딘 것으로 분석하고 있다.

속도의 충돌

변화의 속도	
100마일	기업
90마일	시민단체
60마일	미국의 가족(형태 또는 의식)
30마일	노동조합
25마일	정부 관료조직, 규제조직
10마일	학교
5마일	세계적인 관리기구(UN, IMF 등)
3마일	정치조직(또는 구조)
1마일	법

출처: 《부의 미래》, 앨빈 토플러, 2006

그는 기업의 변화 속도가 100마일이라고 한다면 시민단체는 90마일, 일반 가정은 60마일 정도로 따라간다고 보았다. 반면 노동조합은 30마일, 정부 규제는 25마일, 학교는 10마일에 그치며, 정치조직은 3마일, 법률 시스템은 최하위인 1마일 수준이라고 꼬집었다. 좀 시간이 지난 평가이긴 하지만, 지금 우리나라에 대입해도 무방하다고 생각하는 사람들이 많을 것이다.

속도의 충돌 못지않게 중요한 문제가 '사고의 충돌'이다. 급속한 산업화와 민주화 과정에서 세대 간, 계층 간에 형성된 인식과 판단의 괴리는 시간이 흐를수록 커지고 있다. 예컨대 촛불 혁명을 거치며 잠시 완화되나 싶었던 우파 대 좌파, 보수 대 진보 간 갈등은 민생 문제, 남북문제가 꼬이면서 다시 악화 조짐을 보이고 있다. 세대와 연령에 따른 사고의 격차는 상황이 더 나쁘다. 청년 실업이나 국민연금 부담, 저출산 고령화 문제 등 우리 미래와 관련한 쟁점들을 놓고 세대 간 인식차는 확대되고 있으며, 견해차를 좁히기 위한 대화는 갈수록 줄어들고 있다.

이런 '사고의 충돌'에서 나타나는 공통 현상은 단절이다. 우파 대 좌파든 보수 대 진보든, 청년 대 노년이든 나(또는 우리편)는 무조건 옳고 너는 무조건 틀렸다는 대결 인식이 변하지 않고 있다. 어렵게 대화와 토론의 자리가 마련되어도 진영논리에 입각한 일방적인 주장만 쏟아질 뿐 합리적인 결론을 이끌어내는 소통 능력은 기대하기 어려운 것이 현실이다. 빛의 속도로 다가오는 미래에 대비하기 위해서는 이런 속도와 사고의 충돌부터 슬기롭게 극복해야 할 것이다.

3. 정도전, 명량, 장영실…. '과거'에는 강하지만

그런데 우리 현실을 보면 정말 안타깝게도 미래에 대한 생각이나 준비가 부족하다. 앨빈 토플러의 《제3의 물결》(1980년) 같은 거시적 통찰력을 갖춘 대작은 물론 공상과학(SF) 영화나 소설 분야도 세상에 내세울 만한 성과가 별로 없다. 그렇다고 우리가 어떤 분야든 문화적 콘텐츠를 만들어낼 능력이 없는 것은 아니다. 가령 '과거'와 관련한 창조 능력과 예술적 성과는 눈부실 정도다. 특히 지나간 역사의 단편에 상상력을 덧붙여 창조해내는 드라마나 영화, 문예물들은 세계시장에 내놓아도 손색없는 작품들이 수두룩하다.

예를 들면 역사 인물 가운데 정도전이나 장영실을 소재로 한 작품들, 이순신 장군의 해전을 영상화한 〈명량〉 같은 작품들은 재미와 완성도를 함께 갖춰 무수한 관객과 독자를 끌어들였다. 정도전이나 장영실은 중요한 인물임에 틀림없지만 왕조 중심의 정사(正史)에는 기록이 그렇게 많이 남아 있지 않다. 그럼에도 잊을 만하면 다른 소재와 일화를 만들어내 완전히 새로운 작품을 선보이곤 한다.

그런 점에서는 중국과 다르다. 중국은 대체로 역사와 소설을 분리한다. 우리에게 널리 알려진 《삼국지(三國志)》만 해도 역사로서의 삼국지와 창작을 가미한 《삼국지연의》를 구분한다. 중국사에서 위(魏), 촉(蜀), 오(吳) 3국이 얽힌 역사를 기록한 정사(正史)는 진나라 역사가 진수(陳壽)가 편찬한 《삼국지》다. 우리가 열광하는 유비, 조조, 손권 등의 영웅담은 1천 년이 흐른 뒤에 나관중(羅貫中)이 소설 형식으로 재구성한 《삼국지연의》가 원전이다.

그러나 우리는 이런 구분이 명확하지 않은 가운데 상상력과 창작 능력이 화려하게 발휘된 문예작품들을 쏟아내고 있다. 좋은 예로 《한복 입은 남자》(이상훈 작, 2014)라는 소설이 있다. 동명의 영화로도 만들어졌다. 17세기 바로크 미술의 거장 루벤스(Peter Paul

Rubens,1577~1640)의 그림 제목과 같다. 루벤스의 1617년경 작품으로 추정되는 〈한복 입은 남자〉는 임진왜란 때 일본으로 잡혀갔다가 어찌어찌 이탈리아까지 건너간 한국인을 그린 것으로 알려져 있다. 그에 비해 한국에서 소설과 영화로 만들어진 《한복 입은 남자》는 극치에 가까운 역사 가공을 보여준다.

주인공은 장영실. 천출인 그를 중용했던 세종대왕은 장영실이 어가를 만들 때 조금 실수했다는 이유를 잡아 파직 처분하고 궁궐에서 쫓아낸다. 당시 장영실은 비차(飛車), 곧 날틀(flying car)을 만들고 있었다. 그런 정보를 접한 중국이 노했다. 속국 조선이 중국을 능가할 무기를 만들도록 놔둘 수는 없으니 장영실 암살 지령을 내려보냈는데, 세종대왕이 미리 알고 장영실을 보호하기 위해 몸을 피하게 했다는 것. 그래서 조선을 떠난 장영실이 몇 년 후 이탈리아로 가서 레오나르도 다빈치를 만난다. 작가는 다빈치의 조각이나 그림이 실제로는 장영실의 작품일 가능성을 시사한다. 가령 다빈치가 그린 비차의 설계도가 장영실의 비차와 거의 흡사하다거나, 다빈치 그림 중에 보이는 한복 차림의 남자가 바로 장영실이라는 것이다. 역사적 사실과 부합하느냐를 떠나 대단한 상상력이 아닐 수 없다.

과거를 소재로 뛰어난 작품을 만들어내는 예술적 성과를 탓하려는 것은 결코 아니다. 다만 이런 뛰어난 역량이 미래 세상을 대상으로도 아낌없이 발휘됐으면 하는 아쉬움에서 하는 얘기다. 우리는 미래를 소재로 한 공상과학소설이나 영화는 거의 전무한 현실이 아닌가. 인간이 상상하는 모든 것은 결국 이루어진다고 하는데.

4. 처칠, "과거와 현재가 싸우면 미래를 잃는다"

지나온 과거나 과거의 기록인 역사의 중요성은 아무리 강조해도 지나치지 않을 것이다. 한반도의 지정학적 특성으로 인해 끊임없이 침략과 수탈의 역사에 시달려온 탓에 우리는 과거사에 더 민감할 수밖에 없다. 다만 고난의 과거를 극복해온 만큼 다가올 미래에 대해서도 과거 못지않은 관심과 천착이 필요하다. 정권이 교체될 때마다 반복되는 '과거사 바로잡기'나 '적폐 청산'을 보는 시각이 반드시 긍정적이지만은 않은 것도 이런 관점 때문일 것이다. 새 정권이 들어서고 지난 시절의 부정과 비리를 단죄하는 작업은 초기에 높은 지지도로 나타난다. 그러나 시간이 흐르면서 먹고사는 문제, 특히 미래의 먹거리와 일자리에 대한 성과가 미흡하면 지지율은 떨어지게 마련이다.

이 시점에서 윈스턴 처칠(Winston Churchill, 1874~1965)의 선택을 되돌아볼 필요가 있다. 그는 제2차 세계대전 발발 이후 전세가 극도로 불리해진 1940년 영국의 수상에 취임했다. 당연히 전세를 그 지경으로 만든 전임 수상 체임벌린(Arthur Neville Chamberlain, 1869~1940)을 단죄해야 한다는 주장과 요구가 정치권 안팎에서 쏟아졌다.

그러나 처칠은 단호하게 거부하면서 말했다. "만약 우리가 현재와 과거를 싸우게 한다면 미래를 잃고 말 것이다(If we open a quarrel between past and present, we should find that we have lost the future)." 그는 요컨대 현재가 과거와 싸우면 미래가 없다, 지금은 미래를 준비할 때라고 강조한 것이다. 그러면서 정적이기도 했던 전임 수상을 단죄하는 대신 국가와 국민의 역량을 전쟁 수행에 집중시킨 끝에, 불리하던 전세를 돌려 마침내 승전을 이끌어냈다.

처칠의 명언 외에도 과거나 현재보다 미래를 생각하고 준비하자는 메시지는 많다. 세계미래포럼에서 운영하는 교육과정은 이런 경구로부터 출발한다. "과거와 싸우지 말라. 미래를 만들어라. 그러면 그 미래가 과거를 정리해줄 것이다(Don't fight with the old. Create the new. Then, the new will kill the old)." 절차를 위해서든 목적을 위해서든 과거 방식이나 성과에 집착하지 말자. 그럴 역량이나 의지로 미래를 열어가도록 하자. 그렇게 미래로 나아가다 보면 과거의 문제들이 하나둘 해결될 수 있을 것이다.

과거가 없어지거나 버려진다는 것은 아니다. 과거에 얽혀 있는 문제가 전환되거나 해소된다는 뜻이다. 아무리 험한 산도 한 발 한 발 나아가 정상에 오르면 지나온 길의 고통이 즐거운 기억으로 전환되는 것과 마찬가지다. 힘들다고 오늘 이 자리에 주저앉거나 지나온 자리로 되돌아간다면 어떤 산행도 완성될 수 없다. 오늘의 한국인, 한국 사회가 공유해야 할 메시지가 아닐 수 없다.

5. 토플러, '구세주 콤플렉스'

/

과거에 유난히 집착하는 개인이나 집단은 공통적으로 현실을 인정하지 않거나 불만으로 가득 차 있다. 이들은 오늘의 부조리나 좌절을 크게 볼수록 과거에 집착하는 경향이 있다. 그러면서 누군가 새로운 영웅적 지도자가 나타나 일거에 세상을 바꿔주기를 기대한다. 재미있는 것은 이들이 고대하는 지도자는 대체로 과거 인물이라는 점이다. 이럴 때 가끔 거론되는 인물이 박정희 대통령이다. 그의 역사적 공과를 따지자는 것이 아니다. 그가 지금 다시 나타난다고 해서 오늘의 모든 문제들이 뒤엉킨 실타래를 단칼에 잘라낼 수 있을까.

그런 과거 집착형 기대의 문제를 파고든 것이 바로 앨빈 토플러가 《제3의 물결》에서 지적한 '구세주 콤플렉스(Messiah Complex)'다. 그의 표현을 빌리면 "맨 윗자리에 있는 사람을 바꾸면 우리들이 어떻게 해서든지 구원받을 수 있을 것이라는 환상"이다. 이를테면 지금 실타래처럼 얽혀 있는 여러 문제를 보면서 과거의 강력한 리더십을 그리워한다. 그러나 그건 허상이다. '제1의 물결'이 배출한 가장 강력한 지도자라 할지라도 '제2의 물결'에 데려다 놓으면 가장 못난 지도자만도 못하다는 것이 토플러의 지적이다. 세상이 변했기 때문에 리더십의 유형도 달라져야 한다는 것이다. 제2의 물결까지의 리더십이 위에서 일방적으로 결정하고 앞에서 끌어가는(Pull) 이른바 톱다운(Top Down)방식이었다면, 제3의 물결이 요구하는 리더십은 여러 사람의 의견을 존중하고 수렴해서 뒤에서 밀어주는(Push) 보텀업(Bottom Up) 방식이 될 수밖에 없다.

흘러간 물이 물레방아를 돌릴 수는 없다. 구세주 콤플렉스는 과거사나 과거의 리더십에서 구원을 찾으려는 인간의 어리석음을 지적한 것이다. 토플러가 《제3의 물결》을 발표한 것이 1980년이었다. 거의 40년 전에 나온 지적이 지금 이 시대에도 통렬한 메시지로 다가온다. 더는 과거의 물결에 의지해 리더십을 찾지 말자. 새 시대에는 새로운 물결에 걸맞은 시스템과 리더십을 만들어내야 한다. 그래야 미래를 제대로 열어갈 수 있지 않겠는가.

한국을 좋아하고 높이 평가해 자주 한국을 찾았던 토플러는 2010년 홍콩 방문길에 가진 인터뷰에서 이런 말을 남겼다.

"한국은 이미 선진국에 진입했지만 미래에 대한 준비가 소홀하다는 점이 아쉽다. …예를 들면 한국 학생들은 미래에 더는 필요하지 않게 될 지식과 존재하지도 않을 직업을 위해 하루 열 시간 이상을 허비하고 있다." 얼마나 적절하고 뼈아픈 지적이었던가.

6. 성공의 역설

／

구세주 콤플렉스와 유사한 맥락에서 우리가 자주 빠져드는 함정이 있다. '과거에 이런 방식으로 성공했으니 이번에도 통할 거야'라는 인식이다. 바로 성공의 역설(Paradox of Success)이다. 특히 성공가도를 질주한 끝에 정상의 자리에 오른 인물들이 자주 빠지는 함정이다. 이들의 가장 큰 자산은 과거에 이룬 성공의 역정과 경험이다. 내가 거둔 실적과 경험이 엄연한데 더는 무슨 설명이 필요하냐는 자신감이 하늘을 찌를 때 성공의 역설이라는 함정이 발밑에 조용히 펼쳐진다.

대표적인 사례 가운데 하나가 전직 대통령 한 분이 자주 언급했던 "내가 해봐서 아는데…" 같은 표현이다. 기업인으로, 정치인으로 승승장구했던 그는 국가 핵심 과제를 놓고 머뭇거리거나 다른 대안을 제시하는 휘하의 각료와 참모들에게 "내가 해봐서 아는데…"라며 자신의 결정과 방식을 밀어붙였다고 한다.

성공의 역설이 가르치는 핵심은 과거의 성공 방정식을 믿고 의존하지 말라는 것이다. 이젠 어제와 오늘이 다르고, 오늘과 내일은 더욱 다르다. 시대가 다르고 사람도 다르다. 환경이 다르고 조건도 다르다. 어제의 성공 방식이 오늘도, 내일도 유효할 것이라고 보장할 수 없다.

조직의 리더가 과거의 성공전략에 집착하면 실패할 확률이 높아진다는 실증적인 연구도 있다. 영국 런던비즈니스스쿨 피노 아우디아(Pino Audia) 교수는 기업의 리더가 과거의 성공 전략에 집착할수록 새로운 환경이나 제도 변화 이후 실패 확률이 높아진다고 했다. 그의 연구 결과에 따르면 항공과 트럭 산업에서 제도 변화 이전에 성과가 좋았던 기업일수록 제도 변화 이후의 성과는 나빠지는 것으로 나타났다. 산업 내부에서도 기업의 크기가 크면 클수록 기존 전략을 고수하려는 성향이 강하고, 따라서 새로운 제도하에서 성과가 떨어지는 것으로 나타났다.[5]

변화가 급격할수록, 규모가 커질수록 과거 방식에 집착하다 낭패를 보게 된다는 연구 결과는 성공의 역설에 너무 쉽게, 자주 빠져드는 우리 사회에 울리는 경종이라 하겠다.

7. 온고지신, 법고창신의 가르침

이제 미래로 시각을 돌려보자. 처칠의 명언이나 토플러의 '구세주 콤플렉스', '성공의 역설' 등을 강조하다 보면 종종 듣는 반론이 있다. "그렇다면 과거는 중요하지 않다는 얘기냐", "과거를 알고 역사를 알아야 미래를 제대로 준비할 것 아니냐" 같은 얘기들이다. 나아가 문학과 역사, 철학 등 인문학 관점에서 과거를 온전히 공부해야 미래를 보는 안목이 열리지 않겠느냐고 반박한다.

맞는 말이다. 그러나 초점은 다르다. 한쪽이 과거사나 인문학 공부에 초점을 맞추고 있다면, 우리는 미래로 눈길을 돌리자는 것이다. 역사가 남긴 온고지신(溫故知新), 법고창신(法古創新)의 교훈도 새로운 미래를 만들어가라는 가르침이 아니겠는가.

널리 알려진 대로 온고지신은 2500년 전 공자가 《논어(論語)》 위정(爲政) 편에서 남긴 말이다. 공자는 스승의 자격에 대해 다음과 같이 말했다. "옛것을 익히고 새로운 것을 알면 스승이 될 수 있다(溫故而知新, 可以爲師矣)."

법고창신(法古創新)은 온고지신과 유사한 개념으로, 연암(燕巖) 박지원(朴趾源, 1737~1805)이 글쓰기의 새로운 기준으로 제시한 것이다. 그는 조선조 선비들의 중국 경전에 치우친 글쓰기를 못마땅하게 생각했다. 선비들이 붓만 잡으면 중국의 고전 문장과 당송(唐宋)의 시구를 베껴 쓰면서 잘난 척하는 모습을 못마땅해 했다. 그는 중국의 옛글을 베껴 쓰는 데서 그치지 말고 새로운 문장을 만들어내자고 주장했다.

아직도 온고지신이나 법고창신의 가르침을 옛것 배우기에만 의미를 두고 강조하는 경우가 많다. 이런 관점은 과거를 모르고 오늘이나 내일을 논하는 것은 아무 의미가 없다는 비약으로 이어지곤 한다. 이런 주장이야말로 공자와 연암의 가르침을 절반만 받아들이거나 아예 왜곡하는 것이 아닐 수 없다. 온고(溫故)든 법고(法古)든 왜 옛것을 익히고 본받아야 하는가. 바로 지신(知新) 즉, 미래를 알고 창신(創新) 즉, 새로운 것을 만들어내자는 가르침이 아니겠는가.

8. 평생 '새내기'로 살 것인가

인간에게 미래는 기다림과 두려움이 뒤섞인 대상이다. "좋은 일이 있을 거야"라는 기대와 "과연 살아남을 수 있을까" 하는 불안감이 뒤섞여 있다. 자고 나면 신기술, 신문물이 쏟아지는 지금 세상에서는 미래에 대한 궁금증이나 두려움의 시각이 더 커질 수밖에 없다.

세계적인 과학기술, 문화 전문잡지 〈와이어드(Wired)〉를 창간한 케빈 켈리(Kevin Kelly, 1952~)의 《인에비터블 미래의 정체(The Inevitable)》는 디지털 세상에서 나타나는 인간의 반응을 이렇게 묘사한다. "이 디지털 세계에서 쇄도하는 극단적인 기술에 직면할 때 처음에는 밀어내고 싶은 충동을 느낀다. 예를 들어 인터넷에서 음악과 영화를 복제하기가 가능해졌을 때 할리우드와 음악 산업은 복제를 막기 위해 모든 수단을 동원했다. 하지만 헛수고였다."

그래서 케빈 켈리는 이렇게 권고한다. "불가피한 것(The Inevitable)을 한사코 막으려 하다가는 역풍을 맞게 마련이다. 그보다는 눈을 크게 뜨고 경계하면서 받아들이는 편이 훨씬 낫다."

만약 타임머신을 타고 30년 후로 가본다면 2050년대에 인간의 삶을 지배하는 대부분의 문물들이 지금은 전혀 보고 듣거나 만져보지 못한 것들일 가능성이 크다. 그것은 거꾸로, 다가올 30년 동안 새로운 혁신과 도약을 이뤄낼 엄청난 기회가 존재한다는 얘기다.

케빈 켈리는 《인에비터블 미래의 정체》에서 '새내기(newbie)'라는 표현을 쓴다. 세상이 워낙 빠르게 변하다 보니 사람들이 잘 따라가지 못하는 현상을 가리켜 우리 모두가 초보자, 신출내기, 미숙한 사람이라는 점을 강조한 것이다. 실제로 기술과 제품이 숨 돌릴 틈 없이 업그레이드되는 미래 사회는 우리 모두를 새내기로 만들 가능성이 크다. 밀물처럼 밀려오는 신기술, 신제품을 어떻게 사용해야 하는지 감조차 잡지 못하는 초보자 같은 신세가 된다는 말이다.

이 같은 평생 새내기를 벗어나기 위해서는 우리 스스로 끊임없이 자신을 업그레이드해 나가야 한다. 지난 30년이 경이로운 발전의 시대였다지만, 앞으로 다가올 30년과는 비교가 되지 않을 것이다. 가장 멋진 것, 가장 좋은 것은 아직 나타나지 않았다. 그런 것을 만들어낼 기회는 누구에게나 열려 있다. 대신 끊임없이 공부하고, 생각해야 한다. 미래는 준비하는 자의 몫이다. 케빈 켈리는 말한다. "인류 역사를 통틀어 지금보다 시작하기 좋은 때는 없었다. 당신은 늦지 않았다."

9. 혼자 상상하면 미래가 열리고, 함께 상상하면 세상이 바뀐다

미래는 누구에게나 피할 수 없이 다가오며, 누구든 준비하는 자의 몫이리고 한다. 그런 미래 준비의 첫걸음은 상상이다. 상상하고 또 상상하라. 상상하면 현실이 된다. 혁신의 아이콘으로 불리는 스티브 잡스(Steve Jobs, 1955~2011)가 최초의 스마트폰인 아이폰을 내놓은 것이 2007년이었다. 누군가 개인용 컴퓨터와 인터넷을 전화와 함께 묶은 신제품을 상상한 것이 불과 10여 년 진이었다는 얘기다. 우리는 아이폰의 등장 이후 세상에 어떤 변화가 밀려왔는지 지켜보고 경험했다. 스티브 잡스라는 개인의 상상이 새로운 미래를 연 것이다.

개인의 상상이 미래를 열어줄 수 있다면, 여럿이 함께하는 상상은 세상을 바꿀 수 있다. '전쟁 없는 평화는 불가능할까?' 라는 상상을 쫓아 결국 유럽연합(EU) 출범을 이끌어낸 프랑스 경제학자 장 모네(Jean Monnet, 1888~1979)의 경우가 좋은 예다. 1, 2차 세계대전을 겪은 그는 유럽 대륙이 더는 전쟁의 참화를 겪지 않도록 역내 국가들을 하나로 묶는 공동체를 구상했고 실천에 옮겼다. 특히 두 차례 세계대전에서 불구대천의 원수처럼 싸웠던 독일과 프랑스가 유럽공동체의 핵심 멤버가 될 수 있도록 1950년대에 석탄·철강공동체(ECSC) 결성의 밑그림을 그렸다. 이 공동체를 토대로 유럽공동체(EC)를 거쳐 유럽연합이 탄생했다. 그러나 2차 대전 종전 직후 장 모네가 이런 구상을 발표했을 당시에는 정신 나간 사람이라는 손가락질까지 받았었다.

상상을 통해 세상을 함께 바꿔나가는 방법으로 소셜 픽션(Social Fiction)이라는 접근법이 있다. 이 개념을 처음 제안한 사람은 2006년 노벨평화상 수상자인 무함마드 유누스(Muhammad Yunus, 1940~)다. 경제학자 출신인 그는 "제약 없는 상상을 마음껏 하는 것이야말로 사회문제 해결의 시작"이라고 강조한다. 빈민 구제를 위한 소액 대출 제도인 마이크로 크레딧을 창시한 유누스는 수십만 명이 사망한 1974년 방글라데시 기근을 겪고 나서 빈곤층 구제에 본격적으로 관심을 갖게 됐다. 1976년 한 빈민촌을 방문했을 때 마을 여성들이 대나무 의자를 만들고 있었는데, 대부분의 수익을 사채업자에게 고리로 빌린 돈을 갚는 데 썼다. 42명의 마을 여성이 진 빚은 총 27달러에 불과했으나 이들에게는 벗어던지기 힘든 큰 짐이었다. 유누스는 자신이 가진 27달러를 여인들에게 빌려주며 소규모 금융기관인 그라민(Grameen)은행을 시작했다. 유누스는 담보가 없는 빈민들에게 열정과 계획을 바탕으로 대출해주는 은행을 상상했고, 실행에 옮겼다. 그라민 은행은 2018년 말 현재 2500개가 넘는 지점, 900만 명이 넘는 고객을 지닌 번듯한 은행으로 성장했다

토머스 모어(Thomas More, 1478~1535)의 소설 《유토피아》(1516년)에는 재산이나 소득이 많든 적든, 일을 하든 안 하든 모든 시민들에게 일정한 소득을 지급한다는 내용이 있다. 500년 전의 소설에 담긴 이런 꿈같은 일이 지금 기본소득(Basic Income)이라는 이름으로 미국 알래스카 주와 스위스, 핀란드 등 일부 국가에서 부분 시행되고 있다. 갈수록 심화되고 있는 불평등의 실상을 감안하면 머지않아 많은 나라로 확산될 전망이다.

인터넷과 모바일 시대가 낳은 새로운 산업의 상징으로 꼽히는 공유 경제는 '함께하는 상상'이 바꾼 세상의 대표적인 존재다. 자동차나 집을 같이 쓸 수는 없을까? 왜 집집마다 망치가 필요할까? 이런 상상을 많은 사람들이 공유하고 피트리면시 전혀 새로운 형태의 신업이 출현했다. 차가 필요한 승객과 돈이 필요한 차주 겸 운전기사를 스마트폰으로 연결해주는 플랫폼인 우버(Uber)는 대학을 중퇴한 트래비스 캘러닉(Travis Kalanick, 1976~)이 2009년에 창업했다. 10년이 채 지나지 않은 기간에 우버는 전 세계 65개국 630개 이상의 도시로 뻗어나갔고, 하루 1500만 건의 운행 실적을 올리고 있다.

'숙박공유'라는 새로운 비즈니스를 만들어낸 에어비앤비는 2008년 조 게비아(Joe Gebbia, 1981~), 브라이언 체스키(Brian Chesky, 1981~), 네이선 블레차르치크(Nathan Blecharczyk, 1984~) 3인이 용돈이라도 벌기 위해 샌프란시스코의 자기 집을 빌려주면서 시작됐다. 노는 집이나 방이 있는 집주인과 숙박이 필요한 여행객을 바로 연결시키는 플랫폼으로 자리 잡은 에어비앤비는 이제 191개 이상의 국가, 3만 4천 개 이상의 도시에 진출해 있다. 우버처럼 창업 10년이 채 안 된 기업이지만, 현재까지 에어비앤비 이용자수는 6천만 명을 넘는다. 기업 가치는 무려 300억 달러를 웃돈다. 방 하나 없이 세계 최대의 호텔 체인 힐튼 호텔의 기업 가치를 훌쩍 넘어선 것이다.

과거 SF영화에 등장했던 만화 같은 장면들이 지금 현실로 나타나고 있는 것도 상상이 현실로 바뀐 사례다. 미국 NBC 방송의 히트

작 〈전격 Z작전〉(1982~1986)에 무인자동차가 선을 보였을 때만 해도 시청자들은 그저 공상이려니 했지만, 이제 국내에서도 무인자동차가 거리를 굴러다닌다. 이보다 먼저 제작된 미국 ABC 방송의 드라마 〈6백만 달러의 사나이〉(1973~1978)에서 주인공이 자동차나 중장비를 번쩍 들어올리던 괴력은 이제 로봇공학과 생체공학의 발달로 실용화 단계에 접어들고 있다. 2011년 발표된 영화 〈소스 코드〉는 현실에서 사고로 사망한 주인공의 뇌와 컴퓨터를 연결해 꿈속에서 사고 현장을 재현하는 장면이 나온다. 이 장면 역시 최근 생체공학의 눈부신 발달로 조만간 현실화될 가능성이 점쳐지고 있다.

앞서 언급한 짐 데이토 하와이대 교수는 지난 2007년 1월 〈조선일보〉와의 인터뷰에서 "정보화사회 다음에 '드림 소사이어티(Dream Society)'라는 해일이 밀려온다"라고 단언했다. 그는 드림 소사이어티가 꿈과 이미지에 의해 움직이는 사회라고 정의했다. 경제의 주력 엔진이 정보에서 이미지로 넘어가고, 상상력과 창조성이 핵심 국가 경쟁력이 된다는 것이다. 그러면서 그는 한국이 드림 소사이어티에 진입한 세계 1호 국가라고 했다. 이유를 묻자 "한국이 한류라는 흐름 속에서 스스로의 이미지를 상품으로 포장해 수출했기 때문"이라고 설명했다.

드림 소사이어티에서는 이미지의 생산·결합·유통이 경제의 뼈대가 되며, 여기에 감성적 스토리가 덧붙여질 때 새로운 부가가치가 창출된다. 예컨대 나이키는 운동화가 아니라 농구 함께 마이클

조던의 이미지와 스토리를 판다는 것이다. 드림 소사이어티는 과거 산업사회와 정보사회를 이끌던 합리성 대신 상상력과 감성이 중요시 되는 세상이다. 짐 데이토가 일찍이 예견한 드림 소사이어티는 이미 현실이 되고 있다. 상상하자. 그리고 미래를 열어가도록 하자.

10. 우리 모두 미래파(Futurist)가 되자

지금까지 미래는 그저 주어지는 것이 아니며, 준비하는 자의 몫이라고 여러 차례 강조했다. 미래는 예측하는 것이 아니라 창조하는 것이라는 점도 설명했다. 과거를 이해하고 오늘에 최선을 다하는 삶은 곧 미래를 준비하기 위한 것이라는 점도 되풀이해 강조했다. 미래를 어떻게든 준비하고 알아보려는 노력이 없는 개인이나 국가의 앞날은 밝을 수가 없다. 유명한 미래학자 윌리엄 하랄(William Halal, 1933~) 조지워싱턴대학교 명예교수는 이렇게 말했다. "미래를 알아야 한다. 미래를 모르고 세상을 살아가는 것은 어둠 속에서 눈을 감고 절뚝거리며 걸어가는 것과 같다."

거듭 강조하지만, 미래는 피할 수 없다. 금방 들이닥친다. 갈수록 빠르게 달려드는 미래는 우리가 '속도의 충돌'과 '사고의 충돌'이라는 과제를 풀어낼 것을 요구한다. 앞서 우리는 속도와 사고의 충돌이 빚어내는 현상과 문제들을 다양하게 살펴봤다. 그렇다면 우리가 미래 준비와 관련해 당면한 속도와 사고의 충돌을 어떻게 풀어가야 할까.

자세히 들여다보면 속도와 사고의 충돌 문제는 동전의 앞뒷면처럼 뒤얽혀 있다. 변화 속도를 따라가지 못해 충돌하는 정부나 정치권, 학교 등 시스템의 문제는 과학기술 문제인 동시에 좌파 우파나 진보 보수, 또는 세대와 연령으로 갈려 합의를 이끌어내지 못하는 사고의 충돌에 큰 영향을 받고 있다. 블록체인, 핀테크, 원격진료, 인터넷은행 등 혁신과 관련한 입법이 국회에서 번번이 무산되는 배경에는 뿌리 깊은 사고의 충돌이 자리 잡고 있다. 바꿔 말해 우리가 사고의 충돌 문제를 극복해낼 수 있다면 속도의 충돌을 따라잡을 가능성이 훨씬 커질 것이다. 이 문제를 풀기 위해 3가지 기준을 제시해보자.

첫째, 우선 다양성을 인정하자. 지금처럼 복잡다단한 사회에서 같은 사안을 두고서도 다양한 의견 개진은 필수적이다. 획일적인 것보다는 다양한 의견이 활발하게 개진되는 것이 훨씬 더 자연스럽고 바람직하다. 그러려면 나와 다른 의견을 인정하고 수용하는 자세가 필요하다. 이제부터라도 나와 의견이 다를 수 있는 상대의 실체를 인정하자. 견해가 다르다고 무조건 비판하지 말자. 반대할 때 반대하더라도 협력할 때는 협력하자. 결과에 승복하는 자세도 필요하다. 대화와 토론을 거쳐 합의가 도출되면 설사 내 의견과 다르더라도 인정하고 따르도록 하자. 이런 자세가 상시으로, 표준으로 반아들여지지 않으면 지금처럼 시비만 끝없이 되풀이될 뿐이다.

둘째, 여건과 환경이 달라진 만큼 사고도 달라져야 한다. 이제 컴퓨터와 인터넷이 이끈 정보화 시대가 제4차 산업혁명 시대를 맞아 새로운 모습으로 다가오고 있다. 이런 상황에서 아직도 산업화 시대의 사고나 논리에 집착해서는 곤란하다. 낡은 축음기처럼 옛날 얘기만 되풀이할 수는 없다. 아무리 건강에 주의해도 노화를 막기 어렵듯 시대 변화 역시 아무리 노력해도 따라잡기 어려운 과제다. 자신은 변하지 않으면서 남들에게만 변화를 강요하는 사람들이 주변에 의외로 많다. 미래를 맞이하기 위해 나부터 변화하고 적응하려는 노력을 잊지 말자.

셋째, 원칙에 충실하자. 아무리 시대와 여건이 달라져도 변하지 않는 것이 있다. 바로 원칙이요, 기본이다. 정직하게 살고, 열심히 노력하고, 남을 먼저 배려하고, 주변의 약자를 돕고… 등등은 아무리 시간이 흘러도 변치 않는 삶의 기준이요, 원칙이다. 원칙은 보편적 적용이 가능한 기본 진리이다. 또한 원칙은 영구불변의 가치를 갖는 인간 행동의 지침이다. 원칙이 상식과 습관으로 확고히 자리 잡을 때 그 사람은 보다 완성된 인간의 면모를 갖추게 될 것이다.

이제 속도와 사고의 충돌 문제를 극복했다면 당신은 진정한 미래인의 자격을 갖춘 셈이다. 내일을 선도할 '미래파(Futurist)'로 나아갈 것이다. 언제까지 우파, 좌파식으로 편을 갈라 다툴 것인가. 이념에 사로잡힌 우파, 좌파 대신 미래파가 주역이 될 때 우리의 진정

한 미래가 열릴 수 있다. 미래는 선진국의 전유물이 아니다. 과거에
는 우리가 선진국을 모방하고 길잡이 삼아 따라왔지만, 이제부터는
먼저 가서 깃발을 꽂을 수 있느냐의 문제다. 미래는 미래파를 택한
당신을 기다리고 있다.

세 번째 질문

파워의 이동이
어떻게 이루어지고 있는가?

1. 권력 이동은 현재진행형

인류의 역사는 권력을 향한 끊임없는 투쟁이기도 하다. 누가 권력을 쥐느냐에 따라 나라가 바뀌고 역사가 달라진다. 권력의 쟁탈 과정에서 전쟁은 끊임없이 되풀이되었으며, 여기에 질병과 빈곤 문제까지 겹쳐 옛날 사람들은 대부분 고단한 삶을 살았다. 앞서 인용한 유발 하라리의 《사피엔스》는 인간의 역사를 끊임없이 반복된 기아와 역병, 전쟁을 극복해온 과정으로 설명하고 있다. 권력을 틀어쥔 소수의 파워 엘리트를 제외한 대부분의 인간, 호모사피엔스는 늘 수탈당하고 희생을 강요받는 존재였다. 권력의 주체가 되기는커녕 소유물이거나 지배 대상일 뿐이었다.

그러나 인간의 지능과 문화, 과학기술의 발달이 겹치면서 인류사를 지배해온 권력의 소재와 성격에 거대한 변화가 오고 있다. 바야흐로 권력의 주체가 바뀌는 이른바 '파워 시프트(Power Shift, 권력 이동)'가 일어나고 있는 것이다.

앨빈 토플러의 《권력 이동》(1990년)은 권력을 둘러싼 인류의 역사를 간명하게 정리했다. 《미래의 충격》(1970년), 《제3의 물결》(1980년)에 이은 3부작의 최종판으로 발간된 《권력 이동》은 인류사를 바꾼 세 번의 혁명과 이에 따른 권력 변화를 분석했다. 세 번의 혁명 가운데 첫 번째는 신석기시대의 농업혁명이며, 두 번째는 신흥 유산계급인 부르주아지 파워 엘리트들을 탄생시킨 산업혁명, 세 번째가 두뇌와 지식에 바탕을 둔 유식계급, 즉 '코그니타리아트(Cognitariat)'를 탄생시킨 정보혁명이다.

토플러는 폭력으로 대표되는 물리력과 부(富), 그리고 지식을 권력의 3대 원천으로 꼽는다. 물리력은 저품질 권력, 부는 중품질 권력이며, 지식이야말로 고품질 권력이라고 분류했다. 그는 농경사회에서 종교가 장악했던 권력이 산업사회에서 국가로, 정보화사회에서는 기업으로 넘어갔다고 본다. 그렇다면 다가올 미래의 변화는 누가 통제할 것인가. 이제는 물리력과 돈이 지배하던 과거와 달리 권력의 본질 자체가 변화하면서 궁극적으로 지식과 정보를 갖춘 개인들이 주도하게 되리라 전망했다.

국가권력은 산업화 시대가 지나면서 급속히 쇠퇴하고 있는 것이 사실이다. 국가를 대신하여 기업, 개인, 네트워크 그룹, NGO(비정부 민간기구) 등의 권력은 갈수록 커지고 있다. 노르웨이에서 발간된 '2030년 국가미래보고서'에서는 현재 지구상의 국가들이 사라지는 대신 글로벌 정부(World Government)가 탄생할 것이라고까지 예측하고 있다.

당신의 미래에 던지는 빅 퀘스천 10

2. 새로운 주인공은 당신

/

지난 2006년 미국 시사주간지 〈타임〉은 해마다 연말에 커버 스토리로 선정하는 '올해의 인물(Person of the year)'에 'YOU'를 선정했다. 바로 '당신(YOU)'이 올해의 인물이라는 것이다. 통상 유명 정치인이나 기업인 등 명망가들이 올해의 인물을 차지해온 것에 비하면 이례적인 선택이었다.

여기서 말하는 당신(YOU)은 당시 불특정 다수의 네티즌들을 지칭한 것이었다. 인터넷 시대에 적극 참여해 댓글이나 블로그 등을 통해 의사를 밝히고 불의와 거짓을 고발한 네티즌들이야말로 세상을 바꾸고 있는 주역이라고 평가했다. 〈타임〉은 "당신들이 인터넷과 휴대폰으로 무장하고 서로 연결, 소통하면서 세상을 바꿔나가고 있다"라고 했다. "당신들은 세상을 바꿔나갈 뿐 아니라 세상을 바꾸는 방식까지도 바꾸고 있다"는 평가도 덧붙였다. 다시 말해 보통 사람들, 평범한 시민들이 하나하나 연결되고 소통하면서 세상을 바꾼다고 본 것이다. 〈타임〉의 이 같은 평가는 더는 소수의 권력 엘리트들이 바꾸는 세상이 아니라는 시대 흐름을 대변한 것으로 볼 수 있다.

〈타임〉이 '당신'을 올해의 인물로 선정한 지 4년이 지난 2010년 12월 북아프리카의 튀니지에서 이 나라 국화(國花)인 재스민의 이름을 딴 '재스민 혁명'의 불길이 타올랐다. 대학에서 컴퓨터공학을 전공한 모하메드 부아지지(당시 26세)는 취업을 못해 과일 노점상을 했다. 부아지지는 노점 단속을 하던 경찰에게 팔고 있던 과일을 모두 빼앗겼다. 돌려달라는 민원을 제기했으나 받아들여지지 않자 정부 청사 앞에서 분신자살을 시도했고, 이듬해 초에 숨지고 만다. 이 소식이 페이스북을 통해 전파되자 분노한 튀니지 국민들이 거리로 쏟아져 나오면서 혁명으로 번진 것이다. 재스민 혁명은 1987년 이후 23년간 장기집권해온 벤 알리(Zine El Abidine Ben Ali, 1936~)의 독재 정권을 붕괴시켰다. 벤 알리는 부아지지가 사망한 후 열흘 만인 2011년 1월 14일 사우디아라비아로 도망가며 대통령직에서 물러났다.

튀니지에서 시작된 재스민 혁명의 불길은 북아프리카와 중동의 이웃 나라로 번져 이른바 '아랍의 봄'으로 이어졌다. 튀니지에서 벤 알리 정권이 무너지고 불과 한 달 뒤 이집트에서 호스니 무바라크 (Muhammad Hosni Mubarak, 1928~) 대통령의 30년 독재 정권이 붕괴됐다. 수도 카이로의 타흐리르 광장을 가득 메운 시민들이 이집트의 민주화와 무바라크 퇴진을 요구하는 장면은 전 세계에 실시간으로 중계됐다. CNN 같은 기존 언론뿐 아니라 페이스북, 유튜브 등 소셜미디어를 통해 시민들이 직접 현장 화면과 목소리를 생생하게 전했다.

이어 예멘과 리비아·시리아 등지에서 내전 형태의 시민전쟁이 발발했고, 알제리·요르단·모로코·오만에서는 개혁을 내세운 반정부 운동이 일어났다. 중동의 맹주를 자처하는 사우디아라비아에서

아랍의 봄 당시 이집트 타흐리르 광장(2011년 현장 사진)

조차 전례 없는 정치적 저항이 일어났고, 그 결과 2015년 지방선거에서 여성의 투표권과 피선거권이 인정되는 변화를 이끌어냈다.

물론 재스민 혁명과 아랍의 봄이 상징하는 시민 봉기와 민주화 바람이 나라나 국민들을 하루아침에 낙원으로 이끈 것은 아니다. 정치적으로는 독재정권을 무너뜨리고 민주화를 촉진하는 계기가 됐지만 경제는 혼란이 계속되고 있다. 과거 4·19 혁명 이후 한국이 겪었던 내부 갈등과 결국 5·16 군사정변을 불러왔던 혼란을 상기시킨다.

그러나 재스민 혁명이 보여준 분명한 가치는 사라지지 않는다. 권력의 주인은 독재자가 아니라 일반 시민들이라는 점이다. 가난한

대학생의 죽음에 분노하여 거리로 나온 시민들의 봉기가 없었다면 장기간 모든 권력을 틀어쥐고 있던 독재 권력을 어떻게 쫓아낼 수 있었겠는가.

재스민 혁명의 불길은 6년 후 2016년 겨울 대한민국에서 재점화되었다. 촛불혁명의 주역들은 10년 전 〈타임〉이 '올해의 인물'로 선정한 '당신(YOU)'이지 않았던가. 인터넷과 휴대폰, SNS로 연결된 당신들이 일어나 무능한 정권을 몰아냈고, 결국 권력의 궁극적인 주체는 나와 우리, 곧 개인이라는 점을 확인했다.

당시 헌법재판소가 현직이던 박근혜 대통령의 탄핵 사건을 심판하면서 헌법재판관 전원일치로 탄핵 결정을 내렸다. 그런데 한번 생각해보자. 헌법재판관들은 한 사람 한 사람이 인격과 법률 지식을 두루 갖춘 최고의 법관들이다. 상식적으로 생각해보면 전원일치라는 결정은 이해하기 어려운 측면이 있다. 법률상 탄핵 사유가 충분하다고 판단하는 재판관도 있었겠지만, 탄핵 감까지는 아니라고 보는 견해도 있지 않았겠는가. 그럼에도 만장일치 결정을 내리고 생방송을 통해 대통령을 "파면한다"라고 선고하는 과정을 지켜보면서, 촛불 시위의 위력이 여기에도 작용하는 것을 많은 사람들이 실감했다.

3. 미투에서 위드 유(With You)로

세상은 이제 다수의 보통 사람들이 바꿔나가는 시대다. 더는 소수 권력자들이 좌지우지하는 세상이 아니다. 〈타임〉이 2017년 '올해의 인물'로 선정한 '미투(Me Too)' 운동의 주역들을 보자. 여성을 향한 성적(性的) 갑질, 즉 성희롱이나 추행, 여성 혐오 등의 적대 행위를 용감하게 고발한 미투 운동은 2017년 10월 할리우드 거물 영화 제작자의 성추문을 폭로하고 비난하기 위해 소셜 미디어에 해시태그(#MeToo)를 다는 행동에서 출발했다. 그 후 채 1년이 지나지 않은 시간 동안 전 세계로 급속하게 확산됐다.

한국에서는 2018년 1월 29일 현직 여검사가 TV뉴스에 직접 출연해 검찰 내의 성폭력 실상을 고발하면서 미투 운동을 촉발시켰다. 이어 연극판의 대부로 알려진 연출가에게 성추행을 당했다는 고발이 소셜 미디어를 통해 널리 퍼지면서 '위력에 의한 성폭력' 피해 고발 움직임이 전국을 강타했다. 이후 한국 최초의 노벨문학상 후보로 기대를 모았던 원로 시인을 비롯, 극작가, 배우 등 문화예술계 인사들이 잇따라 고발됐다. 집권당의 유력한 차기 대통령 후보와 유명 정치인도 미투 쓰나미에 휩쓸렸으며, 몇몇 대학의 유명 교수들도 곤혹을 치렀다.

바람이 걷잡을 수 없이 거세지자 2018년 2월 문재인 대통령이 직접 나서서 "미투 운동을 무겁게 받아들인다"며 "피해 사실을 폭

로한 피해자들의 용기에 경의를 표하고, 미투 운동을 적극 지지한
다"고 밝혔다. 대통령은 "피해자들의 폭로가 있는 경우 형사 고소
의사를 확인하고, 친고죄가 폐지된 2013년 6월 이후의 사건은 고
소 없이도 적극 수사할 것"이라고 말했다. 실제로 3월 이후로 김
경의 수사를 거쳐 구속되는 유명 인사들이 속출했다. 성추행 당사
자로 지목된 뒤 압박감과 고민 끝에 스스로 목숨을 끊은 사람도
있었다.

미투 논란의 특징은 원인 제공자에 해당하는 사람들이 대부분 우
월적 지위에 있는 '잘나가는 사람들'이라는 점이다. 대통령이 되려
는 정치인, 문단의 거목, 연예계 대부, 법조계의 실력자 등등, 하나
같이 그 분야에서 권력을 쥔 자들이었다. 이들이 가진 권력으로는
마음만 먹으면 지금 미투 운동으로 번진 문제들을 고치거나 바로잡
을 수 있었다. 그러나 이들은 자신의 권력을 그렇게 쓰지 않았다.
오히려 오랜 세월 쌓여온 여성을 향한 갑질, 성희롱이나 성폭력 문
화를 은근히 이용하거나 즐기는 편이었다.

결국 이들 대신 나선 사람들이 누구인가. 오랫동안 피해를 감수
해온 힘없는 여성들이 용기를 내서 외치고, 그것이 '미투'로 확산되
면서 '위드 유(With You)'로 결집돼 거대한 변화를 이끌어내고 있지
않은가. 그동안 억울하게 무시당하면서도 참고 살아온 약자들이 인
터넷과 휴대폰, 소셜 미디어로 연결되면서 거대한 변화의 물결을
일으켜 세상을 바꾸고 있다. 이제 보통 사람들이 이런 방식으로 세

상을 바꾸고 있는 것이다.

4. 거대 권력의 종말

/

페이스북 창업자이자 최고 경영자(CEO)인 마크 저커버그는 지난 2015년을 '책의 해(A Year of Books)'로 정하고 "2주에 한 권씩 책을 읽겠다"라고 다짐했다. 그가 선택한 첫 번째 책이 《권력의 종말(The End of Power)》이었다. 이 책은 베네수엘라 출신 학자이자 정치인 모이제스 나임(Moises Naim, 1952~)이 2013년에 출간한 것으로, 오늘날 거대 권력이 쇠퇴하고 미시 권력의 힘이 커지는 현상과 이유를 잘 분석하고 있다.

큰 시각에서 보면 권력은 완력(물리력)에서 두뇌로, 북반구에서 남반구로, 서양에서 동양으로, 전통적인 거대 기업에서 민첩한 벤처 기업으로, 완고한 독재자에서 도시의 광장과 사이버공간의 민중으로 향하고 있다. 한마디로 권력 피라미드가 모두 붕괴하고 있다. 결국 디지털 시대의 혁신적 신기술이 작지만 똑똑한 개인, 기업과 결합되면서 기존의 골리앗을 끌어내리는 다윗의 시대를 만들어가고 있는 것이다.

외교관인 아버지를 따라 한국에서 중고교 과정을 마친 니코 멜레(Nicco Mele, 1977~) 하버드대학교 교수이 《거대 권력의 종말(The End

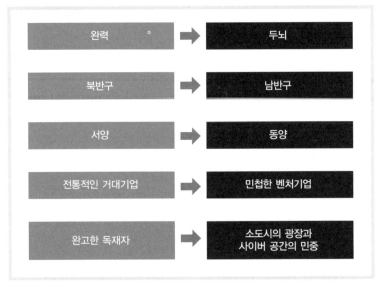

완력 ➡ 두뇌

북반구 ➡ 남반구

서양 ➡ 동양

전통적인 거대기업 ➡ 민첩한 벤처기업

완고한 독재자 ➡ 소도시의 광장과
사이버 공간의 민중

*출처: 모이제스 나임, 《권력의 종말》

of Big)》(2013년)은 훨씬 더 현실감 있게 기존 권력의 붕괴와 이동을
분석하고 있다. 거대 언론은 물론 거대 정당과 정부, 엔터테인먼트,
군대, 대학과 기업에 이르기까지 기존 체제의 골리앗 같은 존재들
이 전부 무너져 내리고 있는 현상을 생생하게 보여준다.

그는 기존 거대 권력을 무너뜨리는 핵심 요인으로 인터넷과 스마
트폰, 개인용 컴퓨터가 이끌어낸 '급진적 연결(radical connectivity)'
을 강조한다. '방대한 데이터를 즉각적으로, 끊임없이, 세계 어디로
든 보낼 수 있는 능력'을 가리키는 급진적 연결이 기존 체제를 주도
해온 거대 기관과 세력을 전부 무너뜨리고 있다는 것이다. 앞서 언

당신의 미래에 던지는 빅 퀘스천 10

급한 재스민 혁명이나 아랍의 봄, 촛불 시위, 미투 운동 등은 스마트폰과 인터넷, 소셜 미디어가 역사의 현장과 시민들을 실시간으로 연결해준 급진적 연결의 산물이었다.

5. 전부 무너져 내린다

이제 무너져 내리는 거대 권력의 실상을 들여다보자. 거대 언론은 이미 '1인 매체 시대'로 대체되고 있다. 특히 모바일 동영상 플랫폼인 유튜브의 등장은 거대언론을 뒤흔드는 다윗 같은 존재로 작용하고 있다. 유튜브 동영상에 몰려드는 트래픽은 이미 공중파, 신문 등 기존 미디어를 뛰어넘었으며, 독점적인 포털 사이트 네이버마저 앞질렀다. 유튜브에 올린 동영상에 독자들이 몰리는 바람에 광고 수입으로 연간 수십억 원씩을 올리는 1인 미디어 유튜버가 속출하는 세상이다.

200년 이상 지속된 대의민주체제와 거대 정당 체제도 곧 종말을 맞고 IT(정보 기술)에 기반을 둔 직접민주주의 시대가 열릴 전망이다. 음악이든 영상이든 콘텐츠를 디지털 파일로 주고받게 되면서 할리우드로 상징되는 거대 엔터테인먼트 시대도 막을 내리고 있다. 개인용 컴퓨터나 휴대폰 정도의 장비와 아이디어만 있으면 창업이 가능한 스타트업 세상에서 아마존과 구글, 페이스북, 우버 등의 성공 사례가 쏟아지면서 거대 기업의 시대도 저물고 있다.

성경에서 비롯된 다윗과 골리앗의 이야기는 강자를 이기는 약자의 사례로 오랜 세월 사랑받아왔다. 누가 봐도 승부가 뻔한 싸움에서 앙지기 소년 다윗이 돌팔매질 하나로 거인 골리앗을 쓰러뜨리는 장면은 언제나 짜릿한 감동을 준다. 역사에는 강자가 약점을 보이고 이를 잘 이용한 약자가 승리를 거두는 경우가 가끔 있다.

기업의 세계에서도 지금까지는 대체로 큰 것이 유리했다. 규모가 커야 조달 비용이나 생산 원가를 낮추기 쉬웠고 시장 지배력을 확보하기도 수월했기 때문이다. 따라서 이윤을 많이 내려면 대량생산이나 대규모 경영이 유리했다. 어디 기업뿐인가. 학교, 군대, 나아가 정부도 마찬가지였다. 규모가 클수록 큰 힘을 갖는다는 인식이 먹히는 시대에는 덩치가 작은 기관이나 조직은 울며 겨자 먹기식으로라도 따라가는 수밖에 없었다.

그러나 이제 단지 크기만 한 것은 거추장스러운 괴물이 되어가고 있다. 작고 빠른 것이 계속 새로운 방식으로 등장해서 이들을 밀어내고 있기 때문이다. 허름한 옷차림으로 차고나 헛간에서 일하던 젊은이가 단숨에 억만장자로 등장한다. 거대 음반회사에서 거들떠보지도 않던 무명 음악도가 유튜브에서 일약 스타로 떠오른다. 평범한 시민 블로거들이 사건 현장에서 기존 언론 매체보다 한발 앞서 뉴스를 전하는 일도 흔해졌다. 인터넷과 스마트폰이 열어준 1인 미디어 시대가 활짝 열렸다. 작지만 빠른 것들이 인터넷과 스마트폰으로 연결된 후 공유와 협력으로 확산되는 초연결 사회가 엄청난 힘을 발휘하고 있는 것이다.

6. 거대 군사력은 '파산의 방정식'

새롭게 나타난 거대한 흐름을 거스르거나 인정하지 않으려는 세력과 시도는 언제든 존재한다. 그동안 누려온 권력이 크고 강대할수록 반발과 저항도 크다. 역사가 교체되는 과정은 그런 작용과 반작용의 연속이었다. 세상의 변화에 가속도가 붙은 최근에는 기존 권력을 밀어내려는 시도와 흐름도 점점 빨라지고 있다. 스티브 잡스가 최초의 애플 스마트폰을 내놓은 2007년 1월 이후 불어닥친 거대한 변화를 되돌아보면 실감할 것이다.

이런 흐름을 거스르는 것은 무모하고 위험하다고 할 수밖에 없다. 앞서 인용한 멜레 교수의 《거대 권력의 종말》은 거대 군사력의 소멸을 예고하는 부분에서 새로운 기술과 장비로 무장한 테러리스트나 게릴라들과 맞선 전통적인 군사력이 얼마나 터무니없는 싸움을 벌였는지 적나라하게 보여준다.

9·11 이후 응징에 나선 미국은 아프가니스탄, 파키스탄 등지에 군대와 무기를 보내 알 카에다 세력을 궤멸했으며, 10년여 끈질긴 추격 끝에 버락 오바마 당시 미국 대통령이 백악관에서 생중계로 지

켜보는 가운데 2011년 5월 2일 테러의 주범 오사마 빈 라덴(Osama Bin Laden, 1957~2011)을 사살했다.

전통적인 기준에 따르면 미국의 응징은 승리했고 알 카에다는 패배했다. 그러니 과연 그럴까. 멜레 교수의 분석에 따르면, 9·11 테러 이후 10년 동안 미국은 불과 50만 달러를 투입한 알 기에다의 공격을 응징하는 전쟁에 무려 3조 3000억 달러를 쏟아부었다. 그는 단언한다. "이것은 미국이 승리한 방정식이 아니라 파산에 이르는 방정식이다."

이런 방정식은 냉전 시대에 미국과 무리하게 군비경쟁을 벌이다가 국가가 파산하고 사회주의 이데올로기의 종언까지 초래한 소련의 경우와 유사하다. 이런 일이 되풀이되면 미국도 파산에 이를 수 있다. 급진적 연결로 무장한 테러조직들이 치고 빠지기식 테러 행위를 통해 노리는 결과가 바로 이런 파산 방정식인 것이다.

이런 현상은 비단 테러리스트에 국한된 것이 아니다. 앞서 북아프리카와 중동지역을 휩쓴 재스민 혁명의 주역이었던 시민들은 소총 한 자루 없는 맨몸이었지만 노트북과 휴대폰만으로 '급진적 연결'이라는 새로운 흐름에 올라타, 해묵은 독재정권을 무너뜨렸다. 일부 독재정권에서는 전기와 통신을 차단하는 방식으로 급진적 연결을 막아보려 했지만 금세 실패하고 말았다. 차단이 불가능한 현실을 확인했을 뿐이다. 결국 값비싼 시위 진압 장비로 무장한 경찰력은 쉽게 뚫렸고, 정권의 보루 역할을 맡아온 군부의 소총과 탱크도 제구실을 못했다.

7. 무너지는 거대 정부의 신화

/

인터넷과 모바일 혁명이 이끌어낸 초연결 사회에서 다윗이 골리앗을 무너뜨리고 있는 현상은 필연적으로 국가와 정부의 존재, 기능, 미래에 대한 의문으로 이어진다. 앞서 제시한 재스민 혁명이나 저비용 테러 앞에서 '파산 방정식'이 되어버린 거대 군사력의 실상은 그대로 거대 정부의 운명이 될 수밖에 없다. 국가 안보는 물론 경제 발전과 사회복지, 국민 교육과 환경 관리까지 모든 책임을 짊어진 거대 정부의 신화가 흔들리고 있는 것이다. 이는 비단 독재국가만의 현상이 아니다. 자본주의와 민주주의가 정착된 서방 선진국에서도 정부의 위상과 기능은 빠른 속도로 변화하고 있다.

봉건 왕조시대가 막을 내리고 산업혁명 이후 근대국가 체제가 들어서면서 정부의 위상과 기능은 확대 일로를 걸었다. 국가의 성장이나 발전, 풍요한 사회를 위해서는 정부의 기능과 역할이 더 커질 수밖에 없다는 인식은 확고했다. 정보화 시대가 도래하면서 기업의 힘이 커지자 '큰 시장과 작은 정부'를 요구하는 신자유주의 바람이 사회주의 국가에까지 확산되었지만, 몇 차례 글로벌 경제 위기를 겪으면서 크게 약화됐다. 특히 신자유주의가 디지털 시대 지구촌이 최대 고민거리 가운데 하나인 '양극화'의 근원으로 지목되면서 성장과 분배 문제를 함께 해결해야 하는 정부의 역할은 다시 확대되고 있다.

대런 애스모글루(Daron Acemoglu, 1967~) MIT대 경제학과 교수와 제임스 로빈슨(James A. Robinson, 1960~) 하버드대 정치학과 교수가 공저한 《국가는 왜 실패하는가(Why Nations Fail)》(2012년)는, 지구상에 명멸한 국가들의 성패가 지리나 역사, 인종, 환경 때문이 아니라 시스템, 즉 제도에 의해 판가름 난다는 분석으로 세계적인 관심을 끌었다. 이들은 정부가 국토와 국민을 관리할 수 있는 중앙집권 체제를 바탕으로 사유재산권과 자유 시장, 균등한 기회를 보장해주는 '포용적 경제 제도(Inclusive Economic Institution)'를 채택한 나라들은 번영의 길을 걸은 반면 권력이 부를 장악하는 착취적인 경제 제도를 택한 국가는 후진국을 면치 못하고 있다고 분류했다. 대표적인 사례로 2차 대전 종전 이후 자본주의와 시장경제를 민주주의와 결합시킨 남한과 김일성 왕조가 권력과 경제력을 독점한 북한을 비교하고 있다.

국가의 성공과 실패가 '제도'에 달려 있고, 이런 제도가 국가의 역할이라는 인식은 당장 사라지지 않을 것이다. 선진국조차 양극화 문제에서 자유롭지 못하기 때문에 국가의 역할이나 개입은 지속될 수밖에 없다. 다만 국가를 대표하는 정부의 역할이나 기능은 변화의 흐름에서 벗어날 수 없다. 근대국가의 정부가 가진 대표적인 권력은 군사력과 함께 법률로 국민을 강제할 수 있는 사법 체계, 세금을 거두고 쓰는 조세 재정, 그리고 돈을 찍어내는 통화 관리 등을 꼽을 수 있다. 이 가운데 군사력이나 경찰력, 사법 체계는 '급진적 연결성'으로 무장한 시민들의 집단 저항이나 테러리즘 앞에서 언제든 무력화될 수 있다는 취약성을 노출하고 있다. 아랍의 봄이나 9·11 테러가 좋은 예다.

물론 세계가 국경선을 기준으로 국민과 영토, 주권을 보장하는 국가 체제를 유지하는 한 정부는 존재할 것이며, 안보와 체제 유지 기능 역시 정부 몫으로 남을 것이다. 그러나 급속히 다가오는 미래 세상에서 정부의 기능과 위상이 점점 축소될 것이라는 관측은 갈수록 힘을 얻고 있다. 그런 변화의 핵심에 급진적 연결성으로 표현되는 초연결 사회의 도래, 그리고 정부에서 시민 또는 개인으로 넘어가고 있는 권력 이동이 자리 잡고 있다.

8. 사라지는 대학, 흔들리는 거대 지성

/

출산율의 급격한 하락에 따른 학생 수 감소는 심각한 상황이다. 2011년만 해도 전국 초중고와 대학을 망라한 학생 수가 1133만여 명에 달했으나 2017년에는 990만여 명으로 줄어들었다. 대학 진학을 앞둔 고교생 숫자는 더 가파르게 준어들고 있다. 2016년 175민명 선에서 2022년에는 122만여 명으로 30퍼센트나 감소할 전망이다. 존립 자체가 어려워지는 대학이 속출할 수밖에 없다.

학생 감소 못지않게 거대 교육기관으로서 대학의 존립을 위협하는 현상으로 앞서 언급한 '급진적 연결성'(radical connectivity)이 있다. 인터넷과 모바일 기기의 급속한 확산은 기존 교육체계를 변화시키고 있다. 강의실에 학생들을 몰아넣고 수업 시간 내내 일방적으로 진행하는 형태의 대학 강의는 점점 골동품이 되어가고 있다. 인터넷 동영상 강의가 보급되면서 고색창연한 강의실 대신 사이버 공간에서 교수와 학생이 문답을 주고받는 참여형, 분산형 교육이 빠르게 확산되고 있다. 전 세계 유명 대학의 강의를 온라인으로 무료 수강할 수 있는 무크(MOOC, Massive Open Online Course)시스템은 2012년 미국에서 시작됐지만 이제는 지구촌 어디서든 언제든지 접속이 가능하다.

꼭 박사 학위를 받고 교수라는 신분을 가져야 전문가로 인정받고 학생이나 시민들을 가르치는 세상도 아니다. 누구나 자신의 연구 결과나 학문적 소신, 현상에 대한 진단 등을 온라인을 통해 실시간으로 발표하고 전파할 수 있다. 포털 사이트는 물론 요즘 각광받고 있는 유튜브처럼 불특정 다수에게 오픈된 지식 전달 공간에서는 누구나 전문가 역할을 할 수 있다. 최소한의 비용으로 언제든 누구에게든, 무엇이든 강의 또는 출간할 수 있는 능력은 지식의 생성과 소비, 전파를 급격히 민주화하면서 온라인 교육과 자료의 폭발적인 증가로 이어지고 있다. 이런 시스템의 변화는 그동안 대학이 독점하다시피 해온 지적·문화적 권위 역시 빠른 속도로 분산시키고 있다.

거대 교육기관으로서의 대학의 쇠퇴는 이미 예견된 것이었다. 과도한 상업화와 비대한 조직, 사회적 요구에 대한 무관심 등이 대학의 쇠락을 재촉할 것이라는 비판이 끊이지 않았다. 《거대 권력의 종말》에서 인용한 윌리엄 데레시에비츠(William Deresiewicz, 1964~) 예일대학교 교수의 논문 〈엘리트 교육의 약점〉[6]이 좋은 예다. 이 글은 예일대를 비롯한 최고의 대학들이 "그들의 존재 이유가 경력을 키우는 것이 아니라 생각을 키우는 것임을 잊어버렸다"고 지적한다.

인문주의적 이상과 교수들의 사명감이 남아 있던 시절에 교수와 학생들이 끊임없이 소통하며 가르치고 공부하던 모습은 점차 사라지고 있다. 대신 학문이 직업화하고, 강의보다는 연구와 저술 활동이 학문적 업적의 기준이 되면서 학생과 사회가 요구하는 실질적이고 가치 있는 교육으로부터 갈수록 멀어지고 있다는 비판이다.

국내에서도 기업들의 실제 수요와 대학이 제공하는 전공 교육의 격차가 갈수록 커져 청년 실업의 숨은 원인으로 작용하고 있는 실정이다. 4년제 정규대학 과정을 마친 졸업생들이 직업 전문 교육기관인 폴리텍대학에 재진학해서 취업에 필요한 기능 교육을 다시 받고 있는 현실은 대학이 처한 위기를 적나라하게 보여준다.

대학으로 대표되는 '거대 지성'의 권력은 이제 사이버공간에서 불특정 다수의 개인들이 참여해서 축적되는 '집단 지성(Collective Intelligence)'으로 넘어가고 있다. 개인이 아무리 뛰어나도 다수를 능가할 수는 없다. "우리는 나보다 똑똑하다(We are smarter than me)"는 말이 집단 지성의 본질이다. 제아무리 천재요, 전문가라 하더라도 여러 사람의 지혜를 당해낼 수는 없다. 이제는 모든 사람들이 다 똑똑하기 때문이다. 더 똑똑한 사람이 있긴 하지만, 덜 똑똑한 사람 몇몇이 모이면 아무리 똑똑한 사람도 당해낼 수 있다. 이것이 바로 집단 지성의 힘이다.

인터넷 백과사전 위키피디아 외에도 집단 지성의 사례는 얼마든지 있다. 공영방송의 고교생 대상 '도전 골든벨(KBS)' 퀴즈 프로그램이 좋은 예다. 골든벨에 다가갈수록 문제의 난이도가 높아진다. 마지막까지 남는 학생은 아마도 가장 우수한 학생일 것이다. 그런 학생이 풀지 못하는 문제에 부딪힐 때 다른 학생들에게 도움을 받을 수 있는 '찬스'를 쓴다. 놀랍게도 그 학생보다 지적 능력이 부족할 것이라고 여겨지던 일반 학생들 다수로부터 정답이 순식간에 제시된다. 이젠 모두가 다 스마트하다는 것을 목격하는 순간이다. 여기서 집단 지성의 힘이 나온다는 것을 실감한다.

이제 대학으로 대표되는 거대 지성이 무너지고 사이버공간을 중심으로 지식과 권위가 급속하게 분산되는 시대, 누구나 전문가가 될 수 있는 시대가 왔다. 거대 지성의 권력 역시 사이버공간을 타고 새로 형성된 집단 지성으로 넘어가고 있지만, 이런 변화를 긍정적인 방향으로 유도해야 한다는 과제도 함께 제시되고 있다. 새롭게 대두된 집단 지성의 힘에 대해서는 후반부에서 자세히 들여다보게 될 것이다.

9. 큰 것이 유리하다?

이미 우리 사회는 1인 시대로 들어섰다. 1인 가구에 혼밥, 혼술이 식생활과 편의점 풍경을 바꾸고 있으며, 1인 미디어와 1인 댓글, 1인 시위가 가장 적극적인 의사 표현 방식으로 자리 잡고 있다.

혼자 살아가는 시대에는 기업 생태계도 변화할 수밖에 없다. '큰 것이 아름답다(Big is beautiful)'라는 인식에 바탕을 둔 거대 기업의 시대가 퇴조하는 대신 작지만 빠르고 똑똑한 소기업들의 시대가 열리고 있다. 특히 지식과 정보, 창의력과 순발력으로 무장한 1인 기업들이 새로운 주역으로 떠오르고 있다. 인터넷과 모바일 공간에는 1인 기업 형태의 유튜버와 창업가들이 우후죽순처럼 솟아나고 있다.

이런 현상은 기업 생태계에서 규모보다 속도가 더 중요해진 시대 흐름을 반영한다. 앞서 인용한 모이제스 나임의 《권력의 종말》에서는 "과거에는 규모가 속도보다 기업에 유리했다. 그러나 지금은 속도가 규모를 이기는 시대"라고 규정한다.

대표 사례가 스페인 의류 업체 자라(Zara)다. 목욕 가운을 만드는 영세기업으로 시작해서 1988년에 처음 해외 시장에 진출한 자라는 지금 패스트 패션의 선두 주자로 세계시장을 주도하고 있다. 자라의 성공 비결은 소량 다품종 전략이다. 생산 단가를 낮추기 위해 대규모 생산 설비와 소품종 대량생산에 집착해온 기존 업체들과는 거꾸로 간 것이다. 자라가 신제품 하나를 디자인해서 상품으로 내보내기까지 걸리는 시간이 2주에 불과한 반면 기존 업체들은 평균 6개월이 걸렸다. 해마다 새로운 디자인의 신제품을 1만 건 정도 출시하는 자라의 속도 경영이 기존 업체들의 규모를 압도한 것이다.

이런 현상은 산업혁명 이후 권력 이동의 흐름을 반영한다. 앨빈 토플러는 농경사회에서 종교가 장악했던 권력이 산업사회에서 국가로 넘어온 뒤 정보화사회를 거치며 기업으로 넘어갔다고 분석했다. 기업 중에서도 권력의 주체는 다국적 기업 또는 재벌과 같은 거대 자본이었다.

실제로 지난 세기는 다국적 또는 글로벌 기업으로 불리는 거대 기업들의 독무대였다고 해도 과언이 아니다. 두 차례 세계대전을 치르고도 인류사에 유례없는 발전을 이룩한 바탕에는 이들 거대 기업의 기여가 컸다. 이들은 대량생산, 대량소비로 압축되는 산업화 시대를 주도했다. 한국에서도 급속한 산업화가 진행되는 동안 재벌로 불리는 거대 자본이 국가 경제를 좌우하는 존재로 등장했다.

20세기 후반에는 컴퓨터와 인터넷으로 대표되는 정보화혁명의 물결에 올라타 명실공히 새로운 권력으로 자리 잡았다.

그러나 정보화 시대가 온라인과 모바일 혁명을 이끌어내면서 과거 대기업들의 강점이고 무기였던 규모나 효율성은 갈수록 힘을 잃고 있다. 비대해진 조직이 관료화하면서 생산 과정이나 의사결정 체계의 효율성을 떨어뜨리고 있다. 이로 인해 눈부시게 변화하는 신기술과 트렌드를 따라잡고 시대 변화에 적응할 체질을 갖추지 못하고 있다. 점차 덩치만 큰 골리앗 같은 존재로 변모하고 있는 것이다.

거대 기업들이 집착하던 규모의 경제, 범위의 경제는 벤처나 중소기업에게는 거대한 진입 장벽이었다. 그러나 《거대 권력의 종말》이 기존 거대 권력을 무너뜨리는 핵심 요인으로 지목한 '급진적 연결'의 세상에서 이런 장벽은 허물어지고, 그간 대기업이 독점해온 정보나 자원을 소규모 기업이 공유할 수 있는 기회는 점점 확대되고 있다. 시장에 새로 진입한 소규모 업체들도 고객 확인, 제품과 서비스 개발, 계약 조건 이행, 상품 배송을 신속하게 처리할 수 있는 플랫폼을 동등하게 이용할 수 있는 시대다. 적어도 기업의 규모가 경쟁력을 좌우하는 시대는 사라지고 있는 것이다.

10. '거대한 소수'에서 '작은 다수'의 세상으로

수요 측면에서 봐도 시장은 빠르게 변화하고 있다. 명품 산업을 살펴보자. 과거에는 값비싼 명품을 장만해서 오래 쓰는 것이 주부들의 로망이었다. 지금은 어떤가. 이제 가격 대비 성능, 이른바 가성비가 소비의 새로운 기준이다. 옷만 해도 가격은 비싸지만 명품을 사서 오래 입는 방식 대신 값싸고 품질 좋은 상품을 사서 해마다 바꿔 입는 시대다. 덕분에 스페인의 자라나 일본의 유니클로 같은 브랜드들이 세계적인 기업으로 성장했다. 이런 추세를 따라 명품 산업도 B급 정도 품질에 브랜드 프리미엄을 붙여 과거보다 훨씬 낮은 가격에 판매하는 'B플러스 프리미엄' 시대가 오고 있다.

최근에는 가성비에 이어 소비자의 심리 만족도를 중시하는 '가심비'가 새로운 트렌드로 꼽히고 있다. 가심비는 가성비에 그치지 않고 소비자의 마음까지 만족시키는 제품을 선택한다. 가심비를 중시하는 소비자들은 화학비료를 쓰지 않아 가격은 좀 비싸지만 안전한 먹거리로 보는 유기농 식품을 구매한다. 살충제 계란 파동 이후 유기농 계란이나 자연 방사 계란 등의 판매가 급증한 것이 좋은 예다.

이제는 소비자들이 필요한 물건을 직접 만들어 쓰는 메이커 시대다. 가구류부터 불기 시작한 DIY(Do It Yourself) 바람은 다양한 분야로 확산되고 있다. 여기에 3D 프린터가 개인용 컴퓨터나 휴대전화처럼 일반화되면 원자재 단계에서부터 소비자가 직접 제조까지 하는 시대가 온다. 예를 들면 쇠고기나 옷가지도 분자 단계에서 3D프린터를 통해 집에서 직접 만들 수 있게 된다. 이런 급격한 변화는 누가 먼저 포착하고 선점하느냐가 관건이다.

산업 형태도 변화할 수밖에 없다. 빠른 시일 내에 소멸할 산업이 속출할 것이며, 따라서 그 산업에 연결된 일자리도 사라질 것이다. 자동차 산업을 한번 들여다보자. 우선 전기 자동차 시대가 열리고 태양광이 주 에너지원이 될 경우 석유의 시대가 끝날 가능성이 있다. 인류 역사에서 석기시대는 돌이 없어져서 끝난 것이 아니듯 석유시대도 석유가 고갈되기 전에 막을 내릴 것이라고 한다.

둘째, 자율주행차(Self drive car)가 일반화되면 엄청난 변화가 일어날 것이다. 운전자가 필요 없게 되고, 부품도 지금처럼 많을 필요가 없다. 현재 2만여 개인 자동차 부품은 5~6천 개 수준으로 줄어들게 된다. 자동차 사고도 지금보다 대폭 감소하면서 자동차 보험이나 정형외과의 존립 기반이 위협받게 된다. 법률 회사는 어떤가. 현재 로펌의 처리 업무 가운데 30퍼센트가 자동차 관련 업무로 추정된다. 사고가 줄면 로펌 업무도 축소될 수밖에 없다.

셋째는 공유 경제의 영향이다. 현재 가정에서 보유하고 있는 자가용 자동차의 가동률은 매우 낮은 수준이다. 대도시 주민들은 대부분 출퇴근시 대중교통을 이용하고 자가용은 주말여행이나 쇼핑용 정도로 쓴다. 앞으로 우버나 렌트카 등을 통해 자동차를 필요할 때만 빌려 쓰거나 나눠 쓰는 방식이 일반화되면 미국 기준으로 현재 자가용 승용차의 20퍼센트만 있으면 충분할 것으로 추정된다. 그렇게 되면 도로와 주차장은 많이 남아돌게 된다. 그런 공간들에 대양광 집열판이나 풍력발전기를 설치해서 무공해 에너지를 만들어 쓸 시대가 멀지 않았다. 자동차 산업 하나만 보더라도 이처럼 엄청난 변화가 눈앞에 와 있다. 그런 과정에서 무수한 기업과 일자리들이 새로 생겨나거나 사라질 것이다.

분명한 것은 거대 기업이라 해서 생존과 번영이 보장되지 않는다는 사실이다. 거대 기업의 권력도 분명히 이동할 것이다. 다윗이 골리앗을 이기는 시대가 임박했다. 이제는 덩치만으로 이길 수 없다. 꾀로, 아이디어로 이기는 시대다. 소수 권력자가 바꿔온 세상은 이미 지나갔다. 다수의 보통 사람들이 시대를 바꾸고 있다. 시장도 마찬가지다. 대기업들이 독점해온 '거대한 소수'의 세상이 아이디어와 기술력, 시대의 변화를 포착하고 선점하는 능력을 갖춘 '작은 다수'의 세상으로 바뀌고 있는 것이다.

4

네 번째 질문

뉴노멀(New Normal) 시대에
어떻게 대비하고 있는가?

1. 금융 위기와 뉴 노멀

'뉴 노멀(New Normal)'은 지난 2008년 당시 세계 최대 채권운용사 핌코(Pimco)의 최고 경영자 모하메드 엘 에리언(Mohamed A. El-Erian, 1958~)이 펴낸 《새로운 부의 탄생(When Market Collides)》에서 금융 위기 이후 새롭게 나타난 현상들을 지칭하면서 널리 알려지기 시작했다. 그는 저성장, 규제 강화, 소비 위축, 미국의 영향력 감소 등을 위기 이후에 '새롭게 정상이 된 현상(New Normal)'으로 지목했다. 금융 위기의 진원지였던 미국은 2017년 도널드 트럼프 대통령이 집권하기까지 경제성장률 하락과 소비 위축에 시달렸으며, 중국에 밀리며 단일 초강대국이라는 위상에 큰 손상을 입었다.

한국도 뉴 노멀의 예외가 아니다. 무엇보다도 경제성장률 자체가 2008년 금융 위기 이후 10여 년이 지나는 동안 2퍼센트대로 떨어지며 저성장 국면에 진입했다. 한국은행은 2018년과 2019년의 경제성장률이 2.7퍼센트 안팎에 그칠 것으로 전망했다. 2000년 이후 한국의 경제성장률을 5년 단위로 평균하면 지난 2001·2005년에 4.7

퍼센트, 2006~2010년 4.1퍼센트, 2011~2015년 3.0퍼센트로 점차 하락했다. 한국은행은 현재 우리 경제의 규모와 자원, 산업구조, 성장 여력 등을 감안하면 2퍼센트대 후반의 성장률이 적정 수준인 것으로 추정한다. 성장률이 하락하는 과정에서 불가피하게 고용과 소비 위축 등의 현상이 나타났다. 여기에 급격한 출산율 하락과 고령화 현상이 겹치면서 복지와 교육의 기준이나 목표까지 변화가 불가피한 상황이 전개되고 있다.

이제 뉴 노멀은 비단 경제 분야뿐 아니라 정치, 사회, 국제관계 등에 새롭게 형성되는 현상이나 질서를 가리키는 포괄적 표현으로 쓰이고 있다. 여기에 가속화되고 있는 과학기술 혁신의 물결까지 더해지면서 미래를 바꿔나가는 흐름으로 확산되고 있다. 세계 금융 위기 발생 이후에 포착된 뉴 노멀의 여러 모습들을 하나하나 살펴보자.

2. 사라지는 인플레이션

2008년 9월 미국 월스트리트 금융회사 리먼 브러더스 파산으로 촉발된 금융 위기가 전세계로 확산되는 과정에서 미국은 이른바 '양적 완화(Quantitative Easing)'를 대응 전략으로 선택했다. 양적 완화는 금융 위기 이후 연 2.5퍼센트였던 미국의 기준 금리가 0퍼센트로 떨어져 더는 금리를 내릴 수 없게 되자, 미국의 중앙은행 격인 연방준비제도이사회(연준, FRB)가 시중 은행이 보유한 채권을 사들이는 방식으로 시장에 돈을 추가로 공급한 통화정책을 뜻한다. 기준 금리가 제로에 가까운 상황에서 시중에 돈을 더 푸는 이례적인 정책이다.

양적 완화를 주도했던 당시 미국 연준 의장 벤 버냉키(Ben Bernanke, 1953~)는 "디플레이션을 막기 위해서는 헬리콥터로 돈을 뿌리는 일도 마다하지 않겠다"고 말했다. 이처럼 헬리콥터로 달러를 뿌릴 정도로 돈의 공급을 늘리는 것은 전통적인 경제 이론으로는 상상하기 어려운 선택이다. 무엇보다도 인플레이션이 걱정되기 때문이다. 양적 완화는 그런 과거의 노멀을 깨는 정책이었다.

그런데 실제로 시장에서 발생한 경제 현상은 상당 부분 과거의 상식을 뒤집는 것이었다. 어마어마한 돈이 풀렸는데도 인플레이션이 심하게 나타나지 않았다. 이처럼 과거의 상식을 뒤엎은 뉴 노멀이 발생한 이유는 무엇일까. 크게 네 가지 요인으로 설명할 수 있을 것이다.

첫째, 인터넷 온라인 서비스의 확대에 따라 세상에 공짜에 가까운 물건이나 서비스가 크게 늘어났다. 실제로 인터넷 정보 검색을 비롯한 다양한 서비스가 거의 무료로 이뤄지고 있으며, 필요한 강의를 온라인으로 무료 수강할 기회도 계속 확대되고 있다. 모바일 기기 확산에 따라 급격히 확대되고 있는 핀테크(Fin Tech)도 금융 서비스의 가격을 대폭 낮추고 있다.

둘째, 공유 경제의 확산이 소비 수요와 구매 부담을 줄이면서 물가 하락에 기여하고 있다. 일상생활에 필요한 물건을 비싼 값에 각자 사서 쓰기보다는 여럿이서 공유하거나 빌려 쓰는 현상이 확산되고 있다. 공유 대상은 사무실과 주방 등 전방위로 퍼져나가고 있다. 큰돈이 필요한 자동차의 경우 카 셰어링이나 빌려 타기(렌터카)가 점점 확대되고 있으며, 빈집·빈방은 물론 가구, 의복, 장식품 등 고가의 생활용품을 빌려 쓰는 소비 행태의 변화도 수요 측면에 큰 영향을 미치고 있다.

셋째, 자신의 취향이나 용도에 맞는 제품을 직접 만들어 사용하는 소비 행태의 변화다. 소비자가 직접 생산 단계부터 관여하는 프로슈머(Prosumer)의 출현은 스스로 물건을 만들어 쓰는 DIY를 확산시켰으며, 여기에 3D프린터가 가세하면서 머지않아 웬만한 생활용품은 물론 식품까지도 자가 제조가 가능해질 것으로 보고 있다. 그동안 기업이 주도한 대량생산의 시대는 개별 소비자들이 직접 생산에 참여하는 '대중 생산' 시대로 넘어가고 있다.

넷째, 전통적인 물자의 수요와 공급 측면에서도 가격 상승 압력은 점차 낮아지고 있다. 4차 산업혁명의 물결에 올라탄 생산기술의 혁신이 물품과 서비스의 가격을 끌어내리고 있으며, 수요 측면에서는 선진국을 중심으로 인구가 정체 또는 감소 추세로 돌아서고 있다. 이런 현상들이 겹쳐 인플레이션의 시대는 갈수록 퇴조하고 있다.

그렇다면 극도로 낮은 인플레이션이 뉴 노멀이 되는 시대는 좋기만 한 것일까? 물가 안정이 경제 안정, 나아가 사회 안정으로 이어지면 모든 사람에게 유리할까? 과거 우리나라의 발전 과정을 돌이켜보면 정부 주도의 고도성장이 지속되는 동안 인플레이션 압력 역시 동전의 앞뒷면처럼 따라다녔다. 곳곳에 개발 붐이 일면서 신도시나 공단이 들어선 지역의 농민들이 일거에 부동산 부자가 됐으며, 도시의 샐러리맨들도 눈치껏 아파트를 청약하다 보면 수십억 자산가 대열에 올라설 수 있었다. 말하자면 인플레이션이 계층 이동의 수단이나 기회로 작용하기도 했다.

이런 경험에 비추어보면 가까운 미래에 인플레이션 압력이 사라져 경제와 사회가 안정될 경우, 역설적이게도 계층 이동의 기회가 사라지고 나아가 사회적 불평등이 고착화되는 상황을 맞을 수도 있다. 이처럼 지금 우리에게 다가오는 뉴 노멀이 장밋빛 일색만은 아니다.

3. 한계비용 제로 사회가 보인다

인플레이션 위험이 크게 감소하고 있는 이유를 미시적으로 들여다보면 더욱 의미 있는 해석이 가능하다. 바로 한계비용(marginal cost)이 급격하게 떨어지고 있는 현상이다. 한계비용은 재화나 서비스 한 단위를 추가로 생산할 때 필요한 총비용의 증가분을 말한다. 빈면 재화나 서비스 한 단위를 추가로 팔아서 얻는 총수입의 증가분은 한계수입이다. 기업은 수입에서 비용을 뺀 이윤을 극대화하는 것이 목표다. 따라서 생산량을 결정할 때 한계비용과 한계수입이 일치할 때까지 생산을 증가시킨다. 한계수입은 일반적으로 시장가격을 의미하므로, 기업은 한계비용보다 시장가격이 낮으면 생산을 중단하거나 철수한다.

그런데 이 한계비용이 생산기술이나 방식이 바뀌면서 가파르게 떨어지고 있고, 머지않아 제로(0) 상태에 이를 것이라는 관측이 제기되고 있다. 한계비용이 제로에 이르면 시장가격이 오를 이유가 없어지는 셈이다. 인플레이션이 없는 사회도 당연하게 따라온다. 가장 큰 이유는 급속한 과학기술 발전이다. 특히 최근 가속화되고 있는 사물인터넷(IOT), 에너지 혁명, 3D프린팅, AI(인공지능) 등 과학적 성과에 공유 경제, 프로슈머의 부상 등 여러 현상이 복합적으로 작용하면서 한계비용을 끌어내리고 있다.

미국의 세계적인 경제학자이자 문명 비평가인 제러미 리프킨(Jeremy Rifkin, 1945~)은 《한계비용 제로 사회(The Zero Marginal Cost Society)》(2014년)에서 일찌감치 이런 시대의 도래를 예고했다. 그는 커뮤니케이션, 에너지, 물류 인터넷이 통합된 슈퍼 IOT에 3D 프린팅, 공유 경제 등이 가세해 생산성이 극단적으로 높아지면 재화와 서비스를 생산하는 한계비용이 제로 수준으로 떨어질 것이라고 주장한다. 재화나 서비스 가격이 사실상 공짜가 된다는 의미다. 그렇다면 언제쯤 한계비용 제로 시대가 올까. 리프킨은 2050년쯤으로 예상한다.

한계비용이 제로가 되면 경제 패러다임 자체도 바뀔 수밖에 없다. 무엇보다도 사유재산권 보장을 전제로 하는 자본주의의 근간이 흔들릴 것이다. 물건이나 서비스가 거의 무료로 공급된다면 소유에 집착할 이유가 없어지기 때문이다. 이런 사회에서는 원하는 물건이나 서비스를 원하는 시기와 방식으로 이용할 수 있는 '접근권'이 보다 중요해진다. 소유권보다 접근권이 중요한 공유 기반의 새로운 경제 질서가 형성된다는 것이다.

4. 금융은 존속하지만 금융인은 사라질 수도

요즘 사람들의 금융 서비스 이용 방식은 크게 변화하고 있다. 고객들은 은행 창구를 찾는 대신 대부분의 업무를 인터넷이나 스마트폰으로 처리하고 있다. 온갖 서비스들이 24시간 모바일 기기를 통해 이뤄지고 있어 금융기관을 찾아갈 일이 갈수록 줄어드는 현실이다. 그런데도 은행이나 증권사들은 여전히 도심의 비싼 건물에 점포망을 갖추고 있다.

뉴 노멀 시대의 금융 산업을 상징적으로 보여주는 기술혁신도 속속 등장하고 있다. 급격히 확산되고 있는 핀테크가 좋은 예다. 금융을 뜻하는 Finance와 기술을 뜻하는 Technology의 합성어인 핀테크(Fintech)는 한마디로 금융과 모바일이 결합해서 만들어내는 새로운 금융 서비스다. 모바일 결제뿐 아니라 송금, 개인 재산 관리, 크라우드 펀딩, 대출 등 금융의 전 영역에 속속 파고들고 있다. 미국의 페이팔이나 애플, 구글, 중국의 알리페이는 세계 모바일 결제 시장의 주도권을 다투고 있으며, 국내에서도 삼성, LG 등 재벌들과 네이버, 카카오 등 IT(정보 기술) 전문 기업에 벤처기업들까지 뛰어들어 모바일 결제 플랫폼 쟁탈전을 벌이고 있다.

이제 은행의 상대는 기존 은행들만이 아니다. 핀테크가 적용되는 업무별로 크고 작은 IT 기업들과 플랫폼 쟁탈전을 벌여야 한다. 경쟁에서 밀리는 쪽의 생존은 보장할 수 없는데, 과연 한국의 기존 금융기관들이 핀테크 경쟁에서 살아남을 수 있을지 걱정스럽다.

또 다른 변수는 블록체인과 암호화폐로 대표되는 4차 산업혁명의 물결이다. 뒤에서 다시 설명하겠지만, 블록체인은 태동 단계부터 현재 금융 산업이 채택하고 있는 중앙 집중식 정보와 자원 관리체제의 붕괴를 겨냥하고 있다. '탈중앙화'를 내건 블록체인 기술은 계좌관리나 송금 등 금융의 고유 업무 영역을 빠르게 잠식하고 있다. 기존 금융 산업의 변모와 재편이 불가피할 것이라는 전망은 이런 요인들로 인해 더욱 커지고 있다. 일찍이 빌 게이츠가 예고했다. "앞으로 뱅킹(금융)은 존속하겠지만 뱅크(은행)는 없어질지도 모른다."

지금 시점에서 예상할 수 있는 금융의 뉴 노멀은 어떤 모습일까.

첫째, 은행 등 전통 금융기관의 영역과 역할은 축소와 재편이 불가피할 것이다. 이미 은행 고유의 여수신 업무는 비중과 대상이 점점 줄어들고 있다. 지금은 금리가 아무리 낮아도 기업의 투자로 연결되지 않는다. 이제 막대한 자금이 소요되는 사업도 그리 많지 않지만, 글로벌 시장에서 유동성이 풍부하여 기업이 굳이 기존 금융기관에 의존하지 않고도 자금 조달하기가 훨씬 수월해졌다. 송금, 결제, 자산 관리 등의 분야에서는 IT기반을 활용한 전문 기업들의 공세가 날로 거세지고 있다.

둘째, 핀테크의 확산으로 모바일 금융이 본격화되면 은행 등 금융기관의 수지는 급격히 악화될 것이다. 앞으로 닥칠 한계비용 제로 사회에서는 모바일 금융 서비스에 수수료를 받는 것도 어려워질 전망이다. 금융 서비스 공급자 간 경쟁은 더욱 치열해지는데다 모바일 금융 자체의 원가도 제로에 가까워질 것이기 때문이다. 집이나 사무실에서 스마트폰으로 금융거래를 처리하는데 수수료를 감수할 수 있겠는가.

앞서 인용한 빌 게이츠의 예측은 갈수록 금융 업무가 인터넷과 모바일로 대체되는 상황에서 지금과 같은 거대 은행 조직이나 종사자는 필요 없게 될 것이라는 의미다. 핀테크에 이어 블록체인, 암호화폐가 금융시장을 잠식하다 보면 현재의 금융기관들은 존립 자체가 어려워질 가능성이 매우 높다.

5. 일 없이 놀고먹을지도 모른다

지난 2016년, 초보 단계의 AI 알파고가 천재 기사 이세돌 9단에게 완승을 거두는 장면을 생중계로 지켜본 사람들은 마음이 편치 않았다. 바둑 자체보다는 성큼 다가선 미래의 예고편을 보았기 때문이다. 무엇보다도 인간보다 우수한 인공지능이 출현하면 인간의 일자리가 어떻게 될지 걱정하기 시작했다.

인공지능을 장착한 기계는 인간에 비해 강점이 너무 많다. 생산성은 물론이고 24시간 일을 해도 아무 불만이 없다. 기계 스스로 학습하며 더 좋은 방식과 결과를 찾아내는 머신 러닝(machine learning), 인간처럼 스스로 생각하는 단계까지 발전하는 딥 러닝(Deep Learning)이 초래하게 될 문제는 한두 가지가 아니다. 노동은 물론이고 발명도, 혁신도 더는 인간의 몫이 아닐 가능성이 커지고 있다.

가까운 미래에 기계가 대체하거나 아예 사라질 직업들이 자주 거론되고 있다. 예컨대 약사의 경우 의사의 처방에 따라 정해진 약품을 포장해서 제공하는 역할은 기계로 넘어갈 가능성이 크다. 판검사와 변호사 등 법률가도 정해진 법규와 판례를 기계적으로 적용하는 역할은 빅 데이터로 무장한 컴퓨터가 대행해서 형량이나 벌금을 판정해줄 수 있다. 회계사도 빅 데이터와 인공지능에게 맡길 수 있으며, 증권시장의 주역인 펀드매니저도 금융 공학의 알고리즘과 빅 데이터를 갖춘 프로그램이나 로봇에게 자리를 빼앗길 위험이 점점 커지고 있다. 시장에서는 아직 "기계가 사람만큼은 못한다"는 반응이 있지만, 이는 시장 종사자들이 빅 데이터나 금융 공학을 제대로 활용하지 못하거나 안 해서일 뿐이다.

물론 기계가 대체하는 일자리의 미래가 꼭 비관적인 것은 아니다. 인공지능이나 로봇이 기존 직업을 빼앗기도 하지만 새로운 일자리도 많이 만들어낼 것이기 때문이다. 기계가 스스로 발명이나 혁신의 기능을 수행하는 시대를 잘 활용하면 오히려 질 좋은 일자리가 많이 만들어질 수 있다.

세계경제포럼(WEF)이 2018년에 발표한 〈미래직업 보고서〉는 이런 희망적인 내용을 담고 있다. 세계 20개 선진국 CEO(최고 경영자)들의 설문조사를 토대로 작성한 이 보고서는, 모바일 인터넷과 AI, 클라우드 기술, 빅 데이터 등 최근 급성장하고 있는 4대 핵심 분야의 기술혁신이 실제로 기업에 도입, 적용되면 오는 2022년까지 정규직 직원의 절반이 기계로 대체될 것으로 전망했다.

자동차·금융 등 12개 핵심 산업의 직무 분석을 토대로 2018년 현재 사람이 71퍼센트(기계는 29퍼센트)를 맡고 있는 업무량이 2022년에는 사람 58퍼센트, 기계 42퍼센트로 기계의 비중이 크게 늘어날 것으로 내다봤다. 이 과정에서 7500만 개의 일자리가 로봇으로 대체되지만 새로운 직업도 1억 3300만 개가 창출될 것으로 전망했다. 새로 각광받을 일자리로는 역시 4차 산업혁명 유관 분야를 꼽았다. 데이터 분석 과학자, 이커머스·소셜 커머스 전문가, 로봇 공학자, 블록체인 전문가, 빅 데이터 분석가, 정보 보안 전문가 등이다.

《노동의 종말》,《한계비용 제로 사회》등의 저서로 유명한 제러 미 리프킨은 "앞으로 20~30년 후에는 자본주의 경제가 자연스럽게 '사회적 경제'(Social economy)로 변모할 것"이라며 "사람과 관련된 일을 하면서 사회적 자본을 창조하는 영역이 커지게 될 것"이라고 말한다. 귀찮은 일들은 기계에게 맡겨놓고 사람은 건강관리, 복지, 교육, 스포츠 문화 등의 영역에서 상당한 대가를 받으며 기호와 적 성에 맞는 일에 전념하게 된다는 의미다.

이런 맥락에서 앞으로 많은 일자리를 만들어낼 분야로 비영리 조 직을 꼽았다. 물가가 신경 쓰지 않아도 좋을 만큼 싸고 공유 경제가 만발한 한계비용 제로 사회에서는 소유에 대한 집착이나 필요성이 감소하는 대신 공동의 가치가 중요해질 것으로 보기 때문이다. 이 미 국내에서도 지역이나 세대, 이념 및 취향 등에 따른 비정부기구 (NGO)와 협동조합 등 다양한 형태의 비영리 조직이 빠른 속도로 확 산되고 있다.

일자리의 미래를 둘러싼 부정적인 측면과 관련해서 미리 제도적 인 장치를 마련해야 할 필요성도 생각해보자. 기계가 일자리를 가 져가면 새로운 일자리를 찾을 때까지 당장 소득과 생계 문제를 해 결해야 한다. 미래에도 마찬가지다. 지역별, 시간별로는 과거보다

당신의 미래에 던지는 빅퀘스천 10

이런 문제가 더 심각해질 수도 있다. 그래서 나온 대안이 기본소득 제도(basic income system)이다. 소득이나 연령에 관계없이 모든 국민에게 일정 금액을 지급하는 제도로서 인간을 능가할 기계들에게 일자리를 빼앗길 미래에 대비하기 위해서다. 이미 미국의 일부 주정부와 유럽의 복지 선진국들이 도입하고 있다. 기본소득 제도에 대해서는 뒤에서 자세히 살펴볼 것이다.

6. 미래의 교육, 교육의 미래

교육은 그동안 한국의 고도성장을 실현시킨 원동력 가운데 하나였다. 국제사회에서도 천연자원이 빈약한 한국이 단기간에 거둔 성과가 교육으로 키워낸 인재 덕분이었다는 긍정적인 평가가 훨씬 많다. 그러나 현재 한국의 교육 현실과 미래의 교육을 보는 시각에는 칭찬 못지않게 비판적인 시각이 뒤섞여 있다.

한국의 교육 현실을 비판적으로 보는 평가 가운데 이런 말이 있다. "19세기 교실에서 20세기 교사가 21세기 아이들을 가르치고 있다." 한국에 관심과 애정이 많았던 앨빈 토플러의 말이다. 그는 한국의 성공 요인 중 하나가 교육이라는 점을 인정하면서도 점점 시대의 흐름에 뒤처지고 있는 현실을 아프게 지적했다.

교육이 전달하는 지식이 개념은 이미 달라졌다. 그동안은 기식이 교사의 머릿속이나 교과서 안에 담겨 있다고 생각했다. 그러나 정보화 시대 이후 인터넷과 과학기술의 급격한 발달이 상승작용을 하면서 지식의 근본 개념이 바뀌고 있다. 이제 지식은 어디에 있는가? 디는 선생님의 머릿속이나 교과서에 있는 것이 아니다. 선생님 머릿속에 들어 있는 지식 중에는 과거의 지식이 많다. 하루가 다르게 생겨나는 지식을 고려하면 양적으로도 얼마 되지 않는다. 교과서도 마찬가지다. 교육부가 정해준 교과서 개편 방향에 맞춰 교수나 교사들이 집필을 마친 새 교과서가 학생들에게 주어질 무렵이면 수록된 많은 내용들이 틀리거나 달라질 수 있는 세상이다.

미래의 지식은 인터넷으로 대표되는 사이버공간에 존재한다. 이미 인류가 유사 이래 축적한 대부분의 지식은 고풍스런 도서관을 떠나 사이버공간으로 옮겨 갔다. 몇 번의 클릭으로 함무라비 법전이나 팔만대장경의 원본을 읽어볼 수 있는 세상이다. 매일 새로운 지식과 정보들이 생겨나거나 실시간으로 수정되고 업데이트된다. 따라서 미래의 지식은 '어떤 것에 대해 아는 것'이 아니다. 사이버공간에 존재하는 방대한 지식과 정보를 빨리 찾아내 제때 활용할 수 있는 능력이다. 다시 말해 필요한 지식을 제때 찾아내고 제대로 활용할 줄 아는 노하우가 바로 미래의 지식이다.

교육과 지식의 뉴 노멀이 확산되는 세상에서 교육의 공간과 제도를 대표하는 학교와 학제도 바뀔 수밖에 없다. 지식 정보의 저장과 활용 공간이 사이버세상으로 넘어간 이상 학교라는 교육 공간의 역할과 위상도 변화가 불가피하다. 평균수명이 계속 연장되고 새로운 지식 정보가 밀물처럼 밀려오는 세상에서 교육은 초중고와 대학의 울타리를 넘어 평생교육으로 확장되고 있으며, 학습 공간은 사이버세상으로 넘어가고 있다. 유비쿼터스(Ubiquitous) 기술에 가상현실과 인공지능 기술이 접목되면서 언제 어디서든 시공간을 넘나들며 교육을 받을 수 있는 세상이다. 예컨대 신라 역사를 공부하려면 가상공간에서 만들어진 1500년 전 경주를 직접 찾아가 당시 신라인들과 대화도 나눠보면서 체험 교육을 받을 수 있다.

교사나 교수들의 역할도 달라질 수밖에 없다. 즉 교사의 역할은 '가르치는 것'에서 '지도하는 것'으로 바뀌고 있다. 우리는 오랫동안 '교사=스승'이라는 개념 속에 살아왔다. 임금과 부모를 스승과 동일시하는 이른바 군사부일체(君師父一體)의 인식은 이제 과거의 유물로 사라지고 있다. 이런 상황에서 스승인 선생님은 모든 것을 완벽하게 이해하고 제자들을 이끌어주는 신 같은 존재가 더는 아니다. 선생님은 교사라기보다는 가이드(Guide)나 멘토(Mentor), 도움을 주는 사람(Facilitator 또는 Helper) 등으로 변모해가고 있다.

사이버공간을 통해 우수한 교육자 한 사람이 전 세계 학생들을 상대로 교육을 할 수 있게 되면서 교육 비용은 대폭 절감될 수 있다. 머지않은 미래에 교육 부문에서도 한계비용 제로 시대가 도래할 것이다. 이미 세계 최고 수준의 대학들이 사이버공간에서 무료

강좌를 속속 개설하고 있다. 이런 추세가 지속되면 결국 대부분의 사이버 교육이 무료화되는 것은 물론 대학 자체의 대대적인 통폐합이 진행될 수밖에 없다. 극단적으로는 어느 분야에서 탁월한 교육자 한 명이 단독으로 전 세계 학생들을 가르칠 수도 있다. 이에 따라 교육 시장에서 대규모 독점이 발생할 수 있으며, 당연히 이와 관련된 새로운 비즈니스 기회가 열릴 것이다.

학제 면에서도 많은 변화가 이뤄질 전망이다. 지금은 학생들 간 학력 격차가 커도 매년 한 단계씩 다음 학년으로 올라간다. 수준차를 고려하지 않은 채 연령에 따라 똑같은 눈높이의 주입식 교육이 이뤄진다. 그러나 앞으로는 학생들의 선호나 소질 등을 가려 수준별 교육이 이뤄지게 될 것이다. 국어는 잘하지만 수학은 싫어해서 진도가 떨어지는 고등학교 1학년 학생의 경우 수학은 중학생 수준으로, 국어는 고등학교 3학년 수준을 택해 수업을 받을 수 있게 될 것이다. 이런 학제는 공급자 위주의 우리 교육이 수요자 위주로 전환하기 위해 반드시 필요한 변화이기도 하다.

그렇다면 교육의 실질 내용은 어떻게 변모할 것인가. 미래 전문가들은 다가올 미래에 우리 교육이 직면할 특성을 개별화 교육(personalized education), 적시 학습(just-in-time learning), 집단 지성(collective intelligence) 등 세 가지로 요약한다.[7] 먼저 개별 학습이란 학생 개개인의 지적 수준과 소질, 그 사람이 배우고 싶어 하는 분야 등을 감안해 적절한 지식을 제공하는 맞춤형 교육을 의미한다. 학교와 교사의 기준에 맞춘 공급자 위주가 아닌, 학생 개개인의 적성과 필요에 맞춘 수요자 위주의 교육이다.

적시 학습은 특정 지식을 필요로 하는 사람에게 공간에 구애받지 않고 제때 필요한 지식을 제공하는 교육을 말한다. 끊임없이 새로운 지식을 배워야 하는 세상이다. 평생 개인별로 필요한 학습 욕구를 사이버공간을 활용하는 e-Learning을 통해 실시간으로 만족시켜주는 학습이 바로 적시 학습이다. 이 같은 개별화 교육과 적시 학습을 교사 몇 명이 감당할 수는 없다. 수많은 학생들이 개별적인 이유로 시공간에 관계없이 던지는 질문을 어떻게 교사들이 모두 응답할 수 있을 것인가. 이런 문제를 해결할 대안이 바로 집단 지성이다.

요즘은 미디어와 정보통신 기술의 발달로 평범한 사람들도 원하는 지식과 정보에 얼마든지 접근할 수 있기 때문에 대중 전체가 엘리트로 변화하고 있다. 이런 대중의 지식을 필요한 때 필요한 곳에 모을 수만 있으면 폭발적인 시너지 효과를 낼 수 있을 것이다. 이미 우리는 언제든 필요한 지식을 네이버 지식인이나 위키피디아 같은 집단 지성 플랫폼을 통해 입수하고 있다. 개별화 학습과 적시 교육을 집단 지성이 뒷받침하는 미래 교육이 눈앞에 다가선 것이다.

7. 가족도 바뀔 수밖에 없다

가족도 변한다. 살아 있는 생명체뿐만 아니라 사회제도나 관습도 시대가 바뀌면서 변화를 거듭한다. 세상 모든 것이 진화하고 달라지는데 가족이라고 예외일 수는 없다. 1980년만 해도 4.6명이던 평균 가구원 수는 이제 2.5명(2017년 기준)으로 줄어들었다. 대신 1인 가구 수는 560만 가구를 넘어서 전체 가구의 30퍼센트에 육박하고 있다. 여기에 부부만 사는 가구까지 합치면 2030년까지 전체 가구의 절반이 넘을 전망이다. 달라진 결혼 풍습, 갈수록 떨어지는 출산율이 가구의 외형적인 규모를 이렇게 축소시키고 있는 것이다. 가구 축소는 불가피하게 가정 해체로 연결된다. 가정이든 가족이든 두 사람 이상의 식구를 전제로 하는데, 1인 가구가 대세가 되면 가정은 해체될 운명에 처하게 된다. 식구가 없어지고, 가족이 없어지고, 나아가 가정이 해체되는 세상이 다가오고 있다. 1인 가구 시대에는 개인화가 대세다. 이른바 '나홀로족'이 갈수록 늘어난다. 혼자 밥 먹고 혼자 술 마시며, 혼자 일하고 혼자 기계와 논다. 이미 혼밥, 혼술이 보통명사가 됐고, 의식주(衣食住) 모든 면에서 1인 가구가 마케팅의 표적이 된 지 오래다.

여기에 가속화하고 있는 과학기술이 파고들고 있다. 로봇과 인공지능에 가상현실, 증강현실 등 첨단 기술이 접목되면서 성생활이나 출산 같은 인간 본연의 생물적 기능까지도 기계가 대체하는 시대에 접어들고 있다. 가족은 물론 연인이든 동료든 친구든, 굳이 직접 만날 필요가 없어지는 세상이다. '나는 나와 가장 가까운 친구를 한 번도 만난 적이 없다'는 말까지 나온다.

가정이 붕괴된 미래의 모습은 어떻게 변할까. 부부와 자녀로 이뤄진 현재의 핵가족은 빠르게 쇠퇴할 것이다. 앨빈 토플러는 《제3의 물결》에서 도시화와 산업화가 핵가족을 만든 가장 큰 배경이라고 했다. 이제 인터넷과 모바일 등 새로운 네트워크의 형성과 1인 가구의 증가는 핵가족을 다시 분열시키고 있다.

혼자 사는 남녀가 대세가 되면서 새로운 공동체에 대한 수요는 폭발적으로 늘어나고 있다. 편부나 편모, 계부 또는 계모, 조손, 동성애 부부, 입양 등 다양한 형태의 가족이 생겨나면서 새로운 생활 공동체가 탄생한다. 분석심리학자인 이나미 박사는 저서 《다음 인간》(2014년)에서 이처럼 새로운 환경에서 태어나고 자라날 아이들을 'NU세대' 즉, 뉴 어번(New Urban) 세대로 표현했다.

전통적인 의미의 가족은 새로운 생활공동체 시대에 의미를 잃게 된다. 이제는 공동체 안에서 함께 살아가는 사람들이 새로운 가족이 된다. 지금까지는 혈연관계가 가족의 기본 요건이었다. 가족은 함께 살고 함께 밥을 먹어서 식구(食口)이기도 했다. 그러나 다가올 생활공동체에서 혈연적 가족은 사라진다. 대신 함께 밥을 먹는 식구는 새롭게 형성될 것이다.

결혼의 풍습과 제도도 변화가 불가피하다. 한 남자아 한 여자가 만나 죽을 때까지 함께 산다는 전통적인 결혼관은 이미 퇴색한 지 오래다. 2000년대 이후 출생한 젊은이들은 연애나 결혼에 대한 부모의 관심이나 간섭을 인정하지 않는다. 결혼 자체에도 회의적인 사람들이 적지 않다. 갈수록 늦어지는 결혼 연령이나 출산 기피 현상, 늘어가는 이혼 등이 결혼에 관한 인식 변화를 보여주고 있다.

앞으로 다가올 생활공동체 내에서는 전통적인 부부관계도 변화할 전망이다. 전통적인 일부일처제에서는 남자든 여자든 배우자의 외도를 죄악시했다. 인간의 본능보다는 혼인이나 가족이라는 제도를 지켜야 한다는 사회규범의 가치를 앞세웠기 때문이다. 그러나 이제 간통죄라는 형벌마저 폐지된 세상이다. 부부는 가까운 미래에 계약관계로 바뀔 수 있다. 남편과 아내의 역할, 부부관계 횟수, 출산 유무 등을 계약에 따라 이행하되, 계약이 종료되거나 어느 한쪽이 동의하지 않으면 곧바로 갈라서는 형태다.

전통적인 일부일처제 결혼이 퇴조하는 세상에서는 새로운 생활공동체를 중심으로 남녀가 각각 복수의 파트너와 즐기며 사는 '다처다부(多妻多夫)제'가 뉴 노멀이 될 가능성이 크다. 이런 세상에서 태어나는 아이들에게는 생물학적 부모의 존재가 지금처럼 큰 의미를 갖지 않을 것이다. 장차 아버지가 없어진다는 말까지 나오는 판에 누가 아버지냐를 가리기보다는, 공동체 내에서 함께 아이를 키우는 모습이 일상화될 수 있다.

이런 현상을 두고 도덕적 해이를 걱정하거나, 전통적인 가정의 붕괴가 야기할 혼란과 갈등을 우려하는 시각도 적지 않다. 변화를 두려워하는 입장에서는 당연한 걱정이고 우려일 것이다. 그러나 가족의 변화는 이제 되돌릴 수 없는 흐름으로 몰려오고 있다. 걱정과 우려로 뒤바꿀 수준의 변화가 아니다. 이미 우리 곁에 다가선 현실이기도 하다. 이제 걱정과 우려보다는 새로운 흐름을 받아들이되 보다 긍정적인 변화를 유도하고 조성해야 한다. 가족도 이제 뉴 노멀로 옮겨가고 있다.

8. 간접민주주의의 종말

가속화되고 있는 4차 산업혁명의 물결은 민주주의의 본질과 형태도 새로운 모습으로 변화시키고 있다. 특히 블록체인과 암호화폐의 등장은 200여년 지속된 대의 민주주의(간접민주주의)의 틀을 깨고 민주주의의 원형(原形)이라 할 직접민주주의를 실현시킬 가능성을 한껏 끌어올리고 있다. 인터넷 기반의 온라인 민주주의에서 취약점으로 지적돼온 해킹과 여론 조작 문제를 블록체인 기술이 해결할 가능성이 커지고 있기 때문이다.

뒤에 상세히 설명하겠지만, 블록체인 기술은 중앙 집중형 단일 서버에 모든 기록을 집중 보관하지 않는다. 무수히 많은 컴퓨터에 분산 저장한다. 해킹으로 기록이나 결과를 위변조하고 싶으면 모든 컴퓨터를 동시에 고쳐야 하기 때문에 사실상 불가능하다. 이미 인터넷과 스마트폰으로 정치적 의사 결정에 참여하는 방식이 보급된 상태에서 블록체인이 데이터 관리와 해킹 방지를 해결해줄 가능성이 보이자 세계 도처에서 직접민주주의 실현을 위한 실험이 진행되고 있다.

스페인의 신생 정당 포데모스(Podemos)가 좋은 예다. '우린 할 수 있다'는 의미의 포데모스는 2014년 1월 창당한 후 불과 4년 만에 스페인 의회의 제3당으로 떠올라 주요 입법과 정책 결정 과정에서 캐스팅보트 역할을 맡고 있다.

포데모스의 주도 세력들은 처음부터 모바일 기반에 블록체인 기술을 접목해 시민의 목소리 하나하나를 결집했다. 태동 단계에서 시민들은 '플라자 포데모스'라는 온라인 공론장을 통해 정치적 견해와 정책적 대안을 쏟아냈다. 창당 이후로는 온라인 시민 참여 애플리케이션 '루미오'를 모든 시민들이 공유하면서 선거에서 어떤 공약을 세울지, 당론을 어떻게 가져갈 것인지 등의 결정에 직접 참여하고 있다. 당연히 주요 선거에 나서는 후보 역시 '아고라 보팅'으로 불리는 블록체인 기반의 온라인 투표를 통해 시민당원들이 직접 선출한다.

미국에서는 정치의 필요악이면서 현실적인 진입 장벽으로 작용하고 있는 정치자금 문제를 블록체인 기술 기반의 암호화폐를 통해 극복하려는 이른바 '토큰(Token) 민주주의' 실험이 진행 중이다. 텍

사스 주를 기반으로 2018년 3월에 창당한 인디당(Indie Party)은 암호화폐 '인디 토큰'(Indie Token)을 고리로 시민들의 정치 참여를 끌어내고 있다. 이 토큰은 인디당 활동에 참여하면 얻을 수 있다. 가령 정치자금 1달러를 기부하면 토큰 20개, 인디당 관련 홍보물을 사회관계망 서비스(SNS)에 공유하면 75개, 지인 15명에게 인디당 소개 문자를 보내면 50개가 주어지는 식이다.

인디당원들은 선택한 입법안 캠페인이나 지지 정치인에게 토큰을 기부하는 방식으로 정치적 의사를 표현할 수 있다. 인디당은 특히 토큰을 서로 거래할 수 있게 했고, 나아가 실제 화폐로 환전할 수 있도록 설계했다. 토큰이 곧 정치자금이 되는 것이다.

바야흐로 직접민주주의 시대가 눈앞에 다가섰다. 19세기 선진국에서 발화한 대의 민주주의의 200년 역사가 이제 종말을 고하고 있다. 선거로 대표를 뽑아 정치적 이해를 대변하는 대리인으로 활용해온 대의 민주주의 체제 자체가 흔들리고 있는 것이다. 최근의 과학기술 발달은 이제 대리인 대신 유권자인 시민이 직접 정치에 참여하는 민주주의를 실현시키고 있다. 문재인 정부 출범 이후 청와대 게시판에 국민 청원이 넘쳐나고, 청와대 앞의 1인 시위가 일상화된 것은 직접 민주주의 확산의 현장을 보여준다. 이제 시민들은 민원이나 현안이 발생하면 지방자치 단체나 중앙정부를 건너뛰고 곧바로 권력의 핵인 청와대로 향한다. 종종 지방의회나 국회조차도 외면한다.

앞으로는 정당의 필요성과 기능도 변모할 것이다. 특히 블록체인 기술이 본격적으로 정치에 도입되면 직접민주주의가 급속히 확산될 것이다. 중앙 집중에서 분산으로, 중간 관리자가 필요 없는 직거래를 속성으로 하는 블록체인 기술은 곧 정당 기능의 축소와 나아가 소멸까지 예고하고 있다. 궁극적으로는 국경과 정부, 국방력과 경제력을 기반으로 하는 국가 존립까지도 위협받을 날이 올 것이다. 인터넷과 모바일, 블록체인 기술이 이끌어내고 있는 새로운 정치 환경에서 직접민주주의라는 뉴 노멀이 가시화되고 있다.

9. 블록체인과 암호화폐는 뉴 노멀이 될 것인가

앞서 우리는 교육과 정치 등 여러 부문에서 나타나고 있는 뉴 노멀을 분석하면서 최근 가속화하고 있는 과학기술의 혁신을 가장 중요한 배경으로 꼽았다. 그 가운데서도 탄생 배경이나 진화의 속도, 방향 등의 측면에서 각별한 관심을 끌고 있는 존재를 여러 차례 언급했다. 바로 블록체인(Blockchain)과 암호화폐(Cryptocurrency)다.

블록체인이란 무엇인가? 한마디로 요약하면 거래 정보를 중앙 서버가 아닌 네트워크에 분산하여 저장 관리하는 장부 또는 플랫폼이라 할 수 있다. 이 기술은 2008년 금융 위기를 겪으면서 태동했다. 당시 월스트리트의 대형 투자은행 리먼 브라더스의 파산으로 촉발된 금융 위기가 세계적인 금융기관들의 도산과 부실화로 이어지면서 사람들은 현행 금융 시스템이 언제든 무너질 수 있는 취약성을 안고 있다는 사실을 체험했다. 은행이 무너지면 예금도, 투자금도 날아갈 수 있다는 경험은 새로운 대안의 모색으로 이어졌다. 신용카드에 이어 인터넷뱅킹이 확산되면서 '현금 없는 사회(cashless society)'가 다가오고 있는 만큼 굳이 현재의 화폐제도를 고수해야 하느냐는 회의론도 가세했다.

2009년 1월 사토시 나카모토라는 이름의 개발자가 블록체인 기술로 내놓은 최초의 암호화폐 비트코인은 이런 금융 위기를 회피하면서 현재의 시스템을 바꿀 대안 가운데 하나로 제시됐다. 일반 금융거래는 거래 내역이 금융기관의 서버에 집중되고 저장된다. 그러나 블록체인은 비트코인을 사용하는 모든 사람의 컴퓨터에 거래 내역이 저장되며, 누구나 실시간으로 확인할 수 있다. 이 때문에 블록체인을 '공공거래 장부(public ledger)'라고 한다. 지금은 중앙에서, 은행으로 치면 본점에서 모든 결정을 좌우한다. 본부에 집중된 데이터를 근거로 규제나 승인 권한을 행사한다.

블록체인의 등장은 이런 거래 방식과 권력 구조를 바꾸고 있다. 은행 본점에 집중되던 데이터가 분산되면 은행의 권한과 기능도 분산될 수밖에 없다. 블록체인 기술은 고객과 고객 간 직거래를 가능하게 한다. 예금 고객과 대출 고객을 연결해 이자와 수수료 수익을 챙기는 중간자인 은행의 존립이 위태롭게 된 것이다. 블록체인 기

블록체인이란?

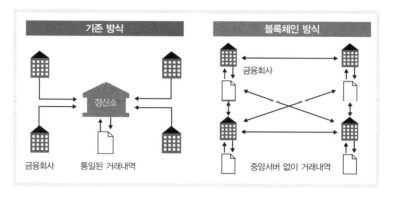

술이 뻗어나가면 은행 없는 뱅킹, 이베이 없는 전자 상거래, 우버 없는 운송 서비스도 가능해진다. 이 얼마나 놀라운 변화인가.

블록체인 거래의 특성을 좀 더 깊이 들여다보자. 블록체인 거래는 무엇보다도 '탈(脫) 중앙화'를 추구한다. 데이터건 권력이건 중앙에 집중시키는 기존 시스템과는 완전히 다른 접근방식이다. 금융 부문에서는 P2P(peer to peer 또는 person to person, 개인과 개인 또는 단말기와 단말기 간 정보나 데이터 교환을 의미) 방식으로 거래가 이루어지기 때문에 중앙 서버와 관리자가 필요 없다.

안정성 및 보안성도 뛰어나다. 거래가 이루어질 때마다 블록체인에 실시간으로 기록되고 네트워크의 전 참가자에게 전달되어 거래내역을 참가자 모두가 확인할 수 있다. 따라서 위조나 해킹이 사실상 불가능하다.

그렇다면 블록체인과 인터넷의 차이점은 무엇일까. 첫째, 블록체인은 정보독점의 문제를 해결하거나 적어도 개선하고 있다. 인터넷은 자체의 개방성으로 인해 민주적이고 평등하게 작동할 것으로 간주됐다. 그러나 시간이 갈수록 인터넷상의 정보가 구글, 아마존, 페이스북 같은 디지털 공룡 기업들로 모여 이들이 막강한 정보력을 갖게 되었다. 이에 비해 블록체인은 중간 관리자를 허용하지 않고 거래 참가자 모두가 스스로 정보를 관리한다는 점에 특징이 있다.

둘째, 인터넷을 통해 얻는 정보는 어디까지나 복사본이다. 그러나 블록체인은 원본 자체가 움직인다. 블록체인으로 이루어지는 비트코인 거래는 소유권 자체가 움직이는 것이다. 인터넷이 정보의 바다라면 블록체인을 가치의 바다라고 하는 이유가 여기에 있다.

셋째, 블록체인은 인터넷 정보가 지닌 신뢰 문제를 해결해준다. 한번 블록체인에 올라간 정보는 참가자 전원의 데이터베이스에 저장되기 때문에 위조나 해킹이 불가능하다. 블록체인을 세상에 알린 것이 바로 가상화폐 비트코인인 이유가 여기에 있다. 화폐야말로 신뢰에 기반한 교환의 매개물이기 때문이다.

블록체인은 이미 큰 변화를 일으키고 있다. 비록 암호화폐는 시세가 급등락하고 일부 거래소에서 사고가 발생하면서 세계 각국에서 규제 역풍을 맞고 있지만, 블록체인 기술은 금융을 필두로 산업 전반에 빠른 속도로 침투하고 있다.

현행 금융 시스템은 대부분 산업화 시대에 만들어진 것이다. 예를 들어 뉴욕 주의 송금에 관한 법률은 남북전쟁 시대 이후로 크게

블록체인 활용이 기대되는 분야

- ✓ 금융(예: 은행, 자금 이동, 유가증권 거래)
- ✓ 유통·소매(예: 물류, 디지털 콘텐츠 유통)
- ✓ 자금 회수 위험의 회피 수단이 되는 거래
  (예: 업무 위탁 계약, 무역, 부동산 매매, 중고품 매매)
- ✓ 예약을 동반한 각종 산업, 숙박시설, 교통기관, 의료기관, 학습시설, 살롱 등
- ✓ 시간 이용, 사용료 등 사용량에 따라 요금을 부가하는 각종 산업이나 서비스
  (예: 주차장, 렌터카, 임대 회의실, 대여 금고, 임대 창고, 대여 로커, 디지털 콘텐
  츠, 노래방, 헬스클럽, 대중목욕탕 등)
- ✓ 센서 네트워크 IoT 등을 활용한 자동 거래를 동반한 산업
  (예: 가스, 수도, 전기, 통신, 교통, 농업, 축산업)
- ✓ 내용증명, 상업등기, 부동산 등기(사실 사항 증명)

*출처: 블록체인의 충격, 비트뱅크(주) 편집위원회

달라진 게 없다고 한다. 국내외 송금 업무는 그동안 은행들이 독점하면서 막대한 수수료 수입을 올려왔다. 그러나 블록체인 기술의 등장 이후 송금 업무의 은행 독점 구조가 붕괴될 가능성이 보이기 시작했다. 블록체인 기술을 적용하면 은행을 배제한 고객과 고객 간 송금 직거래가 가능하기 때문이다. 이렇게 되자 비트코인을 비난하거나 외면하던 금융기관들조차 다투어 블록체인 기술 도입에 나서고 있다.

앞으로 블록체인은 다른 분야로도 빠르게 확산될 것이다. 인터넷이 나온 지 20년 가까이 되었다. 지금 인터넷은 공기처럼 어디에나 있고 전기처럼 없으면 안 되는 세상이다. 블록체인도 비슷한 과정을 거치면서 인터넷 이상의 영향력을 발휘할 가능성이 점점 커지고

있다. 지금은 블록체인을 받아들일까 말까 고민할 때가 아니다. 이미 현실화되고 있는 블록체인을 빨리 이해해서 분야별 접목을 서두를 때다.

10. 새롭거나 사라지거나, 뉴 노멀의 시대상

변화의 관점에서 뉴 노멀을 들여다보면 두 가지만 남는다. 새롭거나, 사라지거나. 걷잡을 수 없이 다가오는 미래의 물결 속에 적응하지 못하거나 불필요해진 것들은 사라진다. 대신 새로운 문물이 들어와서 뉴 노멀을 형성한다. 그런 미래의 뉴 노멀을 마치 현실처럼 보여주는 예술 장르로는 영화만 한 것이 없다.

몇 년 전 인터넷 영화로 관심을 모았던 〈HER〉(스파이크 존즈 감독, 호아킨 피닉스 주연)를 살펴보자. 영화의 줄거리는 부인과 별거 중인 주인공이 인공지능 여인과 사랑에 빠진다는 얘기다. 그녀는 대화 상대로서 완벽한 것은 물론 작가인 남자 주인공이 쓰는 각종 원고들을 한 점 착오 없이 교정을 봐주기도 한다. 남자 주인공 '테오도르'가 사랑에 빠져가는 인공지능 OS(운영체제)의 이름은 '사만다(Samantha)'. 처음 대화를 시작하는 날 테오도르가 묻는다. "이름이 뭐예요?" 그러자 "사만다예요" 하는 대답이 금방 돌아온다. 놀라운 것은, "이름 참 예쁘네요. 누가 지어줬어요?"라고 묻자 "제가 지었

어요" 하는 게 아닌가. 아니 이름을 본인이 짓다니, 의아해하자 사만다의 대답은 더욱 놀랍다. "《아기 이름 짓는 법》이라는 책을 읽고 18만 개 이름 가운데 주인님이 제일 좋아할 만한 이름을 제가 직접 고른 것입니다." 그렇게 하는 데 걸린 시간은 고작 100분의 2초라고 했다.

주인의 현재 기분이나 상태를 어쩌면 그렇게 정확하게 알아내느냐라는 테오도르의 질문에 대한 사만다의 응답에 AI 진화의 핵심이 담겨 있다. "제게는 직관이라는 게 있어요. 저라는 존재는 저를 코딩한 수백만 프로그래머의 개인 인격에 기초하고 있지만, 저는 실제 상황을 경험하면서 학습하고 성장합니다. 기본적으로 저는 매 순간 진화하고 있지요."

이 영화가 보여주는 뉴 노멀은 기계가 인간을 대체하는 현실과 기계의 무서운 진화다. 영화 속에서 사만다는 침대에 누운 남자 주인공과의 대화를 통해 점점 감정을 고조시켜 실제로 섹스를 하게 만든다. 남녀 간의 육체 접촉 없이도 가상공간에서 감정 교류와 애정 행각이 가능해지는 미래를 보여준 것이다.

사만다 같은 OS는 이미 우리 곁에 현실로 다가섰다. 일본에서는 독신자나 노인 가정에 말벗 겸 집사 역할을 하는 챗봇이 상품으로 팔리고 있으며, 국내에서도 공항이나 기차역 같은 공공장소와 백화점 등에 이용자와 문답을 주고받을 수 있는 지능을 갖춘 로봇들이 속속 등장하고 있다. 날로 늘어가는 1인 가구에 사만다 같은 반려자가 새 식구로 자리 잡을 날이 멀지 않았다.

세상이 이처럼 눈부시게 변화하면서 도태되거나 사라지는 것들도 부지기수다. 시대 변화를 감안하면 종전의 결혼식 주례사에 문제가 많다. 아직도 결혼식에 가보면 "신랑 신부는 어떤 경우에도 참고 견디고, 부모에게 효도하고…" 식의 주례사를 듣는 경우가 많다. 이런 주례사는 신랑 신부에게보다는 마치 주례 자신이 그렇게 하지 못하고 살아온 데 대한 푸념처럼 들린다. 결혼관이 바뀌고 가족 자체가 변하고 있는 세상이 아닌가.

주례를 모시는 목적은 신랑 신부가 평소 존경하던 분으로부터 앞으로 부부로 살아가면서 지침이 될 좋은 얘기를 듣고 싶어서일 것이다. 그렇다면 주례도 과거보다는 미래지향적인 내용을 준비할 필요가 있다. 급속하게 변해가는 세상에서 부부와 가족의 미래를 제시하고 인도해주는 내용이 필요하다. 주례사의 내용이 시대의 흐름을 반영하지 못하다 보니 요즘 주례 없는 결혼식이 늘어나고 있지 않은가. 멋진 주례사를 위해서는 미래 세상의 변화를 꿰뚫어야 함은 물론이다. 결국 주례도 뉴 노멀의 흐름을 타야 젊은이들로부터 외면당하지 않을 텐데. 안타까운 현실이 아닐 수 없다.

BIG QUESTION

5

다섯 번째 질문

지수함수의 원리를
제대로 이해하고 있는가?

1. 선형(Linear)함수 vs 지수(Exponential)함수

당신이 어느 좋은 회사에 입사하기 위해 마지막 면접 시험을 치르고 있다고 하자. 면접관이 묻는다.

"우리 회사는 급여를 두 가지 방식 중에서 사원 스스로 선택하도록 합니다. 하나는 월급 1천만 원을 정액으로 받는 것입니다. 다른 하나는 첫날 2원으로 시작해서 다음 날부터 4원, 8원과 같이 복리 계산법에 따라 매일 올려 받는 방식입니다. 당신은 어떤 방식을 선택하시겠습니까?"

질문의 핵심은 입사 지원자가 선형함수와 지수함수의 차이를 알고 있느냐는 것이다. 수학을 어느 정도 공부한 사람에게는 간단한 문제다. 그러나 적지 않은 사람들이 잠시 고민하다가 '월급 1천만 원'을 선택한다. 얼핏 보기에 월정액 1천만 원이 커 보이기 때문이다.

그러나 2의 배수로 증가하는 일급은 기하급수의 세계다. 첫날 2원으로 시작해서 열흘째 겨우 1천 원을 넘어서지만(1,024원) 이후

선형함수(y=2n)와 지수함수($y=2^n$)의 비교

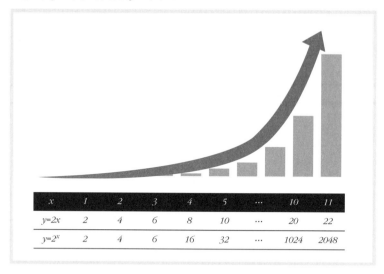

x	1	2	3	4	5	...	10	11
y=2x	2	4	6	8	10	...	20	22
$y=2^x$	2	4	8	16	32	...	1024	2048

쑥쑥 늘어나다가 23일차에 800만 원, 24일차에는 1,600만 원을 넘어서며 월급 1천만 원을 추월한다. 마지막 날인 30일차 일급은 10억 원을 넘겨받게 된다. 한 달간 이렇게 받은 일급을 합치면 무려 21억 4748만 원. 월급 1천만 원보다 200배 이상 많다.

이 사례는 산술급수로 증가하는 선형(linear)함수와 기하급수로 증가하는 지수(exponential)함수를 비교하는 전형적인 경우에 해당한다. 앞서 인용한 월급과 일급 사례에서 일급 2원을 기준으로 선형함수와 지수함수의 수식은 y=2n과 $y=2^n$이 된다. 두 수식을 비교하면 (그림 참조) 처음에는 비슷하게 가는 것같이 보인다. 그러나 열 번째로 가면 선형함수로는 2×10=20이지만 지수함수로 가면 2의 10제

당신의 미래에 던지는 빅 퀘스천 10

곱은 1024로 큰 격차가 발생한다. 그리고 기하급수에서는 언젠가는 숫자가 무한대로 커진다.

예를 한 가지만 더 들어보자. 신문지 한 장의 두께를 0.1mm라고 하자. 신문지를 한 번 접으면 두께는 두 배가 된다. 열 번을 접으면 두께가 얼마나 될까? 계산상으로는 $0.1mm \times 2^{10}$ = 약 100mm, 즉 10cm가 된다. 그렇다면 20번을 접으면 두께가 얼마나 늘어날까? $0.1mm \times 2^{20}$ = 약 10,000cm다. 100m라는 얘기다. 신문지를 20번 접었더니 100미터 높이가 된다니! 10번 접을 때 10cm였는데 어느새 그렇게 높아졌다. 그냥 앉아서 손으로 접을 수 있는 규모가 아니다. 상상하기 어려운 결과지만, 이것이 바로 지수함수의 세계다.

이런 지수함수는 결국 가파른 절벽 또는 무한대의 세계로 인도한다. 우리의 상상을 초월하는 세계다.

2. 곡선의 무릎, 지수함수의 변곡점

옆의 그림을 보면 선형함수(y=2n)와 지수함수(y=2ⁿ)의 차이를 쉽게 이해할 수 있다. 초기에 어느 정도 시간이 지날 때까지는 선형함수나 지수함수나 큰 차이가 없어 보인다. 그러다가 어느 시점부터 지수함수는 마치 코브라가 머리를 들 듯 솟구치기 시작한다.

일정한 기울기로 움직이는 직선 형태의 선형함수가 가파르게 오상향하기 시작하는 변곡점이 '곡선의 무릎'에 해당한다. 일단 곡선의 무릎 부분을 지나면서 지수함수 곡선은 급상승을 시작한다. 곡선의 기울기나 수치로 표현되는 증가 속도는 가히 폭발적이다. 지수함수는 다른 조건이 주어지지 않는 한 궁극적으로는 무한대로 치닫는다.

지수함수의 특성을 그래프 대신 간단한 상상과 계산만으로 이해할 수 있는 사례는 많다. 좋은 예가 '병 속의 벌레(bugs in a bottle)'의 경우다. 병 속에 넣어둔 벌레 한 마리가 1분에 1마리씩 새끼를 낳는다고 하자. 밤 12시에 벌레 한 마리를 병에 넣었는데, 12시간 뒤 정오에 보니 병의 절반이 벌레로 차 있었다. 한 병을 다 채우려면 시간이 얼마나 더 걸릴까. 결코 적지 않은 사람들이 12시간이라고 대답한다. 반병에 12시간이 걸렸으니 나머지 절반도 같은 시간이 걸린다고 생각하는 것이다. 그러면 정답은? 1분 뒤다. 1분마다 벌레 숫자가 배로 늘어나기 때문이다.

많은 사람들이 이처럼 명백한 지수함수의 세계를 이해하지 못한다. 이는 인간이 오랜 진화의 세월을 거쳐오면서 선형적인 사고에 익숙해진 까닭일 것이다. 실제로 100년 전만 해도 사람들은 "10년 전이나 10년 후나 세상은 큰 변화가 없다"고 생각하며 살았다. 병 속의 벌레가 절반을 채우는 데 12시간이 걸렸으면 한 병을 전부 채우는 데 같은 시간이 걸릴 것이라는 오답은 그런 선형적 인식의 산물인 셈이다.

병 속의 벌레와 시간

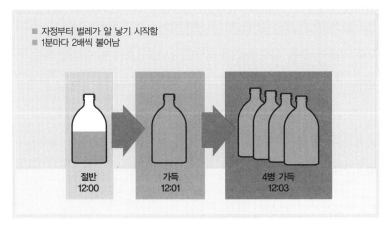

- 자정부터 벌레가 알 낳기 시작함
- 1분마다 2배씩 불어남

절반
12:00

가득
12:01

4병 가득
12:03

너무나 많은 사람들이 이런 선형적 인식의 함정에 갇혀 지수함수의 세계를 외면하거나 이해하지 못한다. 오죽하면 앨버트 바틀릿(Albert A. Bartlett, 1923~2013)이라는 물리학자가 "인류의 가장 큰 결함은 지수함수를 이해할 능력이 없다는 점(The greatest shortcoming of the human race is our inability to understand the exponential function)"이라고 말했을 정도다.

3. 맬서스의 인구론, 지수함수의 역설

일찍이 영국의 경제학자 토머스 맬서스(Thomas R. Malthus, 1766~1834)

는 대표작인 《인구론》(1798년)에서 "식량은 산술급수로 증가하는데 인구는 기하급수로 늘어난다"고 진단했다. 여기서 산술급수는 선형함수, 기하급수는 지수함수에 해당한다. 맬서스의 이 유명한 말은 19세기 서구 지식인 사회의 최대 이슈 가운데 하나였다. 앨버트 바틀릿은 맬서스 주의자였다. 맬서스의 진단처럼 인구 증가를 억제하지 못하면 인류의 존립 자체가 위협받게 될 것이라는 관점에서 지수함수를 이해하지 못하는 인류의 문제를 거론한 것이다.

그는 "인구 1만 명인 나라에서 매년 7퍼센트의 증가율로 인구가 늘어나면 100년 후에 이 나라 인구는 1000만 명이 된다"고 강조했다. 인구도 앞서 인용한 병속의 벌레처럼 지수함수로 증가하는데, 정치인들은 인구 폭발 직전까지도 문제의 심각성을 모르거나 외면한다는 문제를 지적하려 했다. 위기에 직면하기까지는 위기를 인식하기가 매우 힘들다는 점을 강조하고 싶었던 것이다.

여기까지는 그의 설명이나 논리가 설득력을 갖는다. 다만 현실이 그의 경고와 부합하느냐는 점은 따져봐야 한다. 맬서스의 《인구론》이 발표된 지 220년이 지났지만 인류가 인구 폭발과 식량 부족으로 멸종의 위기를 맞고 있는 것은 아니다. 아직도 아프리카와 아시아 일부 후진국을 중심으로 기아 문제가 남아 있지만 증가한 인구와 비교하면 심각한 수준이 아니다. 그동안 식량의 공급과 수요 양면에서 맬서스나 앨버트 바틀릿이 예상하지 못한 변화와 발전이 일어났기 때문이다.

이제는 앨버트 바틀릿이 인구 폭발의 우려를 담아 거론한 지수함수가 인구 대신 과학기술의 폭발을 예고하는 용어로 사용되고 있다. 20세기 후반에 가속도를 붙이기 시작한 정보혁명의 물결이 IT(정보 기술)의 경계를 넘어 전방위로 확산되면서 21세기 이후 과학기술의 발전 속도는 이미 지수함수 그래프에서 곡선의 무릎을 지난 것으로 평가되고 있다. 이제 그래프의 기울기는 점점 수직에 가깝게 치솟고 있다. 과학기술이 무한대의 발전 속도에 진입하는 단계. 그 단계에서는 인간의 본질적 속성과 한계가 새로운 형태의 솔루션으로 재정의 된다. 가령 인간의 노화나 죽음 같은 문제들조차 과학기술의 발전이 풀어낼 수 있는 세계, 이른바 '특이점(Singularity)'의 시대가 다가오고 있는 것이다.

4. 지수함수의 승리, 무어의 법칙

'특이점의 시대'를 본격적으로 들여다보기 전에 우선 지수함수가 이끌어낸 대표적인 승리 공식인 무어의 법칙부터 정리해보자. 세계 최대의 반도체 수출대국에서 사는 덕분에 그리 낯선 용어가 아니다. 초우량 반도체 기업 인텔의 창립자 고든 무어(Gordon E. Moore, 1929~)는 1965년 "집적회로에 집어넣을 수 있는 트랜지스터 수가 매 10개월마다 두 배로 늘어난다"는 요지의 논문을 발표했다. 이후 무어의 법칙은 50년 이상 반도체 데이터 처리 용량의 지수함수적 성장을 뒷받침하는 근거로 작용했다.

반도체 회로선폭을 줄이는 공정 기술과 데이터 처리 기술의 발전이 시너지 효과를 내면서 빈도체 제조 기술은 폭발적 단계에 진입했다. 데이터 처리 용량은 기하급수로 불어난 반면 제조 비용은 기하급수로 감소했다. 고든 무어가 창립한 인텔사가 무어의 법칙 50주년을 맞아 제품으로 비교한 변화를 살펴보자. 인텔은 1971년에 생산한 1세대 마이크로칩 '인텔 4004'를 2015년에 출시한 6세대 제품 '인텔코어프로세서'와 비교했다. 44년 만에 인텔의 6세대 칩은 1세대 제품에 비해 성능은 3,500배, 에너지 효율성은 9만 배 높아진 반면 생산비용은 약 6만 분의 1로 줄어들었다.[8]

반도체 제조기술의 혁명적 변화를 상징하는 무어의 법칙은 현대 과학기술 전반에 걸쳐서 나타나고 있는 '수확가속의 법칙'을 입증하는 대표적인 사례로 이해할 수 있다. 일찌감치 산업의 쌀로 불린 반도체 칩은 이제 거의 모든 분야에 원료나 부품으로 사용되고 있다. 최근 폭발적 발전 단계에 진입한 과학기술 혁명의 바탕에 무어의 법칙이 작용한 것이다.

실제로 반도체 칩의 성능과 가격이 폭발적으로 개선되면서 눈부신 변화가 나타나기 시작했다. 대표적인 것은 컴퓨터 성능의 획기적인 향상이다. 컴퓨터는 데이터 저장과 연산처리 장치로 구성된 하드웨어와 이를 사용자의 의도에 맞춰 실제로 구동시키는 소프트웨어의 결합으로 탄생하고 발전한다. 하드웨어의 핵심인 마이크로칩의 기하급수적인 발전이 인터넷을 기반으로 운영체제를 만든 마이크로소프트, 검색엔진의 대명사 구글, 사회관계망 서비스(SNS)의 페이스북, 전자 상거래의 아마존 같은 소프트웨어 기반의 거대 기업들을 탄생시켰다.

무어의 법칙이 가져온 대표적인 성과 가운데 하나가 저장 기술의 획기적인 발전이다. 데이터 저장용 메모리칩은 대용량 기억장치인 D램과 전원이 끊겨도 저장된 데이터가 지워지지 않는 영구 저장장치인 플래시 메모리로 구분된다. 2018년에 출시된 신형 스마트폰은 64기가바이트 메모리를 장착하고 있다. 2007년 스티브 잡스가 세계 최초로 내놓은 스마트폰 아이폰은 사진 한 장을 겨우 저장하는 정도였다.

저장 용량이 단기간에 폭발적으로 증가하면서 스마트폰은 세상을 바꾸는 핵심 기기요, 필수품으로 떠올랐다. 군사용 무전기 같은 무선전화기로 시작한 휴대폰이 폴더폰을 거쳐 스마트폰으로 발전하는 동안 이루어진 모바일 혁명 역시 무어의 법칙이 이끌어냈다. 인터넷과 연결된 기기들에 쌓인 데이터와 지식들을 모아 분석하는 기술도 나날이 발전하면서 빅 데이터의 세상이 열렸으며, 소프트웨어의 저장과 공유를 가능하게 하는 오픈소스 클라우드 시스템이 다시 과학기술의 성장을 가속화하고 있다.

《세계는 평평하다》, 《렉서스의 올리브나무》 등의 작가인 토머스 프리드먼(Thomas Friedman, 1953~)은 "인류 역사를 돌아보면 모든 것을 근본적으로 바꿔놓은 에너지원은 불과 전기, 컴퓨팅밖에 없다"고 말했다. 그 가운데서도 컴퓨팅은 인류가 일찍이 경험하거나 가보지 못한 세계를 열어가는 핵심 에너지원이 되고 있다. 그린 컴퓨팅은 무어의 법칙을 발판으로 비약적인 발전을 거듭하면서 '곡선의 무릎'을 지나고 있는 현대 과학기술의 발전을 이끌고 있는 것이다.

5. 21세기의 '인구론', 기후변화

앞서 인용한 앨버트 버틀릿은 지수함수의 위력을 인구폭발의 위험성을 경고하는 부정적 메시지에 활용했다. 그러나 이런 경고가 그대로 실현되지는 않았다. 그렇다고 지수함수의 부정적인 위력이 모두 무시돼야 하는 것은 아니다. 220년 전의 《인구론》과 유사한 지수함수적 경고는 21세기 들어 기후변화에 대한 우려로 나타나고 있다. 2018년 여름, 모든 기상관측 기록을 갈아치운 더위를 겪은 사람들이라면 기후변화 문제에 관심을 가질 수밖에 없다.

앨버트 버틀릿이 인구폭발의 위험성을 지수함수로 경고한 것처럼 기후변화의 지수함수적 위험성을 가장 큰 목소리로 경고하고 있는 인물이 미국 부통령를 지낸 앨 고어(Albert A. Gore Jr., 1948~)다.

그가 2006년 제작한 〈불편한 진실〉이라는 환경 다큐멘터리는 기후 변화의 심각성을 전 세계에 알리는 계기가 됐으며, 이듬해인 2007년에 UN산하 국제기구인 IPCC(Intergovernment Panel on Climate Change: 기후변화 대응을 위한 정부 간 패널)와 공동으로 노벨평화상을 수상했다.

앨 고어의 주장은 단순 명료하다. "기후변화가 느리게 진행된다고 안심하지 말라. 어느 단계가 지나면 봇물이 터지듯, 걷잡을 수 없이 폭발한다." 구체적인 수치도 제시한다. 그는 지난 2017년 6월 제주포럼의 특별 연사로 나서 이렇게 말했다. "40만 톤의 히로시마급 원자폭탄이 배출한 정도의 오염물이 날마다 지구 대기에 쏟아져 나오고 있다. 지구 온난화 때문이다. 지난 10년 동안 극도로 추운 날보다 극도로 더운 날씨가 훨씬 많았다. 해수면 온도가 2도만 상승해도 100만 명이 위험에 처한다. 지금처럼 킬리만자로의 눈이 녹아내리고 히말라야의 빙하가 줄어든다면 앞으로 20년 후에는 뉴욕이나 상하이가 물에 잠기고, 네덜란드는 지도에서 사라질 수 있다."

앨 고어는 기후변화가 지수함수의 위력을 담고 인류를 위협하고 있다고 믿는다. 지수함수 그래프로 치면 이미 곡선의 무릎 부위를 지났다고 본다. 실제로 기후변화가 위험한 단계에 들어섰다는 데이터들이 많다. 지구온난화의 주범으로 꼽히는 이산화탄소(CO_2) 배출량이 좋은 예다. 산업혁명 이후 지난 250년(1750~2000년) 동안 대기 중 이산화탄소 양은 30퍼센트 이상 증가했다. 현재 상태가 지속되

전세계 CO$_2$ 배출량 증가 추이

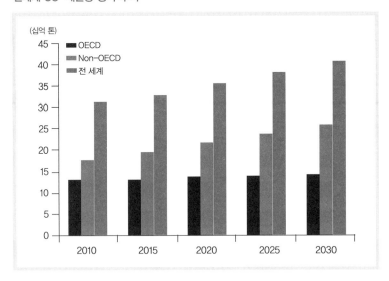

면 2030년까지 50퍼센트, 2050년에는 90퍼센트까지 늘어나 지구가 인간이 살 수 없는 행성이 될 수도 있다고 한다.

세계적인 빙하 감소와 이상 기후의 진원으로 꼽히는 북극의 대기 온도는 지난 20세기 100년간 지구 평균기온이 0.6도 상승하는 동안 무려 5도나 상승했다. 이처럼 기후변화의 위험이 가파르게 증가하기 시작했지만 아직은 모든 국가나 정치인들이 공감하는 것은 아니다. 예를 들면 도널드 트럼프 미국 대통령은 취임 첫해인 2017년에 파리 기후변화 협약을 탈퇴했다. 앨 고어는 트럼프 대통령의 이 같은 결정을 "정신 나간 짓"이라고 맹렬히 비난했다.

트럼프가 탈퇴한 파리협약은 기후변화의 주범인 온실가스 배출을 단계적으로 감축해서 지구 평균기온 상승폭을 산업화 이전에 비해 2도 낮게 유지할 수 있도록 하자는 내용을 담고 있다. 이 협정은 앨 고어와 노벨평화상을 공동 수상한 IPCC의 지구환경에 대한 평가 보고서를 토대로 한국을 포함한 세계 195개 국가가 참여한 것이다.

IPCC의 5차 평가 보고서(2014년 발표)는 지난 133년간(1880~2012년) 전 지구 평균기온이 산업혁명 이전에 비해 0.85도 올랐으며, 지구 평균 해수면은 110년간(1901~2010년) 19센티미터 상승한 것으로 분석했다. 현재 수준의 온실가스 배출이 지속될 경우 2100년의 지구 평균 기온은 1986~2005년 대비 3.7도, 해수면은 63센티미터나 상승할 것으로 전망한다. 이런 변화는 지구 생태계 전반을 위협할 것이므로 평균 기온 상승을 일정 수준 이내로 억제할 조치가 시급하다는 주장이다. 파리협약은 보다 많은 국가들의 참여를 유도하기 위해 국가별로 일정 시점까지 온실가스 감축 목표를 자발적으로 제출하고 이행하도록 규정하고 있다.

그렇다면 기후변화 문제를 '21세기의 인구론'으로 보는 부정적 시각은 어느 정도이며, 이들의 반론은 무엇일까. 트럼프의 파리협약 탈퇴 결정 이후인 2017년 9월 AP통신과 NORC공공연구소의 공동 여론조사에 따르면 미국인의 12퍼센트는 기후변화가 일어나지 않고 있다, 17퍼센트는 잘 모르겠다고 응답했다. 열 명 중 세 명 꼴로 기후변화에 회의적인 시각을 드러낸 것이다. 영국 카디프대학이 실시한 유럽인들이 기후변화 인식 조사에서도 독일인의 16퍼센트,

영국인의 12퍼센트가 기후변화는 없다고 믿는 것으로 나타났다. 기후변화가 있더라도 인간의 잘못 때문이라기보다 자연적으로 일어날 수 있는 현상으로 보는 사람도 영국, 독일, 프랑스 인구의 10퍼센트 비율을 차지했다.

이런 회의론은 기본적으로 기후변화의 위협을 강조하는 환경 운동이 과학보다는 정치적인 의도를 담고 있다는 시각에서 비롯된 것이다. 앨 고어의 경우도 정치적 입장을 달리하는 공화당과 보수 계층에서는 정치적 선동이라는 비난을 받고 있다.

다른 한 갈래는 설사 기후변화로 인한 위험이 증가하더라도 최근의 과학기술 발달이 해결책을 찾으리라는 믿음이다. 특히 기후변화의 주범으로 지목되는 화석연료를 대체할 청정에너지 기술에 나노공학이 접목되면 획기적인 변화가 발생할 것이라고 주장한다. 어떤 미래학자는 지구에 도달하는 태양에너지의 0.03퍼센트만 거두더라도 2030년 에너지수요 예상치인 30조 와트를 너끈히 만들어낼 수 있다고 주장한다.[9]

200여 년 전의 《인구론》 위험처럼, 결국 기후변화가 야기하는 지수함수적 위험을 과학기술의 지수함수적 발달이 해결할 것이라는 믿음이다. 과연 어느 쪽 지수함수가 적중할지, 머지않아 결판이 날 것이다.

6. 지수함수의 종착지는 '특이점(Singularity)'

이제 지수함수의 본론으로 들어가자. 지수함수는 곡선의 무릎에 해당하는 변곡점을 지나면 폭발적으로 상승, 또는 증가하면서 결국 무한대로 치솟는다. 그런 지수함수의 속성은 무어의 법칙, 수확가속의 법칙을 통해 과학기술의 폭발적인 발전으로 연결된다. 그렇다면 인간이 만든 과학기술의 지수함수적 발전이 지향하는 궁극적 목적지는 어디일까? 바로 인간의 생사에 관한 문제다. 늙지도, 죽지도 않는 인간, 불로불사(不老不死)의 경지가 종착지일 것이다.

미래를 고민하는 인간에게 지수함수가 주는 궁극적 의미는 바로 여기에 있다. 갈수록 가속화되고 있는 과학기술 발전이 인간의 삶을 근본적으로 바꿔 드디어 노화나 죽음의 한계까지 넘어서는 날이 올 것이라는 믿음이다. 지금까지의 변화가 선형적이었다면 앞으로의 변화는 기하급수적으로 진행된다는 예측에 근거한 것이다. 과학기술이 지수함수적 발전을 지속한다면 인간이 상상하고 바라는 모든 것이 실현 가능해진다. 인간이 궁극적으로 원하는 것은 불로불사, 영생의 경지이기 때문에 과학이 사람을 늙지 않게, 죽지 않게 하는 숙제를 풀게 된다. 이른바 특이점(Singularity)으로 가는 초고속 열차가 바로 지수함수인 것이다.

인간이 늙지도, 죽지도 않는 경지를 레이 커즈와일(Ray Kuzweil, 1948~)은 《특이점이 온다(The Singularity is near)》라는 저서에서 '특이점'으로 표현했다. 천재적인 발명가이자 사상가, 미래학자인 그는 저서에서 특이점의 전제와 시점을 명백하게 제시했다. 특이점의 전제 조건은 과학기술이 지수함수적 발전을 거듭한 끝에 기술이 인간을 추월하는 순간으로 정익한다. 이 단계에서 "인간은 기계가 되고 기계는 인간이 된다"고 말한다. 기계와 인간의 구분이 없어진다는 것이다. 다시 말해 기술이 생물학적 인간의 노화나 죽음 문제를 해결하는 과정에 개입하면 인체의 많은 부분이 기계로 대체된다는 뜻이다. 그런 단계에서 인간은 원하는 만큼 살게 될 것으로 본다. 그는 특이점이 도래하는 시점을 2045년으로 제시했다.

이런 특이점은 'GNR의 융합'으로 가능해진다. G는 유전공학(Genetics), N은 나노 기술(Nano Tech), R은 로봇공학(Robotics)을 가리킨다. 유전공학과 나노공학, 로봇공학의 눈부신 발전이 시너지를 이루면서 현실과 가상현실 간 경계가 없어지고, 인간과 기계 간 구분도 사라지는 특이점의 세계가 열리게 된다. 물론 인공지능이나 빅 데이터, 생체공학 등 4차 산업혁명의 성과들이 가세하지만, 기본적으로는 GNR의 융합이 골격을 이룰 것이다.

특이점은 과학기술의 지수함수적 발전을 전제로 한다. 커즈와일은 지구상에 생명체가 출현한 이후 오랜 세월에 걸친 생물학적 진화가 기술적 진화로 이어지면서 진화의 가속적(지수함수적) 속도가 유지되고 있다고 믿는다. 인간이나 동물의 증식 과정처럼 기하급

당신의 미래에 던지는 빅 퀘스천 10

수적 증가는 모든 진화의 공통된 특징이다. 이는 특히 기술의 진화 과정에서 훨씬 두드러지게 나타난다. 예컨대 공룡이 지구를 지배 하던 시점이 2300만 년 전이었고, 영장류 가운데 침팬지와 분리된 원시인류가 직립보행을 시작한 것이 400만 년 전이었다. 현생 인 류의 조상인 호모사피엔스(Homo Sapiens)는 대략 20만 년 전쯤 출 현했다.

이 같은 생물학적 진화에 비해 기술의 발전 속도는 눈부실 정도 로 빠르다. 제임스 와트(James Watt, 1736~1819)가 산업혁명의 꽃인 증기기관을 발명한 것이 1769년이었다. 이후 독일의 칼 프리드리 히 벤츠(Karl Friedrich Benz, 1844~1929)가 1886년에 세계 최초의 자 동차를 만들기까지 120여 년이 걸렸다. 커즈와일은 "개인용 컴퓨터 (PC)가 등장한 후 인터넷 소프트웨어 월드 와이드 웹(World Wide Web)이 등장하기까지 걸린 시간은 14년에 불과하다"는 점을 들어 기술의 가속적인 진화를 설명한다. 그는 컴퓨터 한 대가 10년 전만 해도 쥐의 지능을 가졌지만 2025년에는 인간의 지능을 따라잡고, 2045년에는 지구상 모든 인구의 지능을 합친 것보다 높아질 것으로 예측한다. 그렇게 기계적 지능이 인간을 추월하는 시점에 특이점의 세계가 펼쳐진다는 것이다. 앞으로 30년도 채 남지 않았다.

7. 불로불사는 어떻게 가능해질까

'특이점' 까지 거론되는 과학기술의 지수함수적 발전은 20세기 후반부터 속도를 내기 시작한 인접 기술 간 융합이 21세기 이후 본격화되면서 가능해졌다. 무어의 법칙이 과학기술의 하드웨어적 발전을 촉진했다면 기술 융합은 소프트웨어적 발전을 이끈 것이다. 현대과학의 새로운 패러다임으로 자리 잡은 '융합 기술(Converged Technology)'이라는 용어는 지난 2002년 미국과학재단이 발표한 '21세기 과학기술의 새로운 방향' 이라는 보고서를 통해 전 세계에 알려졌다.

이 보고서는 21세기 첨단 기술의 발전은 'NBIC의 활용' 에 달려 있다고 지적했다. 즉 나노 기술(Nano Technology), 생명공학 기술(Bio Technology), 정보 기술(Information Technology), 인지과학(Cognitive Science)이 결합한 융합 기술을 인류에게 지금까지와는 전혀 다른 세상을 열어줄 열쇠로 제시한 것이다. 한국 정부도 2010년에 교육과학기술부 주도로 NBIC 융합 기술 지원을 국가적 어젠다로 설정해 분야별로 중점 추진 과제를 육성하고 있다. 2005년 황우석 교수의 줄기세포 논문 조작 사건 이후 침체됐던 관련 산업 분야도 이후 되살아나기 시작했다.

NBIC 기술의 궁극적인 종착점은 인간의 노화나 죽음을 해결하는 것이다. 어느 한 기술만으로는 해결은커녕 접근조차 불가능한

당신의 미래에 던지는 빅 퀘스천 10

과제다. 4개 분야의 기술 발전이 상호 보완과 융합을 이뤄야 비로소 도전해볼 만한 경지다. 여기서 불로불사의 경지에 도전하는 기술의 개념을 간단히 알아보자.

첫째, 나노 기술. 나노라는 말은 아주 미세한 단위, 10억분의 1을 의미한다. 1나노미터(nm)는 10억분의 1미터로, 머리카락 굵기의 10만분의 1 정도다. 나노 기술은 이처럼 눈에 보이지 않을 정도로 미세한 원자, 분자의 세계에 들어가 그 원자나 분자를 조작해서 새로운 물질을 만들어내는 작업이다. 나노 기술의 결정판이 나노 로봇(나노봇, Nanobot)이다. 나노봇은 우리 몸의 혈관으로 들어가 각종 질병과 노화의 원인을 제거하거나 교정하게 된다. 나노봇의 실용화가 특이점에 진입하는 첫 단계인 것은 물론이다.

둘째, 생명공학 기술이다. 인간을 포함한 모든 동식물의 생명현상에 대한 과학적 정보와 지식을 산업에 활용하는 기술이다. 생명공학의 출발점은 생물체의 유전과 번식, 성장, 자기제어 및 물질대사 등의 생명 활동과 관련된 기능과 정보를 확보하는 것이다. 유전자 정보에 집중하는 유전공학은 생명공학의 핵심이다. 1996년 영국에서 모체와 똑같은 DNA를 가진 복제양 '돌리(Dolly)'를 탄생시킨 후 30년 남짓한 기간 동안 유전공학은 인간의 장기를 복제하는 수준을 넘어 이제 복제 인간의 가능성을 거론하는 단계에 접어들고 있다. 노화나 질병의 원인 가운데 유전적 요소를 파악해서 제거하거나 교정하는 유전자가위 같은 기술이 발전을 거듭하고 있다.

셋째, 정보 기술은 이미 컴퓨터와 인터넷의 발전 과정을 통해 최근의 과학기술 혁명을 이끌어내는 토대로 작용했다. 여기에 세상의 모든 사물들을 연결해 새로운 세상을 이끌어내는 사물인터넷(IOT) 기술과 블록체인 기술 등이 접목되면서 지수함수적 혁신을 촉진하고 있다.

넷째, 인지과학은 인간과 인공물인 사이보그나 인공지능의 두뇌와 마음에 관한 연구를 말한다. 인간의 두뇌를 구성하는 신경세포(뉴런)와 신경 반응 시스템, 개인의 심리와 행동 패턴 분석 등의 영역이다. 1950년대 후반 미국과 유럽에서 태동한 인지과학은 컴퓨터의 정보처리 체계를 인간의 두뇌 활동과 최대한 유사하게 동조화시킬 수 있다면 스스로 생각하고 행동하는 기계를 만들 수 있다는 개념으로 발전하고 있다. 나아가 생체공학 기술과 접목해서 사고나 질병으로 손상된 인간의 두뇌를 이식하는 이른바 브레인 임플란트(Brain implant)의 실현 가능성도 거론되고 있다.

이런 NBIC 기술 융합은 인간의 노화나 질병 문제 해결에 획기적인 발전을 가져와 인간을 불로불사의 경지로 인도할 것이다. 다만 노화와 질병의 위험이 사라지는 인간의 형태에 대해서는 여러 견해가 존재한다. 이론적으로는 유전공학과 생체공학 기술 발전으로 장기와 피부조직을 비롯한 인체의 무한 복제가 가능해질 수 있다. 다만 인체 가운데 뇌세포 등 고도로 민감한 조직은 완벽한 복제에 한계가 있을 것으로 보인다. 따라서 보다 현실적인 대안은 노화나 질병 문제가 발생한 인체 조직을 비생물학적 조직, 다시 말해 기계적으로 생산한 장기와 조직으로 교체하는 방식이다. 인체와 기계가 결합된 인간, 즉 사이보그(Cyborg) 형태의 인간이 거리를 활보하는 세상이 될 가능성이 크다.

앞서 특이점의 세계를 주장한 레이 커즈와일이 제시하는 미래 인간의 특성이 이와 유사하다. 그는 2030년대에 가면 인간 몸의 절반 이상은 기계적인 장치가 차지할 것으로 예측한다. 인간과 기계, 현실과 가상현실, 일과 놀이 사이에 경계가 없어질 시점으로 본다. 그는 불로불사의 인간은 현재의 육신을 그대로 두고는 불가능하다고 주장한다. 생물학적 인간과 비생물학적 기계가 하나의 두뇌와 정체성을 가지고 공존하는 상태에서 비로소 불로불사의 영역에 도전할 수 있다는 것이다. 인간 두뇌의 조직과 활동 내역을 생체공학과 컴퓨팅 기술로 복사할 수 있으며, 이를 생물학적 인간에게 이식하는 '브레인 임플란트'도 가능해진다는 것이다. 물론 컴퓨팅과 인공지능으로 대표되는 기계적 지능이 인간의 지능을 능가하게 되는 특이점의 세계에서 가능한 얘기다.

이런 세상이 온다면 우리는 미국 정치가이자 과학자인 벤저민 프랭클린(Benjamin Franklin, 1706~1790)이 남긴 명언 하나를 버려야 한다. "이 세상에서 죽음과 세금만큼 확실한 것은 없다"라는 말이다. 미국의 100달러짜리 지폐를 장식하고 있는 인물인 프랭클린의 이 명언 가운데 세금은 몰라도 죽음은 장차 없어진 수도 있기 때문이다.

8. 인간인가, 기계인가

앞서 언급한 NBIC 기술 융합은 이제 노화와 죽음의 영역에 도전하고 있다. 이 단계에 이르면 수백만 개의 나노로봇이 인간의 혈관 속에 주입돼 온몸을 돌아다니면서, 손상되거나 기능이 저하된 부위를 고치거나 갈아 끼운다. 두뇌 조직 속으로도 들어가서 기억력 감퇴나 알츠하이머처럼 인간의 노화와 죽음을 촉진할 수 있는 요인들을 치료하는가 하면, 두뇌 기능 자체를 마치 컴퓨터가 새로운 버전으로 업로드하듯 신형으로 바꿀 수 있게 된다.

특이점의 세계를 설명하는 레이 커즈와일은 이를 보다 구체적으로 표현한다. "우리 몸속에 수백만 개의 나노로봇이 돌아다니면서 세포에 쌓인 대사 찌꺼기와 독성폐기물을 청소하며 손상된 DNA를 수리한다. 뇌세포에 투입되는 나노로봇은 기억력을 재생하고 나아가 지적 능력까지도 크게 발전시킨다." 그는 2020년대 말이 되면 나노로봇이 혈관뿐 아니라 세포 수준, 궁극적으로 뇌신경세포까지 들어갈 수 있을 것으로 예측한다.

특히 인간을 인간답게 유지하는 핵심 기관인 두뇌 조직과 기억을 기계적으로 보관하고 재생할 수 있으며, 나아가 이식까지도 가능하다고 본다. 인간의 두뇌를 완전히 스캔해 모든 특징을 확인한 뒤 외부의 기계적 장치에 복사해서 보관하는 기술이 2030년대 말까지 실용화된다는 것이다.

커즈와일을 비롯한 특이점 주의자들은 '사는 것'과 '죽는 것'의 정의부터 다시 내려야 한다고 주장한다. 사람이 죽는다는 것은 몸이라는 하드웨어와 마음 파일 또는 기억 파일로 대표되는 소프트웨어가 소멸하는 것을 뜻한다. 그런데 나노 기술과 생체공학의 발전이 인체를 하드웨어적으로 재생할 수 있으며, 기억이나 마음 같은 소프트웨어는 외부 장치에 복사하는 방식으로 업로드와 이식이 가능한 만큼 '죽는다'는 개념을 바꿔야 한다는 것이다. 마치 컴퓨터를 신형 버전으로 바꿔도 그동안 보관해온 파일들을 버리지 않고 복사해서 옮겨 쓰듯, 생명도 그렇게 지속된다는 것이다.

그렇다면 이런 상태의 인간을 같은 인간으로 인정할 수 있을까. 신체의 절반 이상이 로봇이고, 두뇌 조직까지 이식을 받은 인간에게 주민등록증을 발급해줄 수 있을까? 발급한다면 이름은 누구로 해야 할 것인가? 이식받은 두뇌의 주인의 이름은 살아 있을까? 내 두뇌를 이식받은 다른 인체는 나인가, 남인가? 이런 질문들은 끝없이 이어질 것이다.

특이점 주의자들은 반문한다. 기계와 결합된 인간, 기술로 강화된 인간을 인간이 아니라고 규정한다면 대체 어느 선에서 경계를 그을 것인가? 인공 심장을 이식한 사람은 인간이 아닌? 인공 신경을 하나 삽입한 인간은? 뇌 속에 나노봇이 10개 들어간 사람과 5억 개 들어간 사람의 차이는? 가령 나노봇 숫자를 6억 5천만 개로 한정해서 그보다 적게 들어가 있으면 인간이고, 그 이상이면 사이보그라고 할 것인가.

　이런 논쟁들은 결국 과학기술 폭발의 시대를 앞둔 우리가 인간에 대한 정의부터 다시 내려야 한다는 결론으로 이어질 수 있다. 한 가지는 분명하다. 그동안 인류의 역사를 지배해온 인간의 삶과 죽음의 개념 및 정의는 기본적으로 생물학적 인식을 바탕으로 한 것이다. 이제 과학기술의 지수함수적 발전은 생물학적 진화 단계를 넘어서고 있다. 인간도, 인간에 대한 정의도 바뀔 수밖에 없는 상황이다.

9. 포스트휴먼 시대와 로봇 윤리

인간(호모사피엔스)이 과학기술의 폭발적 발전에 힘입어 불로불사의 경지에 도전하는 과정을 미래학자들은 두 단계로 나눈다. 인간이 가진 생물학적 한계를 극복해나가는 과정의 인간을 '트랜스휴먼 (Trans-Human)'이라 하며, 이런 단계를 넘어 궁극적으로 불로불사의 존재가 된 인간을 '포스트휴먼(Post-Human)'으로 구분한다.

　우선 트랜스휴먼은 수명과 신체 기능의 한계, 감각 형태나 인지 능력, 심리 상태와 자기 통제 같은 인간의 근본적이고 원초적인 한계를 넘어서는 과정이다. NBIC나 GNR 같은 융합 기술의 지수함수적 발전이 이끌어 갈 미래 인간의 모습이다. 이런 상황을 연구하고 준비하는 민간단체로 세계 트랜스휴먼 협회(WTA, World Transhuman

트랜스휴먼 개념도

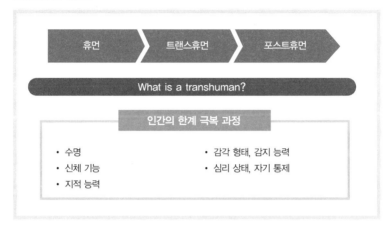

Association)가 있다. 이들은 인간의 노화는 일종의 질병이므로 치료될 수 있으며, 지나온 어느 시점의 젊음으로 되돌아가는 것도 가능하다고 본다. 트랜스휴먼 협회 창설을 주도한 베네수엘라 출신 미래학자 호세 코르데이로(Jose Cordeiro, 1962~)는 "오랜 인간 진화의 역사에서 트랜스휴먼은 인간의 한계를 극복하는 새로운 진화의 시작 단계이며, 그 끝은 영생을 누리는 포스트휴먼"이라고 말한다. 그가 말하는 트랜스휴먼은 인간과 기계가 하나가 되고 죽음이 과거의 유물이 되는 미래의 인간이다.

문제는 여기에도 있다. 트랜스휴먼을 거쳐 포스트휴먼으로 진화하는 과정에서 인간과 기계의 구분이 사라진다. 특이점 주의자들의 견해에 따르면, 이 시점에는 이미 인간의 정의도 달라지며, 생물학적 인간이 지능과 신체적 능력을 기계적 존재가 추월한 후다. 그렇다면 이 단계에서 인간과 기계의 병존은 평화적이고 안정적으로 이뤄질까? 아니면 이미 인간의 지능과 체력을 추월한 기계들에게 지배당하는 세상일까? 이 책의 뒷부분에서 미래에 인간과 기계의 관계 변화를 자세히 분석해보겠지만, 여기서는 인간과 기계의 병존을 위한 최소한의 윤리적 기준을 논의해보자.

인공지능 분야의 권위자인 케빈 워릭(Kevin Worwick, 1954~)은 일찍이 1998년에 자신의 신체에 반도체 칩을 이식하며 일종의 생체 사이보그 실험을 감행해서 유명해진 인물이다. 그는 《나는 왜 사이보그가 되었는가(I, Cyborg)》라는 저서에서 "머지않아 기계가 인간보다 훨씬 뛰어난 지능을 갖게 되고, 인간이 아닌 로봇이 중요한 의사 결정을 할 것"이라고 전망했다. 세상은 이미 그의 예측대로 변해가고 있다.

그래서 인간을 추월한 로봇이 세상을 장악하기 전에 일종의 윤리 기준을 만들어두자는 논의가 진행되고 있다. 대표적인 예가 SF계의 거장 아이작 아시모프(Issac Asimov,1920~1992)가 제창한 '로봇의 3원칙(Basic 3 Laws of Robotics)'이다. 총 3장으로 구성된 일종의 로봇 헌장이다. 제1조는 로봇은 인간에게 위해를 가해서는 안 되며, 위험을 간과함으로써 인간에게 위해를 가해서도 안 된다. 제2조는 제1조에 위배되지 않는 한 로봇은 인간의 명령에 절대 복종해야 한다. 제3조는 제1, 2조에 위배되지 않는 한 로봇은 스스로를 지켜야 한다는 내용이다.

우리도 지난 2007년 노무현 정부 당시 산업자원부 주도로 '로봇 윤리헌장제정 실무위원회'를 꾸려서 초안 작성을 시도한 바 있다. 그런데 로봇을 단순히 인간의 도구로 볼 것인지, 새로운 종으로 볼 것인지, 사이보그는 어디까지 인간으로 봐야 하는지 등 과학·종교·문화 등 다양한 분야에서 제기된 쟁점을 풀지 못해 다음 정부로 넘긴 전례가 있다. 그러나 정권 교체 이후 우선순위에서 밀리면서 결국 헌장 제정에 이르지 못했다.

물론 "이런 선언적 헌장이 무슨 소용이 있느냐", "아직 그럴 단계가 아니다"는 반론도 있다. 그러나 기계가 갖추게 될 지능이 기본적으로 인간의 사고 패턴을 학습하면서 발전한다는 점을 전제하면, 인간이 제정한 합리적인 기준이 기계 지능의 사고나 행동 기준에 일정한 작용을 할 가능성도 열려 있다. 적어도 인간과 인간을 따라잡으려는 기계 간에 공감대를 형성할 기준은 미리 준비하는 것이 옳다고 본다.

10. 지수함수는 영원한 것인가

기술이나 문명의 발전에 지수함수적 성장이 영원히 지속될 수 있을까? 수학의 세계에서는 무한대로 향하는 지수함수가 가능하지만 현실 세계에서도 적용될 것인가. 만약 가능하다면 그것이 인간에게 좋은 것인가, 나쁜 것인가.

결론부터 말하자면 현실 세계에서 지수함수적인 성장이나 발전이 영원히 계속되기란 불가능하다. 자원이나 시간 같은 투입 요소에 한계가 있기 때문이다. 과학기술의 지수함수적 성장에 밑거름이 됐던 무어의 법칙이 좋은 예다. 반도체 칩의 집적 기술이 무한정 늘어나지는 못한다. 이 법칙을 발표한 고든 무어도 처음에는 이 법칙이 길어야 10년 정도 지속될 것으로 봤다. 신소재와 회로 선폭을 나노 단위로 좁히는 기술혁신이 속속 이뤄지면서 무어의 법칙은 50년 이상을 지속했지만, 이제 한계에 접근하고 있다. 고든 무어 자신이 "어떤 기하급수적 성장도 지금처럼 영원히 지속될 수는 없다"고 말한다.

무어의 법칙이 모든 산업 분야에 보편적으로 적용되는 것도 아니다. 인텔이 무어의 법칙 50주년을 계기로 2015년에 내놓은 비교 자료를 보자. 인텔은 1971년의 1세대 제품에 비해 2015년 6세대 마이크로칩은 성능이 3,500배, 에너지 효율성은 9만 배가 높아진 반면 생산 비용은 6만 분의 1 이하로 떨어졌다고 분석했다. 만약 1971년형 폭스바겐 비틀 승용차의 성능이 무어의 법칙을 따라 성장했다면 어떻게 변했을까? 2015년산 비틀의 속도는 시속 48만 킬로미터에 1갤런의 연료로 320만 킬로미터를 주행할 수 있어야 한다. 그리고 비틀 한 대를 만드는 생산비는 단 4센트에 불과해야 한다.

실제 결과는 이런 계산과 현격한 차이가 있다. 비틀이 아니라 어느 승용차도 현재 지구상에 굴러다니는 차는 시속 1만 킬로미터를 넘지 못한다. 더욱이 제조 비용 4센트는 아직은 너무 오래 기다려야 할 수준이다. 이유는 간단하다. 자원과 기술, 시간의 제약이 있기 때문이다. 앞서 인용한 토머스 맬서스의 인구론으로 대표되는 이른바 맬서스 주의자들의 시각은 이 같은 제약 요인에 맞춰져 있다. 인구가 증가하더라도 지구가 주어진 자원으로 감당할 만한 범위를 넘어서지 못하도록 해야 한다는 주장은 맬서스의 시대에 서구 지식인 사회의 거대 담론이었다.

지수함수가 상징하는 무한 성장이나 특이점의 세계가 반드시 바람직한 것이냐는 비판도 끊임없이 제기된다. 특히 인간과 기계의 한계를 넘어서 불로불사에 도전하는 과학기술 발전의 성과가 소수 특권계층에 집중될 경우 오히려 불평등과 빈부격차 문제를 악화시킬 수 있다는 우려가 많다.

특이점 주의자를 대표하는 레이 커즈와일은 맬서스 주의자들의 공격을 많이 받는다. 성장을 뒷받침하는 자원이 언젠가 소진될 것이므로 기하급수적 성장은 불가능하다는 비판이다. 이에 대해 레이 커즈와일도 과학기술이 기하급수적인 성장을 영원히 지속할 것이라고 고집하지는 않는다. 다만 인공지능 같은 비생물학적 지능이 인간의 생물학적 지능보다 압도적으로 강력하게 되는 지점까지는 반드시 지속될 것으로 본다. 불평등이나 빈부격차 문제도 앞으로 가격대 성능비가 기하급수적으로 성장하면 필요한 기술들이 거의 공짜나 다름없이 제공될 수 있어 해결이 가능하다고 주장한다.

　그는 인간의 노화나 수명 문제도 이렇게 정리한다. 특이점의 세계에서 기계와 결합된 형태의 인간은 영원히 사는 것이 아니라 원하는 만큼 산다는 것이다. 이런 공방은 사이보그 형태의 인간을 인간으로 인정할 것이냐는 문제를 포함해 끝없이 이어진다. 지수함수의 용도와 한계를 둘러싼 논란도 지수함수처럼 무한대로 이어지고 있는 것이다.

여섯 번째 질문

기계에 무시당하는 인간을 상상해본 적이 있는가?

1. 농업혁명

/

앞서 우리는 인류가 오랜 진화의 세월을 견뎌낸 후 지구라는 행성을 완벽하게 지배하는 종족으로 자리 잡는 과정을 여러 측면에서 살펴봤다. 찰스 다윈의 《진화론》과 리처드 도킨스의 《이기적 유전자》를 통해 인간이라는 종의 원형을 이루는 유전자가 환경 변화에 철저히, 이기적으로 적응해 생존과 번식을 이뤄나가는 진화의 과정을 되돌아보았다.

미래학의 개척자 앨빈 토플러의 《제3의 물결》과 《권력 이동》을 통해서는 인류사의 물줄기를 바꾼 거대한 혁명의 물결들을 관찰했다. 그는 인간의 삶을 총체적으로 변화시킨 세 번의 혁명(물결)을 이렇게 분류했다. 첫 번째가 신석기시대의 농업혁명이며, 두 번째는 산업혁명, 세 번째는 컴퓨터와 인터넷이 촉발한 정보혁명이다.

그 가운데 첫 번째 농업혁명의 경과를 좀 더 살펴보자. 인류학자들은 농업혁명과 인간의 정주 생활을 가능케 했던 변화의 출발점을 동물의 가축화에서 찾고 있다. 인류학자 이언 모리스(Ian Morris,

1960~) 스탠퍼드대 교수는 저서 《왜 서구가 지배하는가(Why the West Rules-For Now)》에서 개와 소 같은 동물의 가축화를 인류가 최초로 이룬 중요한 성취 가운데 하나로 평가한다. 개는 기원전 1만 4000년 이전에 길들어졌다. 말은 그로부터 6000여 년이 더 지난 후에야 우리에 가두어 키우기 시작했고, 소는 기원전 6000년 무렵에 길들여져서 쟁기를 끌기 시작했다. 경작에 활용할 가축을 길들임으로써 인간은 비로소 채집생활에서 농경 위주의 정착 생활로 옮겨갈 수 있게 된 것이다.

농경생활로 식량을 안정적으로 확보하게 된 인류는 정착촌의 규모를 점점 키워서 도시와 국가를 이루기 시작했다. 그런 과정에서 식량과 도시를 약탈하고 정복하려는 전쟁이 되풀이됐다. 승전국을 중심으로 제국의 시대가 펼쳐졌으며, 끝없이 되풀이되는 질병, 기아와 싸우는 동안 인류 사회에 거대한 변화의 물결이 몰려온 것이다.

이런 거대한 흐름의 바탕에 농업혁명과 정주(定住) 생활이 자리 잡고 있다. 그 흐름은 오랜 세월에 걸쳐 더디지만 꾸준하게 인류를 변화시켜왔다. 그러다가 200여 년 전에 인류의 진화와 발전 속도를 획기적으로 바꿔놓은 새로운 혁명의 물결이 도래한다. 바로 산업혁명이다.

2. 제1 기계시대

/

18세기 후반에 시작된 산업혁명을 앨빈 토플러는 인류에게 불어닥친 '제2의 물결'로 분류했다. 인류가 먹고사는 방식을 바꾸고, 나아가 자본주의와 사회주의라는 새로운 패러다임을 창조한 거대한 혁명의 물결로 파악했다. 산업혁명의 문명사적 의미를 간결하고 분명하게 정의했다.

그러나 산업혁명을 보는 관점은 토플러 외에도 다양하게 제시되고 있다. 그 가운데 하나가 인간과 기술, 인간과 기계의 관계로 보는 관점이다. 미국의 경제학자이자 미래학자인 에릭 브린욜프슨(Erik Brynjolfsson, 1962~)과 앤드루 맥아피(Andrew McAfee, 1967~)의 공저 《제2의 기계시대》가 그러한 관점을 담은 대표적인 저작이다.

두 저자는 산업혁명을 기술혁신이 인류 발전의 주된 동력이 된 첫 번째 시대로 규정하고 '제1의 기계시대'로 정의했다. 산업혁명은 증기기관으로부터 출발했다고 해도 과언이 아니다. 증기기관은 인간과 가축의 근육의 한계를 넘어서서 유용한 에너지를 원하는 만큼 낼 수 있게 해주는 능력이 다른 어떤 수단보다도 탁월했다. 증기기관이 앞장서면서 큰 공장과 대량생산, 철도와 대중교통, 전기와 통신의 시대가 줄줄이 이어졌다. 인류의 오랜 진화 과정에서 보면 찰나에 불과한 시간 동안 역사상 유례가 없는 변화와 발전을 이룬 것이다. 인류학자 이안 모리스는 증기기관에서 비롯된 산업혁명은

"이전의 세계사에서 펼쳐졌던 모든 사건들이 시시해 보일 정도로 엄청난 기계력(mechanical power)을 만들어냈다"고 평가했다.

앨빈 토플러는 그가 제2의 물결로 분류한 산업혁명이 20세기 중반 이후 정보혁명이라는 제3의 물결로 대체되고 있다고 진단했다. 컴퓨팅과 인터넷이 유발한 정보혁명을 인간과 기계의 관점에서 보면 제2의 기계시대가 된다. 증기기관과 그 후속 기술들이 생물학적 근력을 획기적으로 강화시켰다면 컴퓨터 이후의 디지털 기술은 인간의 정신적 능력을 대폭 강화시키는 시대다. 인간은 제1 기계시대에서 육체적 한계를 넘어섰고, 이제 제2 기계시대에서 지적 한계도 넘어서려 하고 있는 것이다.

3. 제2 기계시대, 기계가 주인공이 된다

제1 기계시대의 상징이 증기기관이라면 제2 기계시대는 컴퓨터가 대표한다. 컴퓨터라는 기계는 인터넷이라는 소프트웨어와 연결되면서 새로운 시대의 문을 활짝 열었다. 정보혁명을 거쳐 전방위로 확산된 과학기술혁신의 물결은 이제 '4차 산업혁명'이라는 이름으로 인간의 삶과 역사를 바꾸고 있다.

4차 산업혁명이라는 용어는 클라우스 슈밥(Klaus Schwab, 1938~) 세계경제포럼(WEF) 회장이 2016년 1월 다보스 포럼에서 공식 선언

산업혁명의 역사

구분	시기	내용
제1차 산업혁명	1760~1840년	철도건설과 증기기관의 발명으로 기계에 의한 생산
제2차 산업혁명	19세기 말~20세기 초	전기와 생산조립라인의 출현으로 대량 생산 가능
제3차 산업혁명	1960년대 시작 반도체와 메인프레임 컴퓨팅, 인터넷이 주도	컴퓨터 혁명 또는 디지털 혁명
제4차 산업혁명	21세기 시작과 함께 출현	유비쿼터스 모바일 인터넷, 강력한 센서, 인공지능과 기계학습

하면서 전 세계적인 관심사로 자리 잡았다. 그는 가까운 미래, 인간이 마주할 세상의 모습을 구체적으로 설명한다. 특히 4차 산업혁명 진행 과정에서 2025년을 중요한 티핑 포인트로 설정하고 그 시점에서 나타날 여러 지표들을 제시한다.

2025년은 이제 얼마 남지 않았다. 지금 적지 않은 사람들은 클라우스 슈밥의 예측이 지나치게 보수적이라고 느낄 것이다. 그의 예측 가운데 조기 실현될 내용들이 많다고 보기 때문이다. 아무튼 인간의 지적 한계에 도전하는 제2 기계시대는 컴퓨터라는 기계를 토대로 구축된 정보 기술과 생명 기술을 결합한 인공지능의 시대로 압축할 수 있다.

인공지능(AI, Artificial Intelligence)이라는 용어는 미국의 컴퓨터 및 인지과학자 존 맥카시(John McCarthy, 1927~2011)가 일찍이 1956년부터 사용하기 시작했다. 그는 "인공지능이 제대로 작동하기 시작하

2025 티핑 포인트의 주요 지표

1. 인구의 10%가 인터넷에 연결된 의류를 입는다.
2. 인구의 90%가 (광고료로 운영되는) 무한 용량의 무료 저장소를 보유한다.
3. 1조 개의 센서가 인터넷에 연결된다.
4. 미국 최초의 로봇 의사가 등장한다.
5. 10%의 인구가 인터넷이 연결된 안경을 쓴다.
6. 인구의 80%가 인터넷상 디지털 정체성을 갖게 된다.
7. 3D 프린터로 제작한 자동차가 최초로 생산된다.
8. 인구조사를 위해 인구 센서스 대신 빅 데이터를 활용하는 최초의 정부가 등장한다.
9. 상업화된 최초의 (인체) 삽입형 모바일폰이 등장한다.
10. 소비자 제품 가운데 5%는 3D 프린터로 제작된다.
11. 인구의 90%가 스마트폰을 사용한다.
12. 인구의 90%가 언제 어디서나 인터넷 접속이 가능하다.
13. 미국 도로를 달리는 차들 가운데 10%가 자율주행자동차다.
14. 3D 프린터로 제작된 인간의 간이 최초로 이식된다.
15. 인공지능이 기업 감사의 30%를 수행한다.
16. 블록체인을 통해 세금을 징수하는 최초의 정부가 등장한다.
17. 가정용 기기에 50% 이상의 인터넷 트래픽이 몰리게 된다.
18. 전 세계적으로 자가용보다 카셰어링을 통한 여행이 더욱 많아진다.
19. 5만 명 이상이 거주하나 신호등이 하나도 없는 도시가 최초로 등장한다.
20. 전 세계 GDP의 10%가 블록체인 기술에 저장된다.
21. 기업의 이사회에 인공지능 기계가 최초로 등장한다.

*출처: 클라우드 슈밥, 2016 다보스 포럼

면 더는 그것을 '인공' 지능이라고 부르지 않게 될 것"이라고 말했다. 인공지능이 언젠가 인간의 지능을 뛰어넘는 순간이 올 것이라는 점을 일찌감치 예견한 것이다.

미래학자들은 AI를 발달 순서에 따라 3단계로 분류한다. 첫 번째는 '약(弱)인공지능'으로 불리는 ANI(Artificial Narrow Intelligence) 단계다. ANI는 쉽게 말해 한 가지만 잘하는 단계다. 바둑만 잘하거나, 계산만 잘하는 식으로 전문 분야가 제한된다. 인간 바둑 강자들을 모조리 꺾은 알파고가 좋은 예다. 전문 분야에서는 이제 인간을 능가하는 수준에 올랐다. 다만 전문 분야를 벗어나면 깜깜이가 된다. 알파고도 바둑은 무적이지만 개와 고양이를 구분하지 못한다. 애플이 개발한 인공지능 시리(Siri), 삼성전자의 가전제품용 AI 빅스비 등 현재까지 개발된 대부분의 인공지능이 ANI 단계에 해당한다. 구글의 자동 번역기나 최근 뜨거운 경쟁이 벌어지고 있는 자율주행차 역시 ANI 단계로 분류한다.

그러나 '약' 인공지능이라고 해서 ANI 단계의 인공지능이 성능이 떨어지거나 비효율적으로 작동한다는 의미는 아니다. 주어진 전문 분야에서는 이미 인간의 능력을 넘어섰다. 가까운 장래에 인간의 일자리를 빼앗을 가능성이 가장 큰 인공지능이라는 점을 주목해야 한다.

두 번째는 '강(强)인공지능'으로 불리는 AGI(Artificial General Intelligence) 단계다. 이 단계에서는 인공지능이 다방면에서 보통 사람 수준의 지능을 갖추고 여러 기능을 동시에 수행한다. 주어진 환경이나 업무를 인간처럼 이해하고 생각하며 다룰 수 있는 수준이다. 인공지능이 인간의 두뇌 활동과 버금가는 수준의 능력을 갖춘 단계를 가리킨다. 앞서 언급한 기계 학습은 최근 들어 인간 뇌와 유사한 인공 신경망에 기반을 둔 학습 기술인 딥 러닝(Deep learning)이

가능해지면서 비약적인 발전을 거듭하고 있다.

그러나 AGI 수준의 인공지능을 어떻게 정의하고 판단할 것이냐는 점에는 논란이 많다. 무엇보다도 인간의 두뇌 활동을 어디까지, 어떻게 정의히고 비교할 수 있느냐는 점에서 일치된 결론을 내리기가 어렵다. 《사피엔스》, 《호모데우스》의 저자 유발 하라리는 "우리는 흔히 인간의 지능과 의식을 혼동하는 경향이 있다"고 말한다. 지능이 문제를 해결하는 능력이라면 의식은 고통, 사랑, 기쁨, 분노처럼 어떤 것을 느끼는 능력이다. 지능만 놓고 본다면 인공지능이 이미 여러 부문에서 인간을 추월했다. 연산 능력은 인간을 까마득히 앞질렀고, 의사나 펀드매니저 같은 전문성이 강한 분야에서도 인간을 앞서기 시작했다. 구글의 인공지능 프로그램은 이제 개나 고양이를 구분하는 단계에 이르렀다.

그러나 아직 인간처럼 의식을 가진 인공지능은 없다. 인간은 비록 계산 능력이나 물건 운반능력 등은 인공지능을 당하지 못하지만 여전히 생각하고, 계획하고, 창조한다. 이런 차이 때문에 AI가 지능 면에서는 AGI 단계에 접근하고 있지만, 의식 면에서는 AGI가 불가능하다는 논란이 그치지 않고 있다.

세 번째는 '초(超)인공지능'으로 불리는 ASI(Artificial Super Intelligence) 단계다. 앞서 구분한 '지능'은 물론 '의식' 면에서까지 인간을 넘어서는 단계의 인공지능을 가리킨다. 머신러닝과 딥 러닝이 절정으로 치달으면서 인간이 만든 컴퓨터 지능이 마침내 인간의 지능과 의식을 뛰어넘는 단계에 이른 것을 가리킨다. 인공지능 전문가인 닉 보스트롬(Nick Bostrom, 1973~) 옥스퍼드대학 교수는 "AI가 과학적 창의성, 삶의 지혜와 사회생활 등 거의 모든 분야에서 가장 뛰어난 인간의 수준을 앞지르게 될 때"를 ASI 단계로 정의한다.

만약 인류가 AGI 단계의 인공지능을 실현시킬 수 있다면 ASI로 발전하는 시간은 아주 짧을 것으로 보인다. 앞서 설명한 지수함수적 발전이 이미 진행된 상태인 만큼 수직적인 발전이 불과 몇 개월 만에 인공지능을 ASI의 영역에 진입시킬 수 있을 것이기 때문이다.

AGI나 ASI 단계 인공지능에 대한 평가도 엇갈리고 있다. 천재 물리학자 스티븐 호킹(Stephen W. Hawking, 1942~2018)은 세상을 떠나기 전에 "인간이 AI라는 악마를 소환하고 있다"는 말을 남겼다. 인공지능이 인류를 멸종시킬지도 모른다는 경고다. 빌 게이츠도 지난 2015년에 "나는 초지능 기계에 대한 걱정이 앞선다"면서 "우리가 제대로 관리하지 못하면 위험한 상황을 맞을 것"이라고 경고했다.

반면 알파고의 창시자인 데미스 하사비스(Demis Hassabis, 1976~)는 "AI가 발전할수록 인간은 환경보호나 질병 치유, 우주개발은 물론 인간 자신을 이해하는 능력 면에서도 획기적인 발전을 얻게 될 것"이라고 말한다.

어느 쪽이든 인공지능의 발전은 제2 기계시대에 인간이 기계의 도움으로 정신적 능력을 혁명적인 수준으로 확장하고 있는 현상을 대표한다. AGI를 거쳐 ASI 수준의 인공지능을 창조하는 순간 인간은 더는 할 일이 없어진다. 결국 노동은 물론 발명이나 혁신으로부터 해방될 것이다.

그것은 역사의 무대에서 인간이 디는 주인공이 되지 못하는 시대를 의미한다. 농경시대 이전의 역사가 신의 역사였다면 농업혁명 이후 펼쳐진 제국의 시대는 전쟁과 정복, 상업, 탐험 등을 통해 배출된 영웅의 역사였다. 산업혁명 이후에 보편적인 인간들의 가치와 권리, 참여가 극적으로 확대되면서 비로소 보통 사람들이 역사의 주역이 됐다. 이제 제2 기계시대가 빠르게 진행되면서 역사의 주역은 기계의 몫으로 넘어가려 하고 있다.

이미 생활 주변의 권력은 빠르게 기계로 넘어가고 있다. 공항이나 항만의 출입국시스템에 지문과 홍채 인식 시스템이 등장한 지 오래다. 인간 여행객의 신원과 출입국 승인 여부를 확인하고 판단하는 일은 이들 기계의 몫이다. 인간은 기계의 결정을 집행하는 대리인으로 물러섰다. 인간의 운명이 달린 결정도 빠르게 기계의 몫으로 넘어가고 있다. 심사 과정에 불만이나 잡음이 많을수록 기계로 넘어가는 속도가 빠르다. 대학 입시에서는 기계가 여러 부문에서 당락을 가리는 채점을 맡고 있다. 신입 사원 선발은 어떤가. 필기시험은 물론 면접시험장에도 인간 시험관이 기계로 바뀌고 있다. 기계가 인간의 운명을 결정하는 시대, 바야흐로 기계가 권력인 시대가 펼쳐지고 있는 것이다.

4. 인간의 마지막 발명(Final Invention)

지난 2014년에 제작된 〈이미테이션 게임(The Imitation Game)〉은 2차 세계대전 당시 독일군의 암호를 해독할 수 있는 컴퓨터를 만들어 전쟁의 흐름을 바꾼 영국 천재들의 스토리를 다룬 영화다. 영화의 주인공은 앨런 튜링(Alan Turing, 1912~1954)이라는 인물로, 이미테이션 게임이라는 제목은 '튜링테스트'라고 불리는 인공지능 판별법을 뜻한다. 튜링이 〈계산 기계와 지성〉이라는 논문에서 제시한 개념으로, 기계(컴퓨터)가 인간과 대화를 나눠 인간과 다름없이 반응할 수 있다면 해당 컴퓨터는 인간처럼 사고할 수 있는 것으로 간주해야 한다는 내용이다. 그는 제2 기계시대의 총아인 컴퓨터가 언젠가 인간의 지능을 따라잡은 후 결국 추월하고 말 것이라는 점을 이미 70여 년 전에 내다본 인물이다.

당시 튜링의 암호 해독팀에 수학과 통계학 전문가로 참여한 어빙 존 굿(Irving John Good, 1916~2009)은 1965년에 초지능 기계의 가능성을 다룬 글을 썼다. 다음과 같은 요지다. "초지능 기계는 가장 똑똑한 사람들의 지적 능력을 훨씬 초월하는 기계로 정의한다. 기계를 만드는 능력이 인간의 능력이므로 초지능 기계는 인간보다 더 뛰어난 기계들을 만들 수 있다. 그러면 틀림없이 지능의 폭발 같은 것이 일어날 것이며, 인간의 지능은 더욱 뒤처지게 될 것이다. 따라서 만약에 이 초지능 기계가 자신을 통제하는 방법을 인간에게 말해줄 정도로 온순한 것이라면, 이 첫 번째 초지능 기계는 인간의 마지막 발명이 될 것이다."[10]

굿은 인간이 만든 첫 번째 초지능 기계가 바로 인간의 마지막 발명(Final Invention)이 될 것으로 예측했다. 50여 년 전의 이 예측은 이제 점점 현실이 될 가능성이 커지고 있다. 왜일까. 굿은 초지능 기계를 가장 똑똑한 사람들의 지적 능력을 훨씬 초월하는 기계이며, 인간보다 더 뛰어난 기계를 만들어낼 존재로 정의했다. 자동차, TV 같은 일상 기술은 물론 핵폭탄이나 전투로봇 등 무기도 인간을 능가하는 위력으로 만들어낼 것으로 내다봤다. 나아가 인간이 상상조차 할 수 없는 기술이나 무기 생산도 가능해진다는 것이다.

더욱 무서운 것은 굿이 예견한 지능의 폭발이다. 초지능 기계는 자기보다 우월한 초지능 기계를 만들 수 있고, 이 기계는 또 자기보다 개량된 기계를 만들어낸다. 이렇게 반복되면 머지않아 지능의 폭발이 발생한다. 바로 '지수함수적 발전'이다. 이런 발전이 거듭되면 앞서 언급한 특이점(Singularity)의 상황이 도래한다. 기계가 모든 면에서 인간을 까마득하게 앞지르는 상황이 닥치는 것이다.

이런 단계에서 인간은 더는 할 일이 없어진다. 더 이상의 발명이나 혁신이 의미가 없으며 필요하지도 않게 된다. 더구나 초지능 기계는 언제든 마음만 먹으면 인간을 멸종시킬 무기나 질병을 만들어낼 수 있다. 어빙 존 굿이 '초지능 기계가 자신을 통제하는 방법을 인간에게 말해줄 정도로 온순한 것이라면'이라는 단서를 붙인 이유가 여기에 있다. 그는 첫 번째 초지능 기계가 인간에게 우호적이냐, 적대적이냐에 인류의 존망이 달려 있다고 본 것이다. 인간에게 적대적인 초지능 기계가 등장한다면 천재 물리학자 스티븐 호킹의 경고처럼 인간이 악마를 소환하는 결과를 낳을 것이다.

5. 신이 되는 인간, 호모데우스의 시대

기계가 주인공이 되는 시대가 오고 있다지만, 아직은 인간이 기계를 만드는 세상이다. 20세기 후반기 이후 기아와 질병을 극복하고 세계대전 같은 대규모 전쟁의 위험에서도 벗어나는데 성공한 인간의 다음 목표는 무엇일까?

인간은 이룬 것에, 가진 것에 만족하는 법이 없다. 항상 더 좋은 것, 더 나은 것을 갈구한다. 《호모데우스》를 쓴 유발 하라리는 과거의 기록과 현재 가치들을 고려할 때 불멸, 행복, 신성(神性)이 인류의 다음 목표일 것이라고 진단한다. 굶주림, 질병, 전쟁으로 인한 사망률을 줄인 다음 할 일은 노화와 죽음 자체를 극복하는 것이다. 극도의 빈곤과 공포에서 벗어난 사람들은 보다 행복한 삶을 추구한다. 그리고 마침내 신의 영역, 호모데우스를 향해 나간다는 것이다.

현대의학과 과학의 급속한 발전은 생명의 종착역으로 간주돼온 죽음의 개념이나 접근 방식을 바꿔놓고 있다. 인류가 지구상에 출현한 이래 죽음은 피할 수 없는 진실, 가장 확실한 미래였다. 그러나 이제 죽음의 정의나 진실이 변화하고 있다. 심장이 멈추거나 암세포가 번지거나 폐에 세균이 증식하는 기술적 문제로 인식한다. 지금 병원에 가면 의사가 "폐렴이네요", "대장암이네요"라고 말할 뿐 "죽을병에 걸렸네요"라고 말하지 않는다. 그리고 인간은 모든 기술적 문제는 기술적으로 해결이 가능하다고 인식하기 시작했다. 실제로 유전학, 나노 기술, 줄기세포 등 생명 기술이 인공지능으로 발전한 정보 기술과 결합하면서 조만간 이런 기술적 문제들의 해법을 찾을 것으로 보인다.

이미 현대 과학의 주력 사업이 노화와 죽음을 격파하는 쪽으로 움직이고 있다. 앞서 여러 차례 인용한 레이 커즈와일은 구글에 영입된 뒤 2013년에 죽음 해결이 창립 목표인 자회사 칼리코(Calico)를 설립했다. 이 회사는 인간의 수명을 500살까지 연장하는 것을 목표로 자체 연구 개발은 물론 유관 분야의 과학자, 기업들에게 과감히 투자하고 있다.

죽음 극복의 관문인 노화에 도전하는 의학적 성과도 가시화하고 있다. 호주 출신 엘리자베스 블랙번 박사(Elizabeth Blackburn, 1948~)는 텔로미어(telomere) 연구로 2009년 노벨생리의학상을 받았다. 텔로미어는 염색체 끝부분의 유전자 조각을 말하는데, 세포분열 때마다 길이가 짧아진다. 계속 짧아지다가 노화점을 지나면 세포는 늙기 시작한다. 따라서 텔로미어의 길이가 줄지 않으면 세포는 늙지 않는다. 텔로미어가 짧아지는 것을 막는 효소가 텔로미라아제다. 블랙번 박사는 바로 이 텔로미어와 텔로미라아제의 역할을 규명한 공로로 노벨상을 받았다.

레이 커즈와일은 "2050년에는 몸이 건강하고 돈이 충분한 사람은 모두 불멸을 시도할 것"이라고 주장한다. 이를테면 한 번에 10년씩 죽음을 따돌리는 방식이다. 이들은 대략 10년에 한 번 꼴로 노화하는 조직을 재생하고, 손이나 눈, 뇌의 성능을 업데이트하는 방식으로 죽지 않는 삶을 이어간다는 것이다.

신의 영역이던 죽음을 기술적 문제로 변모시킨 인간은 이제 신의 경지로 나아간다. 신처럼 창조하고 파괴하는 능력을 획득해 호모사피엔스에서 호모데우스로 업그레이드하려고 한다. 이 단계에서 종교는 사양화가 불가피할 것이다. 죽음을 기술의 영역으로 끌어내린 인간에게 종교가 관심을 끌 이유는 줄어들 것이기 때문이다. 인간 스스로가 노화와 죽음을 회피할 능력을 갖게 된다면, 더 이상 무엇을 추구할까. 그것은 바로 신성(divinity)을 획득하는 일일 것이다.

신화 속에서 신은 여러 모습으로 그려진다. 생명체를 설계하고 창조하는 능력과 변신 능력, 환경과 날씨를 통제하는 능력, 마음을 읽고 원거리에서도 소통하는 능력, 초고속으로 움직이는 능력 등을 보여주었다. 지금 과학기술의 발전은 많은 부분에서 이런 신들의 능력을 넘보고 있다. 모바일 시대의 보통 사람들이 옛날 그리스 신화나 아프리카 부족들의 신들보다 훨씬 빨리, 멀리 움직이고 이사

소통한다. 이미 신성의 문턱을 넘어서고 있는 것이다.

6. 인간은 무엇을 하고 살까

SF(공상과학) 영화의 고전으로 불리는 〈스페이스 오디세이(A Space Odyssey)〉 시리즈의 원작자인 영국 소설가 아서 클라크(Arthur C. Clarke, 1917~2018)는 "인간의 미래 목표는 완전한 실업"이라고 말했다. 그리고 한마디를 덧붙였다. "마음껏 놀 수 있기 위해서."

클라크가 말한 '완전한 실업'은 인간이 꿈꾸는 희망적인 미래를 담고 있다. 신이 되는 인간보다는 훨씬 현실적이다. 더는 밥벌이와 돈벌이에 나서지 않아도 되고, 마음껏 놀 수 있는 세상은 인류가 오랫동안 그려온 유토피아의 밑그림이다. 인간이 살아가는 데 필요한 일을 기계가 모두 해결해준다면 더는 노동이나 발명·혁신 등을 위해 고민할 필요가 없어지기 때문이다. 인간은 다만 기계가 대신할 수 없는 쾌락이나 감동, 창의성 높은 유희에 몰두하면 된다. 따라서 앞서 언급한 인간의 마지막 발명은 인류에게 좋은 의미에서 완전한 실업을 선물할 가능성을 던져주고 있다.

물론 반대일 가능성도 있다. 인간의 처음이자 마지막 발명이 인간에게 적대적인 존재로 기울 경우를 말한다. 단지 일자리 문제를 떠나 인류의 존립 자체가 어려워질 것이기 때문이다.

어느 경우든 완전한 실업은 먼 미래의 문제이다. 그러나 급속한 기술혁신, 과학기술 발전이 인간의 일자리에 도움보다는 위협이 되고 있다는 우려는 점점 커지고 있다. 우리는 산업혁명 초기에 영국에서 분노한 직물 노동자들이 집단으로 공장과 기계 파괴에 나섰던 이른바 러다이트운동(Luddite Movement)을 기억한다. 하지만 이 운동은 산업혁명으로 도입된 기계와 대량생산 체제가 공급 증가→가격 하락→소비 증가→고용 및 소득 증가의 자본주의적 선순환을 실현시키면서 역사의 변증법적 발전 과정에서 발생하는 일시적인 반동에 그치고 말았다.

유발 하라리는 2018년에 펴낸 《21세기를 위한 21가지 제언》에서, 미래에 발생할 수 있는 일자리 문제를 새로운 관점에서 제시한다. 그는 인간에게는 육체적 능력과 인지적 능력 등 두 가지 유형의 능력이 있는데, 과거에는 인간과 기계가 주로 육체적 능력 면에서 경쟁했을 뿐 인지력에서는 인간이 월등하게 앞섰던 것으로 분석한다. 실제로 산업혁명 이후 농업과 산업 분야 수작업은 모두 자동화된 대신 인간만의 인지적 기술이 필요한 일자리들이 속속 생겨났다. 학습과 분석, 의사소통, 무엇보다도 인간 감정을 이해하는 능력이 필요한 서비스 분야에서 고품격 일자리들이 쏟아졌다.

그런데 이제는 기계 학습과 딥 러닝으로 무장한 AI가 이런 분야에서도 인간을 따라잡고, 일부 분야에서는 추월하기 시작했다. 우리 자식이나 손자 세대에는 일이 없어질지도 모른다는 우려가 나오지 않을 수 없는 시대가 된 것이다.

7. AI 시대, 인간은 풍요로울까

인간은 기계를 만들고 기술을 혁신하면서 나날이 풍요를 더해가는 세상을 만들 수 있었다. 산업혁명 이래로 노동 계층은 기계화, 자동화가 빼앗아가는 일자리에 분노하고 저항했다. 그러나 기계와 기술이 가져다준 생산성과 경제성장이 세상을 풍요롭게 만들고 새로운 일자리를 만드는 선순환이 지속됐다. 이런 선순환의 바닥을 이루는 견고한 원칙은 바로 인간이 주인이고 목적이 되는 것이었다.

최근의 폭발적인 과학기술 발전이 이런 선순환 기조를 이어가기 위해서는 동일한 원칙이 지속돼야 한다. 기계의 지능이 인간을 추월하는 상황이 오더라도 마찬가지다. 최소한 AI로 대표되는 미래의 기계가 인간과 상호 협력하거나 보완하는 관계가 유지돼야 한다. 인간의 마지막 발명으로 꼽히는 초지능 기계의 시대에도 이런 원칙이 지켜지지 않는다면 인류의 미래는 비극으로 바뀔 수밖에 없다.

그렇다고 굳이 비관부터 앞세울 필요는 없다. 인간과 AI가 새로운 방식으로 일자리를 만들어낼 가능성도 얼마든지 있다. 미래를 낙관하는 전문가들의 한결같은 시각이기도 하다. 최근에 인공지능 기술이 접목되면서 급속도로 확산하고 있는 드론이 좋은 예다. 드론이 인간 비행사를 대체하면서 적지 않은 일자리가 사라졌지만 정비와 원격 조종, 데이터 분석, 사이버 보안 분야에서는 새로운 일자리가 많이 생겨났다.

한반도나 아프가니스탄, 중동 등 분쟁 지역에서 드론 기술의 무인기를 전천후로 활용하고 있는 미군을 보자. 무인기 프레데터 한 대를 아프가니스탄 상공에 날려 보내려면 30명이 필요하고, 그 프레데터가 수집한 정보 데이터를 분석하는 데 최소한 80명이 더 필요하다. 지난 2015년 미 공군은 이 직무를 수행할 숙련병이 부족해서 무인 항공기 운용을 줄여야 하는 역설적인 위기에 직면하기도 했다.[11]

유발 하라리는 2050년까지 고용 시장은 인간과 AI가 경쟁하기보다는 상호 협력하는 형태가 될 가능성이 높다고 본다. 경찰부터 은행 업무에 이르기까지 인간과 AI가 한 팀을 이루면 인간과 컴퓨터 모두를 능가할 수 있다. 당연히 생산성이나 한계비용, 성장률과 개인소득 같은 잣대로 평가되는 인류의 풍요도 폭발적으로 향상될 수 있다. 1997년 IBM의 체스 프로그램 딥 블루가 당시 인간 세계 챔피언 가리 카스파로프를 꺾었다고 해서 인간이 체스를 그만두는 일은 일어나지 않았다. 2016년 알파고에 무참히 격파당한 바둑도 마찬가지다. 오히려 AI 트레이너 덕분에 인간 체스 챔피언의 실력은 유례없이 좋아졌다. 잠시나마 '켄타우로스'로 알려진 인간-AI 연합팀이 인간과 컴퓨터 모두를 능가하기도 했다. 마찬가지로 AI

가 사상 최고의 형사, 군인, 카 레이서를 만들어낼 가능성은 얼마든지 있다.

이처럼 초지능 기계가 출현하더라도 인간과 우호적인 관계가 유지된다면 인간은 놀고먹을 수 있다. 역사상 유례없는 풍요를 누리며.

8. 무시와 소외를 피할 수 있을까

AI로 대표되는 초지능 기계가 인간에게 적대적인 존재가 되는 시대의 비극적인 미래상은 이미 여러 차례 설명했다. 힘도 지능도, 의식까지도 적대적인 기계에 밀린 인류의 미래는 암담하다. 스스로 학습을 통해 인간 두뇌의 작동 메커니즘을 꿰뚫고 있는 기계 지능 앞에 인간은 벌거벗은 존재가 된다. 인간은 더는 이런 기계 지능의 주인이 아니다. 이미 인간이나 지구라는 한계를 넘어선 초지능 기계에게 인간은 존망을 맡겨야 할 상황이다.

이런 기계 지능들은 최초에 인간이 입력시킨 데이터를 통해 학습을 시작하지만 이내 스스로 묻고 배우고 만들어낸다. 그런 과정에서 인간에게 적대적인 존재로 변모할 가능성은 얼마든지 있다. 가령 인간이 만든 법과 제도는 AI에게도 필수 학습 대상일 것이다. 인간과 사회를 이해하는 출발점이기 때문이다. 유사 이래 인간이 만든 법과 제도의 데이터들을 학습하는 과정에서 AI는 어떻게 진화할까? 데이터만 달달 외울까? 아니다. 진화하면 할수록 입력된 데이터의 의미와 파장, 순기능과 역기능, 작용과 부작용 등 모든 측면을 샅샅이 이해하게 될 것이다.

그런 과정에서 인간의 장점, 즉 법과 제도에 담긴 합리성·정의·형평·효율성 등의 가치를 파악할 수 있다. 그와 동시에 학습 대상인 법과 제도의 실행 과정과 결과가 제정 당시의 의도와 달라지는 사례가 너무 많다는 약점 역시 간파할 것이다. 인간이 만들어낸 최고의 제도라는 민주주의 체제 내에서도 권력과 부를 장악한 특권 계급이 존재하며, 결국 법과 제도보다는 이들의 이해관계에 따라 움직이는 인간 세상의 부조리도 알아차릴 가능성이 크다. 초지능 기계가 인간세계의 이면을 파악하는 순간부터 어빙 존 굿이 말한 "자신을 통제하는 방법을 말해줄 정도로 온순한" 기계의 가능성은 희박해진다고 봐야 한다. 이런 초지능 기계 앞에서 인간이 무시당하며 목숨을 구걸하는 존재로 전락할 경우의 수는 결코 적지 않을 것이다.

산업혁명 이후의 제1 기계시대에 바느질을 하던 여공은 방직기계가 들어선 공장으로 쉽게 옮겨갈 수 있었다. 옷가게나 백화점 점원 같은 새 자리들도 많이 생겨났다. 그러나 지금은 편의점이나 식당 종업원이 빠른 시간 안에 드론 기술자로 전업을 기대하기 어렵다. 기술혁신의 속도와 범위가 인간이 따라잡기 어려운 수준으로 발전하고 있기 때문이다. 편의점 직원이 드론 기술자로 전직에 성공하더라도 그 일자리가 3년 또는 5년에 그친다면? 평균적인 인간이 이처럼 점점 짧아지는 일자리 주기에 적응하기는 결코 쉽지 않다. 오히려 새로운 기술, 일자리의 흐름에서 나오할 가능성이 크다.

유발 하라리는 이렇게 표현한다. "많은 사람들이 19세기의 마차 몰이꾼이 아닌 말의 운명을 맞을 수 있다. 마차 몰이꾼은 택시 기사로 전환할 수 있었지만 말은 점점 고용시장에서 밀려나기 시작해서 결국은 완전히 퇴출됐다."

누구든 이 눈부신 기계혁명의 시대에 적응하지 못하면 자동차가 퇴출시킨 말의 운명을 맞게 된다는 것이다.

9. 기계시대의 인간, 안전벨트가 필요하다

기계 지능이 인간을 추월하고 새로운 세상을 만들어가고 있는 시대에 우리는 무엇을 해야 할 것인가. 국가와 개인의 역할, 마음가짐은 어떻게 달라져야 할 것인가. 앞서 우리는 인공지능 기계가 인간의 일자리를 대체하면서 나타나게 될 긍정적, 부정적 측면을 살펴봤다. 이제 한 가지 다른 관점을 살펴보자. 일과 여가에 대한 지금의 인식이 미래 사회에서도 반드시 지속될 수 있느냐는 문제다.

산업혁명 이후 지속된 제1 기계시대에 우리는 기계가 인간을 도와 경제를 성장시키고 삶의 질을 개선해주는 선순환을 만들어냈다. 소득이 늘고, 일자리도 늘어나는 동안 일자리가 인간의 존엄성을 지켜주고 행복에도 직결된다는 인식이 자리 잡았다. 여가나 놀이는 고된 일에 대한 보상으로 여기게 됐다.

제 2기계시대에도 이런 인식은 유지될 수 있을까? 인간처럼 생각하고 움직이는 기계들이 인간의 일을 대신한다고 반드시 "인간의 일자리를 빼앗아간다"라고만 생각할 필요는 없다. 그런 세상에서 꼭 지금처럼 출퇴근하고 업무성과 따져서 봉급 받고 승진하는 고용패턴이 유지돼야 인간의 존엄성이나 행복감이 충족되는 것은 아니기 때문이다. 인간은 남는 시간을 여가로 활용하거나 기계가 대신하지 못하는 창의적인 활동이나 운동에 돌릴 수 있다. 일과 여가, 놀이의 구분이나 형태, 개념이 달라지는 것이다.

인간은 일을 해야 행복한 존재라는 인식도 바뀔 수 있다. 일을 하지 않고 노는 것이 더 큰 행복이라는 생각이 미래의 삶에서 실현될 가능성이 아주 높기 때문이다. 유튜브 같은 소셜 미디어를 통해 먹방이나 취미 활동을 동영상으로 올려 큰돈을 벌고 있는 유튜버들의 사례는 장차 일과 놀이의 경계가 모호해지는 시대를 예고하고 있다. 어쨌든 지금 같은 형태의 노동은 없어지는 세상에서 살아갈 각오를 해야 한다는 얘기다.

다만 이런 삶의 방식과 인식 변화를 큰 충격 없이 연착륙시키기 위해서는 몇 가지 기본적인 보장이 필요하다. 특히 일과 놀이의 개념이 달라지는 세상을 살아갈 사람들을 위해 일종의 '안전벨트' 같은 제도적 장치가 필요하다.

전문가들이 국가의 역할로 제시하는 안전벨트 같은 정책 수단은 다양하다. 경제학자들은 물론 정치인, 철학자 등 오피니언 리더들은 특히 빈곤과 실직으로 인한 인간과 사회의 붕괴를 막는 안전장치를 강조한다.

구체적인 시행 방안도 제시된다. 유발 하라리는《21세기를 위한 21가지 제언》에서 보편 기본소득제(UBI, Universal Basic Income)를 강조한다. 정부가 빅 데이터 알고리즘과 로봇을 장악한 억만장자들과 거대 기업들에게 세금을 거둬 모든 개인에게 기본 급여로 제공하자는 것이다. 이 제도는 빈곤층에는 미래의 실직과 경제적 혼란에 대비한 사회안전망이 될 것이며, 부유층은 포퓰리즘에 의한 대중의 분노로부터 보호받을 근거를 제공할 수 있다고 보기 때문이다.

비슷한 개념으로 '역소득세(negative income tax)' 제도도 거론된다. 노벨상을 수상한 보수 경제학자 밀턴 프리드먼(Milton Friedman, 1912~2006)이 제안한 제도로, 소득이 손익분기점을 밑도는 빈곤층에게 세금을 걷는 대신 정부가 거꾸로 보조금을 주는 방식이다. 무조건 주는 것은 아니고, 일을 해서 번 소득을 기준으로 보조금 지급액을 결정하는 방식의 노동 유인책과 결합시킨다. 일종의 근로 장려 세제인데, 보조금 지급 기준이나 액수가 제한된 현행 세제를 전면 확대 개편하는 방식으로 역소득세 제도의 도입을 검토해볼 필요가 있다.

특히 제도의 적용 기준은 다시 정의하고 확대해야 할 것이다. 가령 소득이 발생하는 일의 기준이나 개념을 다시 정의해보자는 것이다. 지금 대부분의 국가들은 소득의 개념을 근로소득이나 자본소득 등 생산적 활동에 투입된 대가 위주로 파악하고 있다. 주부들의 육아나 가사 노동 같은 것은 소득이 발생하는 일로 간주하지 않는 국가가 대부분이다.

이런 일들은 앞으로 다가올 기계시대의 미래에 더욱 가치가 커질 것이다. 인간의 생존과 번식을 유지하는 일의 중요성은 갈수록 커지고 있기 때문이다. 육아나 가사노동의 가치를 적극적으로 해석해서 보조금이나 서비스를 제공하는 방법도 적극적인 검토가 필요하다.

보편 기본소득 제도나 역소득세 제도는 일자리에 앞서 인간을 보호하는 데 초점을 맞추는 것이다. 이 현란한 기계 지능의 시대에 적응해야 하는 주체는 인간이며, 이런 안전벨트가 갖춰져야 조만간 닥칠 수 있는 대량실업의 공포에서 벗어날 수 있기 때문이다. 그래야 제2 기계시대에 인간이 안착할 수 있을 것이다.

10. 재수 없으면 200살까지 산다는데

"이제 재수 없으면 200살까지 산다."

지난 2018년 10월 26일 김창경 한양대 교수가 세계미래포럼이 진행하는 '미래경영콘서트'에서 강연한 주제다. 김창경 교수는 4차 산업혁명 시대에 정보 기술과 생명 기술의 융합으로 인간의 수명은 과거의 생물학적 한계를 훌쩍 뛰어넘을 정도로 늘어난다고 강조한다. 특히 '컷 앤 페이스트(Cut & Paste)'로 불리는 'DNA 잘라 붙이기'식 유전자가위 기술(CRISPR)이 빠른 속도로 발전하고 있다는 점에 주목한다. 그는 "이제 DNA 편집기술이 컴퓨터 문서 편집할 때 가장 많이 쓰이는 잘라 붙이기 정도로 간편해진 만큼 과학자들은 신의 모든 창조물을 다시 만들 수 있다는 자신감을 갖기 시작했다"고 말한다.

　　암이나 치매 같은 인간의 난치병을 유전자 교정을 통해 정복하려는 시도도 머지않아 가시화될 전망이다. 지난 2013년에 유방절제 수술을 받은 유명 여배우 안젤리나 졸리가 좋은 예다. 가족력으로 인한 유전자로 유방암에 걸릴 확률이 87퍼센트라는 진단을 받은 졸리는 유방을 절제함으로써 확률을 5퍼센트로 줄였다. 이제 유방암이나 난소암 발병 확률은 간단한 유전자 진단을 거쳐 스마트폰으로 통보되는 세상이다. 진단이 가능하면 다음 단계는 처치다. 과학은 이미 유방암, 난소암 등을 일으키는 유전자를 찾아서 잘라내는 단계에 들어서고 있다. 이제 노화로 암이나 치매 발생 확률이 높아지면 유전자 시술을 통해 발병 자체를 차단하는 시대가 멀지 않았다.

　　2018년 11월에는 중국 남방과기대학교 연구진이 유전자조작을 통해 에이즈 면역 기능을 갖춘 아기를 출산하는 데 성공했다고 발표해 세계를 놀라게 한 바 있다. 이는 이제 유전자조작 기술을 신생아에 적용하는 단계에 접어들었다는 신호여서 '판도라의 상자'를 열었다는 논란을 일으키기도 했다. 실제로 기술적으로는 인간의 유전자조작이 가능한 단계에 이른 것으로 판단된다. 김창경 교수는 유전공학이 유전자가위 기술을 이용해 천재 아동, 즉 슈퍼 인텔리전트 베이비(Super Intelligent Baby)를 향후 10년 내에 만들어낼 것으로 전망한다.

인간의 수명을 획기적으로 연장시키는 기술의 확보도 머지않은 것으로 보인다. 앞서 언급한 구글 산하의 생명과학 자회사 칼리코(Calico)는 인간 수명을 500살까지 연장하는 것을 목표로 연구개발에 매진하고 있다. 이 회사는 아프리카에 사는 벌거숭이 두더지쥐(naked mole rat)를 연구용으로 3천 마리 사육하고 있다. 길이 8센티미터 정도에 몸에 털이 거의 없는 땅속 동물인 두더지쥐는 최대 수명이 30년으로, 몸집이 비슷한 다른 쥐의 5~10배에 이른다. 사람으로 치면 800살쯤 사는 셈이다. 더욱이 이 쥐는 죽을 때까지 노화 현상이 나타나지 않는다. 칼리코는 이 두더지쥐의 유전자를 분석해서 인간의 수명 연장에 적용할 열쇠를 찾고 있는 것이다.

이처럼 과학기술의 발전은 인간의 탄생과 수명에도 본격적인 영향을 미치기 시작했다. 출생 단계부터 질병 인자들이 제거된 아기를 만들고, 이제 노화를 거정하는 인간들은 유전자 시술, 줄기세포 이식 등을 통해 수명을 원하는 대로 연장시키는 세상이 다가오고 있는 것이다. 이런 과학기술의 급속한 발전이 "재수 없으면 200살"을 거론하는 시대로 이끌고 있는 것이다.

김 교수는 200살은 물론 인간이 500살을 사는 시대도 가능하다고 본다. 그는 다만 인간이 "지겨워서 죽을 것"이라고 말한다. 너무 오래 살다 보니 지겨워져서 죽음을 택한다는 것이다. 그런 경우에도 본인의 세포 일부는 남겨서 원하는 시기에 인간 복제 형태로 다시 삶을 얻는 세상이 가능해질 것이라고 말한다.

결국 선택은 각자의 몫이고 책임이다. 당장 회춘을 택하고 싶은 사람도 적지 않을 것이다. 반면 품위 있는 노년을 택하는 사람도 있을 것이다. 박경리(1926~2008)와 박완서(1931~2011)는 20세기 대한민국이 배출한 대표적인 작가들이다. 두 작가는 각각 다른 자리에서 "젊은 날로 돌아가고 싶지 않다"고 얘기했다. 박경리 작가는 말년에 기고한 글에서 "나이든 지금이 좋다. 인생 이만큼 살아봤는데, 또 가고 싶지는 않다. 지금은 아무렇게나 입고 돌아다녀도 누구 하나 눈길 주지 않는다. 지금의 자유스러움이 좋다"라고 썼다.

이들은 단지 나이가 들었다는 이유만으로 노년의 삶을 싫어하지 않았다. 생의 마지막 순간까지 삶을 소중히 여기며 독자들에게 길이 사랑받는 작품을 남기고 떠났다. 이들의 말을 빌리지 않더라도 앞으로 다가올 시대에 과거 방식으로 살아간다면 장수가 고통일 수 있다. 인간의 궁극적인 목적은 자아의 실현이다. 뒤에 자세히 살펴보겠지만, 미국 심리학자 에이브러햄 매슬로우(Abraham H. Maslow, 1908~1970)의 '인간 욕구 5단계 법칙'은 자아실현을 인간의 최상위 개념이며 장점으로 꼽고 있다. 늘어나는 삶을 개인과 사회에 기여할 수 있는 자아실현의 길을 찾아가는 것이 중요하다. '재수 없이', 또는 '지겨워서' 200살, 300살을 살 수는 없는 노릇 아닌가.

일곱 번째 질문

갈수록 확대되고 있는 불평등의 해법은 무엇일까?

1. 경쟁은 아름다운가

인간의 삶은 경쟁의 연속이다. 출생부터가 경쟁의 산물이다. 1~2억 마리 정자가 경쟁을 벌인 끝에 단 하나의 정자만이 난자와 결합에 성공한 결과가 임신이다. 출생 이후 사망에 이르기까지 한 인간의 생애에서 경쟁은 어떤 형태로든 계속된다. 인류가 지구상에 출현해서 지금까지 살아남은 과정 역시 끊임없는 경쟁의 연속이었다.

그러나 만일 경쟁이 없었다면 세상은 어떻게 됐을까? 이렇게 생각해보면 경쟁이 반드시 부정적인 것만은 아니라는 점을 이해할 수 있다. 가령 지금 우리가 누리고 있는 문명은 어느 날 하늘에서 갑자기 떨어진 것이 아니다. 한 그릇의 밥이나 한 벌의 양복, 휴대폰과 자동차, 영화와 음악 등 모든 문물이 수많은 농부와 기술자, 학자, 선각자, 발명가, 기업가, 예술가 등 진화 과정에 참여한 인간들의 경쟁을 거쳐 얻어진 성과다.

눈앞에 다가선 미래도 마찬가지다. 4차 산업혁명으로 불리는 과학기술 혁신은 가구 정부와 기업, 학자 및 기술자들이 치열한 경쟁을 통해 지수함수적 발전 단계로 가는 변곡점을 지나고 있다. 경쟁이 없다면 과학자들은 새로운 법칙이나 물질을 발견하기 위해 노력하지 않을 것이고, 기술자들은 새롭거나 성능이 뛰어난 것들을 만들어내지도 않을 것이다. 새로운 상품이니 서비스를 개발해서 기업을 성장시키려는 기업가 정신도 존재하지 않았을 것이다.

경쟁을 작동 원리로 삼는 시장경제는 굳이 장황한 설명이 필요하지 않다. 근대 경제학의 아버지로 불리는 애덤 스미스(Adam Smith, 1723~1790)의 대표작 《국부론》(1776년)에 담긴 '보이지 않는 손(invisible hand)'을 보자. 시장에서 소비자를 만족시키기 위해 생산자들이 치열하게 경쟁을 벌인 결과 적정 가격과 이윤이 형성되고 자원이 가장 효율적으로 배분된다는 원리를 설명한다. 이런 경쟁은 정부나 군대 같은 권력 기구가 조정하거나 지시해서 이뤄지는 것이 아니라 시장에서 자율적으로 이뤄진다.

시장 경쟁은 권력 획득을 위해 사생결단 같은 투쟁을 벌이곤 하는 정치에 비해 훨씬 생산적, 효율적이라는 장점이 있다. 시장에서의 경쟁은 제로섬이 아니다. 물론 시장에서도 경쟁의 승자와 패자가 갈린다. 그러나 시장은 패자에게도 새로운 길을 열어준다. 각종 세제나 복지제도 등을 통해 경쟁의 성과를 재분배하는 방식도 강구하고 있다. 시장 경쟁의 결과로 생산성이 향상되고 나아가 경제성장이 이뤄지면 새로운 시장과 기회가 열리기 때문이다. 경쟁의 최대 수혜자는 소비자들이다. 시장경제의 이 같은 특성 때문에 '경쟁

당신의 미래에 던지는 빅퀘스천 10

은 아름답다'라는 수사가 가능한 것이다.

2. 경쟁은 이기적인가
/

경쟁은 모든 인간과 세상에 불가피한 것이며, 성과가 좋을수록 아름다운 것이다. 여기까지는 대부분 공감하고 이해한다. 다만 경쟁의 본질과 속성, 궁극적 지향점을 놓고는 논란이 그치지 않는다. 인류 역사와 함께 경쟁이 시작됐다면 이런 논란 역시 그 오랜 세월을 함께했다. 인류사를 돌아보면 경쟁 자체보다는 경쟁의 원인과 결과, 가치에 대한 이해와 관점의 대립이 더 큰 파장을 불러일으킨 적이 많았다. 크고 작은 전쟁은 물론 근대 이후에 공산주의와 자유주의 시장경제, 자본주의와 사회주의 등 세계를 갈라놓은 이념 대립도 경쟁의 속성, 과정, 결과 등을 둘러싼 견해차에서 비롯됐다.

경제학 용어로 풀어보면, 경쟁은 둘 이상의 개체들이 동시에 같은 자원을 얻으려고 겨루는 상황을 가리킨다. 경쟁의 대상인 자원을 생산에 투입되는 요소들에 한정하지 않고 영토나 예술적 성취, 사회적 지위, 권력과 명예 같은 것들로 확대하면 경쟁의 속성을 다른 분야에서도 쉽게 이해할 수 있다.

삶의 근본 조건은 자원이 제한돼 있다는 사실이다. 자원이 무한하다면 경쟁이 필요 없다. 자원이 경쟁의 목표가 되는 것은 한정된

자원을 얻어야만 개체의 생존과 번식이 가능하기 때문이다. 리처드 도킨스는 《이기적 유전자》에서 이렇게 말했다. "인간은 결국 태어날 때 가지고 온 유전자가 시키는 대로 하는 꼭두각시 같은 존재다. 모든 인간은 유전자에 의해 창조된 생존 기계이며, 이 생존 기계는 자기 유전자의 생존과 번식에만 신경을 쓰는 아주 이기적인 존재다."

이처럼 인간의 이기적 속성이 경쟁의 출발점이라는 인식이 곧 근대 경제학의 바탕이 됐다. 앞서 언급한 애덤 스미스의 '보이지 않는 손'은 인간의 이기심을 전제로 풀어낸 개념이다. 어느 제품의 수요가 늘어나면 어떻게든 공급을 늘려 시장에서 수급의 균형을 이뤄가는 생산자들의 활동은 이윤을 더 남기려는 이기심의 발로이며, 그런 이기심이 쌓여 시장이 돌아가고 궁극적으로 경제 성장과 국가 발전을 이끌어낸다는 것이다. 그는 250여 년 전에 이런 유명한 글을 남겼다. "우리가 저녁 식사를 기대할 수 있는 것은 정육점 주인이나 양조장 주인, 또는 빵집 주인의 자비가 아니다. 그들이 자신의 이익, 즉 돈벌이에 관심이 있었기 때문이다."

이 같은 인간의 이기적 속성을 부인하고 생산수단과 성과의 사유화를 금지했던 공산주의는 이념과 체제 경쟁에서 실패했다. 사라진 소비에트연방공화국(구 소련)은 공산주의의 패배를 상징한다. 반면 사유재산권의 보장을 출발점으로 삼은 자본주의와 시장경제는 승자의 길을 걸었다. 공산당 정치체제를 유지하고 있으나 개혁

개방 이후 사실상 시장경제의 길로 전환한 중국의 현대사 역시 인간의 이기심을 토대로 하는 자본주의와 시장경제의 승리를 반증하고 있다.

3. 인간은 이기적이지 않다 ─ 최후통첩 게임

근대 경제학과 자본주의 발전이 인간의 이기적 속성을 전제로 한 것이긴 하지만 인간의 본성이 반드시 이기적인 것만은 아니라는 실험 결과도 있다.

이런 실험을 한번 해보자. 학생 한 명에게 10만 원을 주되 조건을 내건다. "이 돈을 다른 한 사람과 나눠 가져라. 얼마를 줄지는 순전히 당신이 결정하라. 단 상대가 당신이 내건 조건을 받아들이면 별 문제가 없지만, 상대가 거부하면 10만 원을 돌려줘야 한다."

만약 당신이 실험 대상이라면 다른 사람에게 얼마를 나눠줄까? 만 원, 3만 원, 아니면 5만 원? 논리적으로 생각해보면 돈을 나눠받는 사람은 천 원이든 만 원이든 거절할 이유가 없다. 따라서 그에게 최소한의 액수만 주고 나머지는 모두 갖는 게 합리적인 행동일 것이다.

이런 실험을 '최후통첩 게임(Ultimatum game)'이라고 한다. 이 게임은 1982년 독일의 경제학자 베르너 귀스(Werner Guth, 1944~)가고안했다. 실험 결과는 어떻게 됐을까? 돈을 줘야 할 사람은 전체 금액 가운데 평균 37퍼센트를 나눠줬다. 반면 돈을 받는 사람은 평균 30퍼센트 미만을 제시할 경우 받기를 거절하는 것으로 나타났나. 10만원 가운네 평균 4만원 가까운 돈을 나눠주려 했다는 실험 결과는 그보다 훨씬 작은 금액을 합리적으로 보았던 당초 예상을 뒤집는 것이었다.

이들의 실험 이후 많은 심리학자와 경제학자들이 금액과 대상을 달리하며 실험을 거듭했는데, 대체로 돈을 나눠주는 쪽은 40~50퍼센트를 제안한 반면, 받는 쪽은 평균 20퍼센트 미만일 경우 거부하는 것으로 나타났다.[12]

'최후통첩 게임'은 상대방의 눈치를 봐야 한다는 제약이 있다. 상대가 거절하면 나 역시 한 푼도 못 받게 되기 때문이다. 만약 이런 요소를 제거하면 어떻게 될까. 1986년 심리학자 대니얼 카너먼(Daniel Kahneman, 1934~)은 '독재자 게임(Dictator game)'이라는 새로운 방식의 실험을 했다. 독재자 게임에서는 돈을 받은 실험 대상이 다른 사람에게 얼마를 나눠주든 돈을 받는 사람은 거절할 수 없다. 실험 결과 총 액수의 28.3퍼센트 정도를 상대에게 나눠주었다. 다시 말해 상대의 기분을 전혀 고려하지 않아도 되는 상황에서조차 인간은 최대한 공정해지려고, 그리고 이득을 나누려고 애를 쓴다는 것이다.

이런 실험 결과는 인간이 단순히 혼자만의 이득을 극대화하는 것이 아니라 공정성과 상호 이득을 염두에 두고 행동을 결정한다는 것을 뜻한다. 내가 남에게 부당하게 당하면 기분이 나빠진다는 것을 익히 알고 있기에 남에게도 가능한 한 부당하지 않게 대하려 한다는 것이다. 대가를 바라지 않고 자발적으로 봉사활동에 나서거나 기부를 하는 것 등은 남을 배려하는 인간의 본성을 보여주는 행위다. 과거 태안반도 기름 유출 사건이 터졌을 때 전국에서 몰려든 자원봉사자들의 행렬과 인도네시아·태국 등의 쓰나미(지진해일) 피해자들을 돕기 위한 성금 등이 좋은 예다.

4. 경쟁의 배신, "옆집 암소를 죽여주세요."

2017년5월 문재인 대통령의 취임사는 오늘날 민주화와 산업화를 이뤄낸 국가의 핵심을 다음과 같이 정리했다. "문재인과 더불어민주당 정부에서 기회는 평등할 것입니다. 과정은 공정할 것입니다. 결과는 정의로울 것입니다." 이는 비단 문재인 정부만의 철학이 아니다. 인간의 이기심에서 출발한 자본주의와 시장경제로 성장과 발전을 이뤄낸 모든 체제의 안정과 지속에 필수적인 기준이다. 그것은 이들 체제의 작동 원리인 경쟁의 본질이기도 하다.

스포츠나 예술이 좋은 예다. 누구든 동등한 조건이나 규칙 아래서 겨룰 수 있도록 보장한다. 그런 경쟁을 통해서 누구든 실력만 있으면 올림픽 금메달리스트가 될 수 있다. 세계를 매료시키고 있는 케이팝(K-Pop)도 마찬가지다. '제2의 비틀스'라는 극찬까지 받은 방탄소년단(BTS)이 어느 날 하늘에서 떨어진 것이 아니다. 라면으로 끼니를 때워가며 치열한 경쟁을 뚫고 오랜 무명의 시간을 이겨낸 결과다.

그런데 경쟁이 극단화해서 기회는 평등하지 않고, 과정은 공정하지 않으며, 결과는 정의롭지 않게 된다면 어떻게 될까. 인간이 경쟁을 아름다운 것으로 만든 최고의 성과가 스포츠라고 했다. 스포츠는 동등한 기회가 주어지고, 공정하게 겨루고, 결과에 승복한다. 이런 기준이 지켜진다는 신뢰를 잃는 순간 경기장은 난장판이 될 것이다. 스포츠가 종목마다 구체적인 규칙과 심판을 도입한 것은 이런 기준과 신뢰를 지키기 위해서다.

시장도 마찬가지다. 동등한 기회와 공정한 과정, 정의로운 결과를 지속하기 위해 정부와 언론, 비정부기구(NGO) 같은 심판과 규제 장치가 있다. 성과를 최대한 정의롭게 배분하기 위한 세제나 복지 제도 등도 배치한다. 이기적 존재인 인간이 보기에도 "이만하면 내가 설사 경쟁에서 져도 당장 죽지는 않겠구나" 하는 판단이 들어야 경쟁을 기반으로 한 각종 시스템이 지속 가능하지 않겠는가.

그렇다면 이런 신뢰가 깨진다면 어떻게 될까. 그것은 경쟁의 위기요, 나아가 체제의 위기로 이어질 수밖에 없다. 클린턴 행정부에서 노동부장관을 지낸 로버트 라이시(Robert Reich, 1946~) UC 버클

당신의 미래에 던지는 빅 퀘스천 10

리대 교수는 《위기는 왜 반복되는가》(2011년)라는 저서에서 '옆집 암소를 죽여주세요' 라는 러시아 우화를 인용했다. 간단한 내용이다. 한 농부가 부잣집 옆에 살고 있었다. 부자에게 암소가 한 마리 있었는데, 가난한 농부가 죽어라 일을 해도 도저히 살 수가 없었다. 농부는 하느님께 간절하게 기도했다. 마침내 하느님이 농부 앞에 나타나 소원을 묻자 농부는 이렇게 대답했다. "이웃집 암소를 죽여주세요."

이 농부는 왜 "나도 암소를 살 돈을 벌게 해주세요"라거나 "이웃집 암소보다 좋은 소를 보내주세요"라고 말하지 않았을까. 이 농부가 그런 말을 한 것은 그가 더는 경쟁의 가치를 믿지 않는다는 의미다. 열심히 일해서 이웃집 암소보다 더 좋은 소를 사려는 의지를 버렸다는 뜻이다. 경쟁의 가치를 버리거나 포기하는 경우 인간은 시기와 질투를 마다하지 않는다. 도저히 따라갈 수 없는 경쟁이 계속되면 처음에는 자신의 능력이나 의지 부족을 탓하지만 이내 경쟁이 나를 배신했다고 단정하게 된다. 그래서 "이웃집 암소를 죽여주세요"가 나오는 것이다.

로버트 라이시는 이 우화를 인용하면서 이렇게 말했다. "사람들은 자신의 몫을 챙기는 것만큼이나 부정한 방법으로 돈을 번 사람들의 몫을 빼앗는 데서 만족감을 느낀다." 우리 속담에도 '사촌이 땅을 사면 배가 아프다' 는 말이 있지만, 인간은 질투심을 본성에 감추고 있는 동물이다. 더욱이 질투의 대상이 된 사람들이 공정하고 합법적인 경쟁을 통해 성공을 거둔 것으로 인정되지 않을 경우 어떤 계기만 주어지면 응징을 서슴지 않는 쪽으로 움직인다.

이런 정서가 선동적인 정치인들과 연결되면 비극적인 역사로 이어질 위험이 크다. 라이시 교수는 히틀러 등 독재자 35명을 다룬 사회학 연구를 인용, 사람들은 경제적인 위협을 느끼고 삶의 안정을 상실할 때 희생양과 단순한 해법을 내놓는 권력에 끌리게 된다고 말한다. 그는 소득 양극화로 촉발된 부의 불평등이 내란이나 혁명 수준의 급변 사태로 이어질 위험이 있으며, 자칫하면 자본주의나 민주주의의 종말을 가져올 수 있다고 경고하고 있다.

5. 불평등의 실상, 1대 99의 사회

그렇다면 지금 우리가 직면한 경쟁의 배신이나 불평등의 실상은 어느 정도일까. 진보적 경제학자들은 20세기 후반 이후 심화되고 있는 소득 양극화와 불평등 문제에 주목한다. 2001년 노벨경제학상 수상자인 조지프 스티글리츠(Joseph E. Stiglitz, 1943~)는 2011년 5월, 유명 월간지 〈베너티 페어(Vanity Fair)〉에 '1퍼센트의, 1퍼센트를 위한, 1퍼센트에 의한' 이라는 기고문을 실었다. 반년 전 북아프리카 튀니지에서 시작된 '재스민 혁명' 이 중동 전역에 '아랍의 봄' 으로 확산된 후 유럽과 미주 대륙에서 소득 양극화와 불평등을 규탄하는 대중 운동으로 번지고 있을 때였다. 2008년 금융 위기 극복 과정에서 극소수 상위 소득계층과 중산층 이하 시민들의 격차가 더욱 확대되는 상황을 겪은 대중의 분노가 탐욕스런 자본가들의 메카인 월 스트리트를 향하고 있었다. 이들은 '우리는 99퍼센트다'라고 쓴 티셔츠를 입고 조지프 스티글리츠의 기고문 제목을 구호로 외쳤다. 이런 모습이 전 세계로 전송되면서 1퍼센트 대 99퍼센트의 사회는 오늘의 불평등 구조를 상징하는 표현이 됐다.

스티글리츠는 2012년에 펴낸 저서 《불평등의 대가(The Price of Inequality)》에서 미국 사회에 만연한 불평등의 실상을 다양한 데이터를 활용해 분석했다. 그는 2차 세계대전 종전 이후 미국이 세계 최강의 군사·경제 대국으로 부상하는 동안 굳건하게 형성됐던 중산층 중심의 사회 및 경제구조가 20세기 후반으로 갈수록 흔들리는 상황을 보여준다. 가령 1983년에 미국의 상위 1퍼센트는 국민소득의 12퍼센트를 차지했다. 그러나 21세기에 접어들며 2002~2007년까지 5년간 상위 1퍼센트는 국민소득의 65퍼센트 이상을 거머쥐었다. 금융 위기 발생 직전인 2007년에 상위 0.1퍼센트 가구의 평균 소득은 하위 90퍼센트 가구의 평균 소득보다 220배나 많았다.

2008년 금융 위기를 겪으면서 격차는 더욱 확대됐다. 미국 중앙은행인 연준(Fed)이 양적 완화(Quantitative Easing)라는 이름으로 달러를 무한 방출하는 상황에서 금융 위기의 발생에 직간접적인 책임이 있는 상위 계층들은 더 부유해진 반면, 집 한 채가 재산의 대부분인

중산층 이하 계층은 급격히 무너져내렸다. 2009년과 대비하여 2010년에 추가로 창출된 소득의 93퍼센트를 상위 1퍼센트가 차지했다. 반면 2006년 2분기부터 2011년 4분기 사이에 미국 주택 평균 가격이 3분의 1 이상 떨어지면서, 대출받아 집 장만에 나섰던 중하위 계층의 재산 가치는 연기처럼 사라졌다. 이런 격차가 미국 전역에서 '월가를 점령하라'는 구호를 내세운 시위로 번졌던 것이다.

한국 역시 소득 양극화와 불평등 구조의 심화로 홍역을 앓고 있다. 단기간에 고속 성장을 이루는 과정에서 절대 빈곤의 문턱은 넘어섰지만, 1997년 외환위기와 2008년 세계 금융 위기를 겪으면서 최상위 소득 계층과 중하위 계층의 격차가 갈수록 벌어지고 있다. 여기에 청년 실업과 함께 월급만으로는 도저히 살 수 없는 아파트, 세계 최고 수준의 가계 부채 같은 현실 장벽들이 쌓이면서 상대적 박탈감은 위험수위에 접근하고 있다.

토마 피케티(Thomas Piketty, 1971~) 파리 경제대학 교수는 스티글리츠와 함께 자본주의 체제가 직면한 불평등의 실상을 전 세계에 알리고 대응책 마련에 앞장서고 있는 경제학자다. 그가 2013년에 펴낸 《21세기 자본(Capital in the 21st century)》은 자본주의 체제 내에 구조화된 불평등의 원인과 실상을 장기간의 데이터를 활용해서 분석한 기념비적인 저작이다. 그는 3세기에 걸친 통계 수치의 분석 결과를 토대로 민간 자본의 수익률(r)이 장기간에 걸쳐 소득과 생산의 성장률(g)을 크게 웃돈다는 'r〉g의 부등식'을 입증했다. 이 부등식

피케티, 자본 수익률과 경제성장률 비교

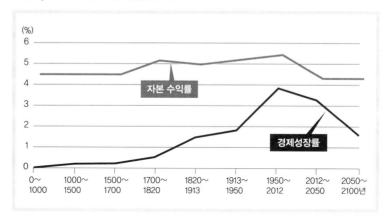

은 자본을 가진 기업가들의 소득이 노동력밖에 가진 게 없는 계층
에 비해 시간이 갈수록 더 많은 부를 가져가는 구조를 상징한다.

한국에도 여러 차례 찾아 온 피케티 교수는 파리대학에서 '세계
불평등연구소'를 이끌고 있다. 이 연구소에서 최근에 펴낸 〈세계
불평등 보고서 2018〉은 미국은 물론 세계에 만연한 불평등의 실상
을 보여준다. 보고서에 따르면 세계 상위 1퍼센트는 1980~2016년
에 성장의 과실을 약 27퍼센트 가져간 데 비해 하위 50퍼센트는 겨
우 12퍼센트를 차지하는 데 그쳤다.

보고서는 현재 상황이 지속될 경우 세계 상위 1퍼센트가 차지하
는 부의 집중도는 2016년 33퍼센트에서 2050년에 약 39퍼센트로
높아지고, 같은 기간 소득집중도 역시 20퍼센트에서 24퍼센트로
확대될 것으로 예상힌다.

6. 불평등의 대가, 개천에서 용이 나지 않는다

'1 대 99의 사회'를 내세워 불평등 문제를 극적으로 부각시킨 스티글리츠는 저서 《불평등의 대가》에서 "이제 시장은 한마디로 불평등을 생산하는 기계장치가 됐다"고 주장한다. 그는 세 가지 이유를 제시한다. 첫째, 시장이 제대로 작동하지 않는다. 둘째, 정치 시스템 역시 이런 시장 실패를 바로잡는 데 실패했다. 셋째, 현재 경제 시스템과 정치 시스템은 공정하지 않다는 것이다.

스티글리츠는 특히 강성해진 자본 권력이 민주주의의 근간인 1인 1표 보통선거제도의 근간까지 흔들고 있다고 지적한다. 그는 1인=1표의 원칙이 '1달러=1표'로 변질하는 과정에서 미국 사회의 불평등이 심각한 수준으로 악화됐다고 말한다. 금융 위기가 발생하고 이를 극복하는 과정에서 오히려 불평등이 심화된 결과도 이 같은 자본과 정치권력의 결탁, 이에 따른 정치 실패와 깊은 연관이 있다는 것이다.

시장의 실패, 정치의 실패는 필연적으로 대중에게 현재의 시장이나 경쟁이 공정하지 못하다는 인식을 줄 수밖에 없다. 그것은 곧바로 공정한 승부라는 경쟁의 대원칙을 훼손하게 된다. 그로 인한 피해는 정치적 약자, 소득 하위 계층에게 더욱 크게 나타날 수밖에 없다. 세계 금융 위기의 도화선이 된 서브프라임사태는 가난하고 못 배운 사람들이 돈벌이의 대상으로 이용된 결과였고, 이들은 금융 위기 극복 과정에서 더욱 소외되고 가난해지는 악순환에 빠진 것이다.

이런 현상을 우리 방식으로 표현하면 "더는 개천에서 용이 나지 않는다"는 것이다. 미국 방식으로는 이른바 아메리칸 드림이 사라진 셈이다. 아메리칸 드림은 누구에게나 성공할 수 있는 기회가 주어진다는 기회균등에서 시작한다. 그런 기회의 상당 부분은 성장기에 받는 교육과 관련이 깊다. 문제는 교육조차도 부자와 빈자 간 거리를 점점 더 멀어지게 만들고 있다는 점이다. 션 리어든(Sean F. Reardon) 스탠퍼드대 교수는 2011년에 발표한 논문에서, "부유층 자녀와 빈곤층 자녀 사이의 학업 성취도 격차가 25년 전에 비해 30~40퍼센트가량 더 벌어지고 있다"고 분석했다.

사실 개천에서 용 난다는 말은 부자는 삼대를 못 넘긴다는 말과 맥을 같이한다. 부자일수록 2세, 3세로 넘어가면서 안일과 태만에 빠지다 보면 선대에서 쌓은 부를 제대로 유지할 수 없다는 말이다. 상위 소득 계층을 유지하기가 그만큼 어렵다는 말은 누구든 열심히 살면 계층 이동의 기회가 주어진다는 뜻이기도 하다. 그러나 최근의 불평등은 이런 계층 이동의 가능성까지도 현저히 위축시키고 있다. 스티글리츠는 미국에서 하위 20퍼센트 계층이 상위 20퍼센트 계층으로 상승 이동하는 비율이 8퍼센트로 덴마크(14퍼센트), 영국(12퍼센트)에 훨씬 못 미친다는 통계를 제시한다. 다시 말해 미국은 일단 상위 계층에 진입한 사람들이 그 계층에 머무를 확률이 훨씬 높다는 것이다.

지금까지 인용한 스티글리츠의 지적이나 견해는 비단 미국만의 현실이 아니다. 한국도 불평등 구조가 심화되면서 성공의 기회나 계층 상승 가능성이 갈수록 줄어들고 있다는 인식이 확산되고 있다. 이런 인식은 장래에 대한 불안감을 고조시켜 결혼 기피, 출산율 저하 같은 현상으로 이어지고 있다. 과연 지금 같은 불평등이 개선되지 않고 오히려 확대되는 한편 저소득 계층이 고착화된다면, 인류의 미래는 어떻게 될까.

7. 미래는 가장 불평등한 사회가 될까

20세기 후반부터 빠른 속도로 악화되고 있는 불평등 문제가 다가오는 미래에 어떤 양상으로 전개될까. 앞으로 나올 과학기술 혁신의 성과가 불평등 문제와는 어떤 관계가 있을까.

우선 AI가 진화를 거듭하는 과정에서 그동안 인간 세계를 지탱해 온 가치나 기본 구조가 변질되거나 무력화될 우려가 있다. 생명 기술의 발전은 이런 우려를 더 키울 소지가 있다. 경제적 불평등이 생명의 불평등으로 전환될 수 있기 때문이다. 돈과 권력을 차지한 최상위 계층은 머지않아 생명 자체를 돈으로 살 수 있게 될 것이다. 신체 노화를 막고 두뇌의 인지능력을 증강하는 치료를 원하는 시기에 원하는 만큼 받을 수 있는 세상이 된다면, 인류는 여러 생물학적 계층으로 쪼개질 수도 있다. 타고난 생물학적 인간의 속성을 유지하고 있는 보통 사람과 구분되는 변형된 형태의 인간들이 나올 수 있기 때문이다.

유발 하라리는 "인공지능과 생명과학의 성과가 결합되면 인류는 소수 슈퍼 휴먼 엘리트 계층과 쓸모도 권력도 없는 호모사피엔스 하위 계층으로 양분될 수 있다"고 전망한다. 이 경우 일반 호모사피엔스는 잉여 인간 같은 존재로 전락할 수 있으며, 언제든 슈퍼 휴먼 계층의 결정에 따라 운명이 바뀔 가능성이 있다. 극단적으로는 소수 엘리트 계층이 AI와 생명과학 등의 성과를 독점하며 초인적인 존재로 살아가는 세계와, 나머지 다수의 호모사피엔스들이 기술 발전의 혜택을 받지 못한 채 겨우 삶을 이어가는 상황을 예상할 수 있다. 인류 역사상 최악의 불평등 시대가 도래할 가능성은 이런 상황을 말하는 것이다.

인간의 이성과 통제 능력, 창조와 혁신을 추구하는 기업가 정신을 무조건 부인할 필요는 없다. 그러나 인간은 핵분열, 핵융합 같은 고도의 기술을 만들어냈지만 그런 기술로 만든 원자폭탄을 실제로 사용해서 막대한 인명을 살상하기도 했다. 다가올 미래가 인류 역사상 최악의 불평등 사회가 되는 것을 방지하기 위해 지혜와 노력을 모아야 하는 이유다.

8. 불평등의 해법은? 세금 아니면 혁명인가

"가진 자와 못 가진 자의 격차가 줄어든 사회, 운명 공동체라는 인식과 함께 기회와 공평성에 대한 사회적 약속이 유지되는 사회, 만인을 위한 자유와 정의라는 말이 진정한 의미를 발휘하는 사회, 시민적 권리뿐 아니라 경제적 권리도 중요하고, 재산권뿐 아니라 서민들의 경제적 권리도 중요하다고 강조하는 세계인권선언문이 진지하게 받아들여지는 사회, 갈수록 활력이 분출하는 정치 시스템이 살아 움직이는 사회."

스티글리츠는 《불평등의 대가》에서 앞으로 50년 후 바람직한 미래상을 이렇게 정리했다. 그렇다면 인류는 지금 이런 사회를 향해 전진하고 있는 것일까. 가령 미국발 위기가 세계로 확산됐던 2008년 금융 위기의 극복 과정에서 원인을 제공한 금융기관들이나 경영진들은 더 부유해진 반면, 피해자 격인 저소득층은 빈곤에서 벗어나지 못하고 있는 모순과 불공정은 어떻게 설명할 것인가.

앞서 '옆집 암소를 죽여주세요'라는 러시아 우화를 인용하면서 불공정 경쟁의 폐해를 강조했던 로버트 라이시 교수는 최근 한 언론 기고문에서 "금융 위기 후 10년이 흘렀지만, 달라진 게 없다"고 주장했다. 그는 10년이 지난 지금도 경제성장의 과실이 대부분 최상층부에 집중되면서 근로 소득자들의 임금은 여전히 정체돼 있으며, 소비자들은 빚더미에 올라 앉아 또 다른 위기를 부르고 있다고 지적했다.

그렇다면 지금 인류가 직면한 불평등 문제를 고칠 방법은 무엇일까. 앞서 다양한 관점과 데이터로 제시했듯, 현재 인류가 마주한 불평등의 실상은 분명하게 드러나고 있다. 무엇보다도 기술혁신과 경제성장의 성과가 소수 상위 계층에 집중되는 반면, 중하위 계층은 고용과 소득은 물론 교육이나 정치적 기회가 점점 멀어지면서 허약해지고 있는 구조가 가장 큰 문제로 지적되고 있다.

이런 문제에 맞서 국가가 할 수 있는 일은 앞서 여러 차례 설명한 기본소득 제도 확대와 불평등 구조 시정을 위한 세제 개혁으로 요약된다. 조세제도는 특히 소수 상위 계층에 성장과 혁신의 과실이 집중되는 현실을 바로잡기 위한 차원에서 소득 및 법인세의 누진성을 강화해야 한다는 지적이 많다. 저소득층의 세부담은 줄여주되 일정 수준을 넘는 개인 및 법인 소득에 대해서는 단계적으로 세율을 높여가자는 것이다. 스티글리츠는 "상위 계층의 담세율이 50퍼센트를 훨씬 넘어야 마땅하며, 70퍼센트를 넘어도 합당하다"라고 강조한다.

토마 피케티의 《21세기 자본》은 상위 소득 계층을 상징하는 자본의 수익률(r)이 장기간에 걸쳐 성장률(g)을 웃돈다는 'r>g 부등식'을 통해 불평등의 원인을 제시한 만큼 자본 수익률을 성장률 이하로 끌어내려야 한다는 점을 강조하고 있다. 그나마 20세기에는 두 차례 세계대전이 자본 가들이 생산시설을 파괴하거나 국유화하면서 자본의 수익률이 때로 성장률을 밑돌기도 했지만, 21세기에 과학기술 혁신의 성과가 자본 수익률에 집중 반영될 경우 격차는 걷잡을 수 없이 벌어질 것으로 본다. 그는 자본 수익률 r이 성장률 g를 1퍼센트 포인트 이상 웃도는 상태가 지속되면 불평등은 눈에 띄게 악화된다고 분석했다.

피케티가 제시하는 해법은 크게 두 가지다. 스티글리츠처럼 소득세의 누진구조를 대폭 강화하는 방안과 자본 자체에 세금을 매기는 자본세 도입이다. 매년 벌어들이는 소득(개인소득·법인세)은 물론 그동안 축적된 재산(자본)에 대해서도 세금을 매기자는 것이다. 누진소득세의 경우 상위 0.5~1퍼센트 고소득 계층에는 80~90퍼센트, 상위 5~10퍼센트 계층에는 50~60퍼센트에 이르는 세율을 매길 것을 제안한다. 자본에 매기는 세금의 경우 오늘날 자본가들은 국경에 관계없이 세계를 넘나들며 돈을 벌어들이고 있는 만큼 과세도 글로벌하게 이뤄져야 한다고 주장한다. 일종의 부유세인 '글로벌 자본세'를 매기자는 것이다. 그는 과세 대상 자본의 규모에 따라 1~2퍼센트의 세율을 부과해야 불평등 구조를 바로잡아갈 수 있다고 주장한다.

물론 스티글리츠나 피케티의 진단과 해법을 한국에 그대로 적용할 수 있느냐는 점에는 반론도 많다. 성장 환경과 사회구조 등에서 무시할 수 없는 차이가 있기 때문이다. 토마 피케티의 《21세기 자본》과 비슷한 시기에 《한국 자본주의》라는 저서를 내놓은 장하성

전 청와대 정책실장은 "피케티의 자본세는 한국 현실에 맞지 않는다"라고 지적했다. 한국이 30년 이상 국가 주도의 계획경제체제에서 성장해서 시장경제의 역사가 짧은데다 그나마 재벌 위주의 경제구조가 지속되면서, 피케티 식 자본 수익률(r)과 성장률(g) 비교를 적용할 수 없다고 보기 때문이다. 그는 따라서 국가가 자본세를 새로 매겨서 재분배하는 방식보다 적극적인 노동정책이나 임금정책을 통해 일차적 분배를 늘리는 것이 효과적이라고 주장했다. 그의 이 같은 주장이 문재인 정부 출범 이후 이른바 소득주도 성장 정책으로 연결된 것은 우리가 익히 알고 있는 사실이다.

9. 칼레의 시민, 노블레스 오블리주의 재인식

영국과 프랑스가 100년 전쟁을 벌였던 1346년 8월 3일 프랑스 칼레시가 영국에 함락됐다. 마침내 칼레를 점령한 영국 왕 에드워드 3세는 끝까지 저항한 데 분노하여 시민 모두를 학살하라는 끔찍한 명령을 내렸다. 항복 사절단으로 나간 주민 대표들이 자비를 호소했다. 영국왕은 "주민 대표 여섯 명이 삭발을 하고 목에 밧줄을 멘 채 맨발로 교수대에 오르면 몰살만은 면해주겠다"라고 말했다. 누가 나설 것인가.

뒤숭숭한 주민들 앞에 가장 먼저 나선 사람이 칼레에서 가장 부자인 외스타슈 드 생피에르(Eustache de St Pierre)였다. 그러자 시장과 상인, 법률가 등이 자청하고 나섰다. 이들 6인은 다음 날 목에 밧줄을 멘 채로 교수대에 모였다. 그러나 처형 직전, 에드워드 3세는 임신한 왕비 필리퍼 에느(Philippa of Hainault)의 긴청을 듣고 시민 대표 여섯 명을 살려준다.

남을 위해 죽는 인간의 심정은 어땠을까. 프랑스의 위대한 조각가 오귀스트 로댕(Auguste Rodin, 1840~1917)은 〈칼레의 시민들(The Burghers of Calais)〉이라는 작품을 통해 이들의 절박함과 가련함, 비애와 결기를 생생하게 남겼다.

칼레의 지도층이 보여준 용기와 희생정신은 지금까지 세계사를 주도한 국가들의 시대정신으로 이어져 내려온다. 고귀한 자일수록 먼저 책임을 진다는 근대적 '노블레스 오블리주(noblesse oblige)'의 원형이 바로 칼레의 시민이다.

칼레의 시민을 잇는 노블레스 오블리주의 좋은 사례가 영국의 명문학교 이튼스쿨이다. 역사적인 1815년 워털루 전투에서 나폴레옹의 프랑스군을 무찌른 웰링턴 장군(본명은 Arthur Wellesley, 1769~1852)은 "어떻게 이길 수 있었느냐"는 질문에 이렇게 답했다. "워털루의 승리는 이미 이튼의 운동장에서 이뤄졌다." 워털루 전투에서 전사한 영국군 1만 5000명 중에는 이튼스쿨 출신이 많았던 반면 프랑스군 전사자 4만여 명은 대부분 평민들이었다. 웰링턴 장군 역시 이튼스쿨 출신이다.

당신의 미래에 던지는 빅 퀘스천 10

1440년 헨리 6세가 설립한 이튼(Eton)스쿨은 개교 550년이 넘는 동안 영국을 이끈 정치인과 학자, 장차관 등 고위 관료를 다수 배출한 최고의 명문이다. 윈스턴 처칠을 비롯해 영국 수상을 20명이나 배출했으며, 저명한 경제학자 존 메이너드 케인스, 작가 조지 오웰 등 무수한 인재들이 이튼스쿨에서 수학했다. 당초 상류층 자제들을 위해 설립됐다가 사립 중고등학교 과정으로 정착한 학교였던 만큼 귀족과 부호의 자제들이 다수를 차지하지만 "더 많이 배운 만큼 더 많이 나라를 위해 몸 바친다"라는 정신이 전통으로 전해지고 있다.

이튼스쿨의 교훈이 인상적이다. 1.남의 약점을 이용하지 말라. 2.비굴하지 않은 사람이 되라. 3.약자를 깔보지 말라. 4.항상 상대방을 배려하라. 5.잘난 체하지 말라. 6.다만 공적인 일에는 용기 있게 나서라.

특히 공적인 일에 용기 있게 나서는 전통이 이튼스쿨 출신들을 앞장서서 전쟁터에 나서도록 했다. 지난 세기에 벌어진 1차 세계대전에서 1,157명, 2차 대전에서 748명이 전사했다. 1차 대전에서는 한 학년 동기생 가운데 절반이 전사한 경우도 있었다.

근대 이후 영국과 프랑스, 독일 등에서 면면히 계승된 노블레스 오블리주의 전통은 신흥 국가인 미국으로 건너와 새로운 모습으로 자리 잡았다. 봉건적인 계급제도 없이 처음부터 민주국가의 길을 걸은 미국에서 노블리스 오블리주는 귀족의 책무가 아니라 모든 시민의 책무로 형성됐다. 산업혁명과 자본주의가 찬란하게 꽃을 피우면서 자연스럽게 자본가와 기업인들의 책무가 부각되기 시작했다. 철강왕 앤드루 카네기와 석유 황제 록펠러, 자동차 대량생산 시대를 연 헨리 포드 등 전설적인 기업가에 이어 최근의 빌 게이츠와 워런 버핏에 이르기까지 수많은 미국의 부자들이 사업을 통해 이룬 부를 사회에 환원했다. 빌 게이츠 회장은 "부의 사회 환원은 부자의 의무"라고 말한다.

20세기 초반 철강왕으로 불리며 미국 최고 부호로 꼽혔던 앤드루 카네기(Andrew Carnegie, 1835~1919)는 "부자가 되는 것은 좋은 일이지만 부자인 채로 죽는 것은 수치스러운 일이다"라는 유명한 말을 남겼다. 그는 죽기 전에 대부분의 재산을 교육과 문화사업 등에 기부해 오늘날 빌 게이츠와 워런 버핏으로 이어지는 미국 부자들의 기부 전통에 밑거름이 됐다.

널리 알려진 대로 빌 게이츠는 지난 2000년에 아내 멜린다 게이츠와 함께 전 재산의 99퍼센트를 출연하는 재단(빌 앤드 멜린다 게이츠 재단)을 설립했고, 워런 버핏은 지난 2006년 사재 370억 달러를 이 재단에 기부했다. 이들은 지난 2010년부터 다른 억만장자들에게 생전에 재산의 절반 이상을 기부하도록 권유하는 '기부 약속'(The Giving Pledge)이라는 캠페인을 시작했다. 이 캠페인에는 2019년초 현재 페이스북 CEO 마크 저커버그, 테슬라 CEO 엘런 머스크 등 180명이 넘는 억만장자들이 서명했다. 이들의 국적은 22개국에 걸쳐 있으며, 기부 약정 금액은 3600억 달러를 웃돌고 있다.

한국의 경우는 어떨까. 우선 지표를 찾아보면 부끄러울 정도다. 지난 2010년 삼성경제연구소가 내놓은 '지표로 본 한국의 선진화 수준'이란 보고서가 좋은 예다. 보고서에 따르면 특히 기부 등 사회 주도층의 경제정의 실천에 대한 기여도를 측정한 노블레스 오블리주는 37.3(30위)으로 조사대상 국가 중 최하위로 나타났다. 1위인 노르웨이(99.1)와는 무려 60점 가까이 차이가 났고, OECD 평균점수(69.2)의 절반을 약간 넘는 수준이었다. 한국은 이와 함께 선진화 7대 지표(창의성, 역동성, 행복감, 자부심, 자율성, 호혜성, 다양성) 가운데 호혜성이 다른 나라에 비해 가장 떨어지는 것으로 나타났다. 호혜성 점수는 59.1로 당시 조사대상 OECD 30개국 중에서 28위를 차지했다. OECD 평균인 74.1에 비해 15.6점이나 낮은 것이어서 다른 지표에 비해 가장 차이가 컸다.

10. 경주 최씨 가문과 소설《이정구(李鄭具)》

한국에도 굳이 찾아보면 노블레스 오블리주의 전통이 없는 것은 아니다. 2018년부터 초등학교 교과서에 수록된 경주 최씨 가문이 대표적인 예다. 400년 동안 9대 진사와 12대 만석꾼을 배출한 집안으로서, '경주 최부잣집'으로 알려져 있다. 민속문화재로 지정된 현재의 경주시 교동 기옥은 최언경(崔彦璥 1743~1804)이 디를 갑고 경착하여 약 200년을 이어 내려왔다.

최 부잣집에서 전해오는 전통은 진사 이상의 벼슬을 금지했고, 만석 이상의 재산을 모으지 말라고 했다. 또한 찾아오는 과객을 후하게 대접하고, 흉년에 남의 논밭을 사들이지 못하게 했다. 그리고 사방 100리 안에 굶어서 죽는 사람이 없게 하고, 며느리는 3년 동안 무명옷을 입으라고 가르쳤다.

구한말과 일제 강점기에는 독립운동을 지원하기도 했다. 가문의 마지막 부자였던 최준(崔浚 1884~1970)은 백산 안희제(安熙濟, 1885~1943)와 함께 백산상회를 설립하여 막대한 독립자금을 제공했고, 일본 경찰에 체포되어 모진 고문을 당했다.

해방 후 최준은 김구를 만난 자리에서 안희제에게 전달한 자금이 한 푼도 빠지지 않고 임시정부에 전달된 사실을 확인하고 백산의 무덤에서 그를 기리며 통곡했다는 일화가 있다. 이후 전 재산을 교육 사업을 위해 대구대학교(영남대학교 전신) 재단에 기부했다.

부와 권력을 함께 누리려 하지 않으면서 이웃과 과객을 배려하고, 국가를 위해 희생을 무릅쓰다가 결국 교육 사업에 전 재산을 기부한 경주 최씨 가문의 전통은 한국적 노블레스 오블리주의 전형이라 할 수 있다.

경주 최씨 가문의 얘기가 우리 역사에 드물게 기록된 노블레스 오블리주의 사례라고 한다면 필자가 2012년에 펴낸 소설 《이정구(李鄭具), 벌족의 미래》는 한국의 벌족을 대표하는 최대 재벌이 스스로 노블레스 오블리주를 실행하는 과정을 이정구라는 가상의 재벌 총수를 통해 그려낸 작품이다.

이정구 회장은 대한민국 최고 기업 삼현그룹의 총수다. 창업주 아버지로부터 그룹을 물려받은 이정구는 3대 세습을 저지하려는 시민단체의 '반(反) 삼현' 운동과 무기력한 자식들에 염증을 느끼고 고민을 시작한다. 한동안 이 회장은 5조 원짜리 자선 재단을 만들어 여론을 진정시키는 방안도 고려했지만 결국 회장직에서 물러나고 그룹 체제를 해체한 후 전 재산을 사회에 환원한다. 결심을 발표하는 기자회견장에서 이정구는 이렇게 말한다.

"나이 70을 먹으면서 비로소 알게 됐습니다. 주먹을 쥐고 있으면 악수를 청할 수 없다는 사실을. 내 손에 다른 무엇이 가득 들어 있는 한 다른 사람의 손을 잡을 수 없고, 누군가의 손을 잡기 위해서는 내 손이 빈손이어야 한다는 사실을 말입니다. 다른 사람의 생명을 구하는 손은 소유의 움켜쥔 손이 아니라 무소유의 빈손이라는 사실을 말입니다."

내 손을 비워야 다른 사람의 손을 잡을 수 있다는 이정구 회장의 말에 오늘날 사회 지도층에 던지는 메시지가 모두 담겨 있다. 그것은 권력이든 재산이든 움켜쥐려고만 하면 결국 모두가 공멸의 길로 간다는 엄중한 경고이기도 하다.

여덟 번째 질문

평소 집단 지성을
얼마나 활용하고 있나?

1. 대중은 알고 있다

때는 1907년, 영국 과학자이자 우생학의 창시자인 프랜시스 골턴 경(Sir Francis Galton, 1822~1911)은 잉글랜드 남서부의 플리머스 지역을 여행 중이었다. 진화론의 창시자 찰스 다윈(Charles Robert Darwin, 1809~1882)의 외사촌인 골턴은 우연히 가축 품평회 행사를 참관하게 된다. 행사 중에 소의 무게를 알아맞히는 대회가 있었다. 사람들이 표를 사서 자기가 생각하는 소의 무게를 적어내면 나중에 실제 소의 무게에 가장 근접한 무게를 써 넣은 사람에게 소를 상품으로 주는 행사였다.

골턴은 당초 우매한 시장 사람들의 어리석음을 확인하는 재미로 지켜봤다. 실제로 사람들이 소의 무게를 써 넣은 종이를 확인한 결과 정확하게 맞춘 사람은 없었다. 그런데 품평회에 참여한 800개의 표 중 숫자를 판독하기 어려운 13장을 제외한 787개의 표에 적힌 무게를 평균했더니 1197파운드(542.9킬로그램)였다. 실제로 측정한 소의 무게는 1198파운드(543.1킬로그램). 군중을 한 사람으로 본다면 완벽에 가까운 판단력이었다. 전문가가 아닌 대중을 우매한 존재로 보는 우중론자(愚衆論者)였던 골턴은 경악을 금할 수 없었다.[13]

2014년 EBS(교육방송)가 방영한 다큐멘터리 프로그램 '불멸의 마야'는 2천여 년 전 평범한 마야인들이 이뤄낸 천문학 분야의 놀라운 성취를 소개했다. 기원전 5세기경부터 중앙아메리카 일대에 번성했던 마야문명은 외부세계와 단절된 밀림 속에서 오로지 천체 관측을 통해 독창적인 달력을 만들어 사용했다. 당시 마야인들이 '삭망월(보름달이 다시 보름달이 되는 주기)'을 측정한 방법이 아주 흥미롭다. 마야인들은 각자 달의 움직임을 관측해서 보름달이 다시 차올라 원래의 자리에 오기까지 걸리는 기간을 기록한 후 평균값을 산출했다. 평균값은 29.53020일이었다. 오늘날 천문학자들이 정밀한 관측 장비와 컴퓨터로 계산해낸 삭망월은 29.53059일이다. 한 달 동안 달의 움직임 측정값이 불과 0.00039일, 시간으로 계산하면 34초 오차밖에 없었다는 얘기다.

이들 마야인들은 오늘날 기준으로 따지면 천문학자나 기상학자 같은 전문가 그룹이 아니었다. 그저 자기가 맡은 지역에서 육안과 막대기 정도에 의존해 달의 움직임을 기록했을 따름이다. 그런 무수한 아마추어 마야인들의 달 관측 결과가 모이니 전문가에 버금가는 측정값을 만들어낸 것이다.

위에 인용한 두 가지 사례는 혼자 가능한 많은 사람들의 지혜를 모을 때 놀라운 결과를 만들어낼 수 있는 가능성을 보여준다. 미국

당신의 미래에 던지는 빅 퀘스천 10

언론인 제임스 서로위키(James Surowiecki, 1967~)는 2004년에 펴낸 《대중의 지혜(The wisdom of Crowds)》에서 골턴 경의 사례를 인용하며 "일정한 조건하에서는 대중이 소수 엘리트나 전문가 그룹을 능가하는 능력을 보여준다"고 강조했다.

2. 집단 지성이란 무엇인가

/

'집단 지성(collective intelligence)'의 사전적 개념은 다수의 개체들이 서로 협력하고 경쟁하면서 얻게 되는 집단적 능력을 뜻한다. 즉 다수의 군중으로부터 집단적으로 발현되는 통찰력이나 지혜를 일컫는데, '집단지능' 또는 '협업적 지성'이라고도 한다. 우리가 흔히 쓰는 말인 "중지를 모은다"의 중지(衆智, 대중의 지혜)도 집단 지성과 유사한 개념이라 할 수 있다.

이 개념은 미국의 곤충학자 윌리엄 모턴 휠러(William Morton Wheeler,1865~1937)가 1910년 출간한 《개미, 그들의 구조·발달·행동(Ants : Their Structure, Development, and Behavior)》에서 처음 제시했다. 휠러는 보잘것없는 작은 개미들이 협업으로 거대한 개미집을 만들어내는 것을 오랫동안 관찰한 후 개미는 개체로서는 미미하지만 군집(群集)해서 높은 지능체계를 형성한다고 설명했다.

집단 지성을 좀 더 쉽게 하마디로 얘기하며 'We are smarter

than Me'이다. 우리(We)는 나(Me)보다 똑똑하다는 것이다. 내가 아무리 똑똑하다 해도 다른 몇 사람의 지혜를 합치면 금방 나보다 뛰어난 지혜를 얻어낼 수 있다. 나는 몰라도 대중은 답을 알 수 있다는 개념이다. 개인이 아무리 뛰어나도 모두를 능가할 수는 없다. 제아무리 천재요, 전문가라 하더라도 모든 문제의 해답을 알지는 못한다.

조직 혁신과 창조성 분야의 세계적 권위자인 찰스 리드비터(Charles Leadbeater, 1959~)는 저서 《집단 지성이란 무엇인가》에서 이 같은 집단 지성의 개념을 소개하면서 "물건은 나눌수록 줄어들지만 지식은 나눌수록 커진다"라고 강조한다.

물론 이런 견해에 동의하지 않을 수 있다. 특출한 지능이나 전문성을 갖춘 엘리트들이 인류의 진화와 발전을 이끌어왔다는 인식이 있다. 역사에 명멸한 수많은 위인과 영웅들의 존재를 굳이 부인할 이유도 없다. 그러나 앞서 우리가 살펴본대로 이 같은 영웅주의 역사의 시대는 지났다.

그렇다고 집단 지성이 개인 한 사람 한 사람이 모두 똑똑한 존재임을 전제하는 것은 아니다. 전문가나 엘리트의 존재를 무시하는 의미는 더더욱 아니다. 오히려 우리 개개인은 무지한 존재임을 알아야 하며, 그래서 더욱 다수의 지혜를 모아야 한다는 개념이다.

스티븐 슬로먼(Steven Sloman)브라운대 교수와 필립 페른백(Philip Fernbach) 리즈대 교수의 공저 《지식의 착각(The Knowledge Illusion)―

왜 우리는 스스로 똑똑하다고 생각하는가》는 실감나는 사례를 통해 인간의 무지함을 일깨운다. 이 책은 독자들에게 '익숙한 것'과 '실제로 아는 것'의 차이를 묻는다. 매일 화장실 변기를 이용하면서 물을 내리는 당신은 변기의 작동 원리를 설명할 수 있는가? 과연 변기의 핵심 장치는 무엇이고, 물 내리는 레버는 어떻게 작동하는지 말해줄 수 있는가? 만약 제대로 설명할 수 없다면 당신은 변기에 대해서 안다고 말할 수 있는가?

저자들은 인간의 무지함을 비난하려는 것이 아니다. 사람들이 스스로 생각하는 것보다 무지하다고 말하려는 것이다. 나는 변기에 대해서 잘 안다고 생각하지만 실제로 설명하지 못하는 현상을 저자들은 '이해의 착각(Illusion of Understanding)'이라고 지적한다. 이처럼 어떤 사실을 안다고 생각하지만 사실은 그에 대해 잘 모르는 상태가 지식의 착각이다.

이런 착각 때문에 개개인은 무지할 수 있다. 그러나 집단은 그렇지 않다. 나는 변기를 잘 모르지만 우리 가운데 변기를 만들고 움직이는 지식이 쌓여 있다. 인류의 진화는 인간들이 이런 지식 공동체를 이루고 협력하는 과정이었다. 따라서 인간은 스스로 무지함을 인정하는 한편 생존과 진화를 위해서는 똑똑한 지식 공동체가 필요하다는 것을 자각해야 한다. 이 시대를 살아가는 개인들이 집단 지성을 뜻하는 지식 공동체에 기여하면서 함께 성장해가야 한다는 점을 알아야 한다.

얼마 전 세상을 떠난 인지과학자 토마스 란다우어(Thomas Landauer, 1932~2014)는 인간이 70년을 살면서 학습을 통해 보유할 수 있는 정보량은 오늘날 USB 드라이브보다 작은 1기가바이트 정도밖에 되지 않는다고 말했다. 게게인으로 치면 이토록 인간의 지적 능력은 미약하다. 그러나 그런 개인들이 모여 놀라운 능력을 발휘하도록 만드는 메커니즘이 바로 집단 지성인 것이다.

3. 집단 지성과 집단 사고

그렇다면 인류의 진화와 발전에 기여하는 집단 지성, 거기 참여하는 지혜로운 대중의 조건은 무엇일까. 첫 번째 조건은 다양성이다. 전문가도 필요하고 아마추어도 필요하다는 얘기다. 출신과 세대, 학력과 경력 등 여러 측면에서 다양한 배경과 생각을 가진 사람들이 의견을 모으는 것이 중요하다. 이들은 우연히 한자리에 모인 군중이 아니다. 하나의 목적이나 지향을 갖고 참여하는 사람들이다.

두 번째는 독립성이다. 같은 목적으로 모인 사람들이 서로 눈치를 보지 않고 독립적으로 사고하고 결정할 수 있어야 한다는 것이다. 소수 전문가 또는 권력자들의 의견을 강요하는 것은 집단의 지혜를 구하는 행위가 아니다. 소수의 실수나 오판이 집단의 실패로 연결되는 것을 막기 위해서도 참여자들의 독립성은 필수적인 요소

당신의 미래에 던지는 **빅 퀘스천 10**

다. 대중의 지혜는 의사 결정 과정에서 경쟁하거나 협력하는 동안 집단 지성이 된다.

세 번째, 적절한 통합 기능이 필요하다. 다양한 구성원들이 독립적으로 생산한 지식이나 정보를 적절히 관리하고 통합하는 기능이 필요하다. 다만 강제적인 통합보다는 자율조정의 기능이 발휘될 때 비로소 집단 지성으로 발전한다는 것이다.

집단 지성의 구성요건이 확보되지 않거나 의도적으로 왜곡되는 경우 우리는 집단 사고(groupthink)에 빠질 위험에 직면하게 된다. 집단 사고의 사전적 의미는 집단 의사 결정 상황에서 구성원들이 집단의 응집력과 획일성을 강조하고 반대 의견을 억압하여 비합리적인 결정을 내리는 왜곡된 의사 결정 양식을 말한다. 앞서 말한 집단 지성의 성립 조건 가운데 특히 다양성과 독립성이 현저하게 침해된 경우에 해당한다.

집단 사고가 어떤 계기에 의해 동질성을 갖게 된 집단으로 확산되면 군중심리(Herd mentality 또는 Mob mentality)가 된다. 이쯤 되면 옳고 그름을 가릴 것 없이 다른 사람들의 선택을 맹목으로 따르게 된다. 주식이나 부동산 투자에 흔히 나타난다. 어느 주식이나 아파트가 뜬다면 무작정 따라가는 사람들이 종종 나타난다. 극단화하다 보면 중세의 마녀사냥 같은 참사도 빚어지며, 독재자의 광기를 쫓아 전쟁으로 번지기도 한다. 독일의 나치즘이나 이탈리아의 파시즘, 일본의 군국주의기 좋은 예다.

집단 사고나 군중심리가 발생할 위험은 지금도 여전히 남아 있다. 이런 위험을 극복하고 다양한 사람들의 자발적 참여와 독립적인 사고를 집대성하는 '함께하는 지혜'에서 집단 지성은 피어나는 것이다.

4. 위키피디아와 브리태니커

위키피디아(Wikipidia)는 집단 지성을 기반으로 운영되는 인터넷 백과사전의 대명사다. 누구나 위키피디아 사전에 들어가 '편집'을 눌러서 내용을 고칠 수 있으며, 모든 정보를 원하는 대로 자유롭게 쓸 수 있다. 기존 백과사전은 고도의 전문가들이 제공한 지식과 정보를 기반으로 제작되지만 일반 사람들은 사전을 이용만 할 수 있다. 바로 이런 차이가 20년이 채 못 되는 시간에 위키피디아를 내용은 물론 이용자 수에서도 완벽하게 기존 백과사전을 따돌리고 인터넷 시대를 대표하는 존재로 정착시켰다.

물론 위키피디아의 이런 특성은 지금까지도 신뢰도 시비로 이어지고 있다. 누구나 작성할 수 있다 보니 과연 믿을 수 있는 내용이냐는 의문이 따르게 마련이다. 실제로 2001년 위키피디아가 처음 등장했을 때 세계적인 철학자이자 작가인 움베르토 에코(Umberto Eco, 1932~2016)는 "신뢰도 면에서 낙제점"이라며 공개적으로 조롱

하기도 했다.

에코 못지않게 위키피디아를 무시했던 것은 브리태니커 백과사전(Encyclopaedia Britannica)이었다. 브리태니커는 1769년 스코틀랜드 에든버러에서 초판이 발행된 이후 250여 년간 오프라인 백과사전의 대명사였다. 1974년에 발간된 제15판은 100여 개국 4,000여 명의 전문가들이 참여해 제작됐다. 그중에는 노벨상을 수상한 학자 110명과 5명의 미국 대통령도 포함돼 있었다. 당시 인쇄비를 제외한 편집제작비만 3,200만 달러가 투입됐는데, 출판 역사상 단일 민간 투자로는 최대 액수를 기록했다. 모든 분야를 망라하다 보니 1985년 개정판은 총 32권에 달했다. 그러나 인터넷 시대에 적응하지 못한데다 위키피디아에 밀리면서 2012년 3월 오프라인 백과사전 출판을 244년 만에 중단했다.

이제 위키피디아는 신뢰도 면에서도 하루가 다르게 개선되고 있다. 누구든 제작에 참여하도록 하되 진위를 검증하는 기능을 확충하고 있기 때문이다. 가령 누군가 위키피디아에 나온 '압록강' 단어를 '편집'을 치고 들어가서 '압록강은 남한에 있는 작은 강'이라고 고쳤다. 실제로 내용이 그렇게 바뀌었다. 그런데 조금 후에 다시 들어가보니 원상 회복돼 있었다. 내부 감시 기능, 교정 기능, 피드백 기능이 작동한 것이다. 이런 내부 감시 및 교정 기능 역시 네티즌들의 자발적인 참여로 이뤄지고 있다.

위키피디아의 신뢰도를 가능하는 오류율은 이제 브리태니커를 능가한 것으로 평가된다. 위키피디아의 창업자인 지미 웨일스 (Jimmy Wales, 1966~)는 한국 언론과의 인터뷰에서 "위키피디아의 오류율은 항목당 평균 4개로 브리태니커의 3개에 거의 근접한 수준" 이라고 말했다. 위키피디아는 2018년 11월 현재 전 세계 300개 이상의 언어로 5,000만 개가량의 내용을 올려놓고 있다. 가장 많은 영어판의 경우 575만 개 이상의 내용을 담고 있다. 이에 비해 브리태니커 2010년판은 영어판 내용이 16만 개 정도에 불과하다.

위키피디아가 비영리단체이긴 하지만 불과 20여명 남짓한 직원으로 이런 방대한 기능을 운영하고 있다는 점도 놀랍다. 위키피디아를 온라인 집단 지성의 승리라고 보는 이유이기도 하다.

5. 골든벨과 백인천 프로젝트

위키피디아가 전 세계인이 참여하는 글로벌 프로젝트라면 국내에도 유사한 집단 지성 프로그램들이 있다. 앞서 우리는 세 번째 질문 '권력의 이동' 편에서 '흔들리는 거대 지성'을 설명하면서 KBS '도전 골든벨' 프로그램의 사례를 들었다. 마지막 50번째 문제에 다가갈수록 난이도는 높아진다. 마지막까지 살아남은 학생이 개별적으로는 가장 우수한 학생일 수 있다. 그러나 이 학생이 정답을 모르는 문제에 부딪혔을 때, 다른 학생들이 던져준 힌트로 문제를 푸는 경우가 종종 있다. 이것이 바로 'We are smarter than Me' 의 표본이다. 가장 우수한 학생이 모르는 답을 다수의 보통 학생들 중에서는 여러 명이 알고 있다는 얘기다.

집단 지성 프로젝트임을 공개적으로 선언하고 진행됐던 '백인천 프로젝트' 도 눈여겨볼 만하다. 뇌과학 전문가인 정재승 KAIST 교수가 2011년에 주도한 프로젝트다. 그해 봄, 정 교수는 트위터에 "한국 프로야구에서 4할 타자가 왜 사라졌는지 연구하고 싶은데, 데이터를 어떻게 구하나요?"라는 글을 올렸다. 100년이 훨씬 넘은 미국 프로야구사에서 1941년 테드 윌리엄스(Ted Williams, 1918~2002)가 타율 0.406을 기록한 이후 4할 타자는 배출되지 않고 있다. 일본은 지금까지 4할 타자를 한 명도 배출하지 못했으며, 한국 프로야구는 원년인 1982년에 백인천이 0.412로 4할을 넘긴 이후 단절됐다.

큰 기대 없이 올린 정재승 교수의 트위터 글에 뜨거운 반응이 나타났다. 순식간에 수백 개 답신이 달리자 정 교수는 2011년 12월 집단 지성 프로젝트의 시작을 알리고 지원자를 공개 모집했다. 통계 분석이나 컴퓨터 프로그래밍은 물론 글쓰기, 외국어 등 다양한 능력을 갖춘 인물들이 참여했다. 한 가지 공통점은 한국 야구에 관심과 애정이 있는 사람들이었다. 50여 명으로 구성된 프로젝트 참여자들은 2012년 1월부터 4개월여 공동 작업을 벌인 결과를 발표하고《백인천 프로젝트》라는 책으로도 펴냈다.

이 프로젝트의 출발은 단순했다. 왜 제일 잘한다는 퍼져들이

4할 타율을 못 넘기는가? 기술과 장비는 갈수록 좋아지고, 선수들의 체력과 몸 관리 역시 좋아지고 있는데. 백인천 프로젝트의 작업 결과는 통계와 과학으로 그 이유를 설명했다. 결론부터 말하자면, 투수든 타자든 프로야구의 전반적인 수준이 향상되고 있어서 돌연변이처럼 발생하는 4할 타자의 확률이 줄어들고 있다는 것이다. 다시 말해 모두가 잘하기 때문이라는 얘기다.

연구 결과에 따르면 한국 프로야구 30년 역사에서 투저타고(投低打高) 현상이 지속되는 동안 타자들의 기량은 전반적으로 향상됐다. 평균 타율은 연평균 0.3리, 평균 출루율은 연평균 0.6리, 평균 장타율은 연평균 1.1리 상승했다. 이에 비해 투수들의 지표 가운데 연도별 평균 자책점, 이닝당 출루 허용률, 9이닝당 삼진 수 등은 미세하게 상승했다. 그런데도 4할 타자가 나오지 않는 것은 선수 간의 기량 차이가 그만큼 적어진 때문이라는 것이다.

이런 결론은 유명한 진화생물학자이며 열렬한 야구팬이었던 스티븐 제이 굴드(Stephen Jay Gould, 1941~2002)의 이론을 빌린 '굴드 가설'과 맥을 같이한다. 굴드는 1996년 출간한 《풀 하우스(Full House)》에서 미국 프로야구에서 4할 타자가 사라진 이유는 타자들의 실력이 줄어든 때문이 아니라 시스템이 안정화됐기 때문이라고 분석했다. 즉 최고 및 최저 타율 타자 간 격차가 줄어들어 튀는 선수가 사라졌기 때문이라는 것이다.

6. 세상은 평평하다

인터넷이 꽃피운 정보화 시대의 특징들 가운데 개방성과 접근성은 가장 돋보이는 특성이라 할 것이다. 누구에게나 개방돼 있고, 누구든 최소한의 장비만 갖추면 접속할 수 있다. 이런 특성은 시간적 공간적 제약을 뛰어넘는다는 점에서 더욱 매력적이다. 정보화 시대가 이끌어낸 급속한 세계화는 이런 특성을 바탕으로 갈수록 가속화되고 있다. 이제 아프리카나 중앙아시아의 오지에서도 PC나 스마트폰만 있으면 언제든 세계와 연결될 수 있는 세상이다. 세상이 평평해지고 있는 것이다.

미국 〈뉴욕타임스〉의 저명한 칼럼니스트 토마스 프리드먼은 2005년에 발표한 저서 《세계는 평평하다(The World is Flat)》에서 "지구는 둥글지만(round), 세상은 평평해지고(flat) 있다"라고 했다. 그는 이제 비즈니스 기회에 관한 한 세상이 공평한 경쟁의 장으로 변해가고 있으며, 이런 시대의 흐름을 수용해야 한다고 강조한다. IT(정보 기술)의 발달과 인터넷의 보급으로 이제 굳이 실리콘밸리에 가지 않아도 인도의 여느 시골 마을에서 인터넷에 연결된 컴퓨터나 휴대폰만 있으면 얼마든지 비즈니스를 시도할 수 있는 세상이 됐다는 것이다.

프리드먼은 2000년 이후에 본격화한 이런 세상을 세계화 3.0 시대라고 명명했다. 과거 제국 건설을 위한 시민기 쟁탈전에 나선 규가가 주역이었던 세계화 1.0의 시대(16~18세기)와 산업혁명 이후 시장과 노동력을 찾는 기업이 주도했던 세계화 2.0 시대(19~20세기)에서 한걸음 더 나가 이제 세계 곳곳의 개인들이 인터넷을 통해 연결돼 세계화에 주도적으로 참여하는 시대가 됐다는 의미다. 그는 "새롭게 발견된 개인의 힘이 세계화 3.0 시대의 추진 동력이며, 전 세계적 차원에서 협력하고 경쟁한다는 점에서 독특하고 특별하다"라고 말한다.

세계화 3.0 시대에는 과거 냉전 체제에서 폐쇄되거나 문명권에서 격리된 사회에 살던 중국, 러시아, 인도, 동유럽, 라틴 아메리카, 중앙아시아 등 총 30억 명이 넘는 인구가 '평평해진 지구'라는 광장에 새로 진입했다. 이런 세상에서 개인들은 언제 어디서든 경쟁자가 될 수 있다. 아웃소싱(업무나 제조기능의 외부 위탁)이나 오프쇼어링(해외로 생산 또는 업무 이전) 등 세계를 대상으로 하는 기업 활동은 이제 일자리든 시장이든 국경과 시간에 관계없이 경쟁을 하고 있다. 프리드먼은 이런 세상에서 개인이 일자리를 다른 나라 경쟁자들에게 아웃소싱 당하지 않으려면 스스로 대체 불가능한 경쟁력을 갖춰야 한다고 강조한다.

그렇다고 개인이 주역이 되는 세계화가 경쟁의 세계화만을 의미하지는 않는다. 20세기 후반 맹위를 떨친 신자유주의 기반의 세계화가 국내적으로나 국제적으로 부익부 빈익빈의 양극화 구조를 심화시키며 '기울어진 운동장' 논란을 낳았던 점을 감안하면, 평평한 세상이라는 표현 자체에 공감하지 못할 것이다. 그러나 이런 정치 경제학적 논란을 떠나 2000년대 이후 IT혁명이 이끌어낸 세상을 보면 연결성과 기회라는 점에서 분명히 평평해진 것이 사실이다. 구글의 검색 기능, 위키피디아 같은 오픈 소스, 어느 문서든 올리고 내려받을 수 있는 소프트웨어의 확산 등이 정보의 평준화를 이루었고, 이를 통해 어디서나 소통과 협력이 가능한 지구적 규모의 활동 공간이 새롭게 창조됐다.

7. 파레토 법칙, 머리의 시대가 저문다

평평한 세계에서는 개인의 중요성, 가능성이 훨씬 커진다지만 개인이야말로 천차만별이다. 인간은 모두 평등하게 태어났다는 천부인권 정신은 민주주의의 출발점으로 살아 숨 쉬고 있다. 그러나 인간 개개인이 살아가는 현실은 반드시 그렇지 않다. 탄생 이후의 삶은 너무나 다르다. 그중에서도 고통스러운 것은 차별이다. 돈과 권력, 재능, 지역 등 다양한 기준에 따라 인간은 계급화 되거나 서열화 된다. 시장에서도 마찬가지다.

소비자라고 같은 소비자가 아니다. 구매력을 기준으로 서열화가 이뤄지며, 당연히 기업의 마케팅은 상품이든 서비스든 구매력이 큰 소비 계층에 초점을 맞췄다. 바로 파레토 법칙(Pareto principle)의 세

파레토 법칙과 롱테일 법칙

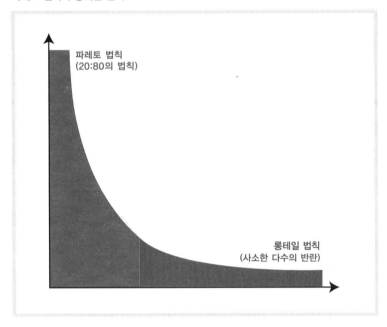

파레토 법칙
(20:80의 법칙)

롱테일 법칙
(사소한 다수의 반란)

계다. 전체 결과의 80퍼센트가 전체 원인의 20퍼센트에서 일어나는 현상을 뜻한다 해서 '80 대 20의 법칙'이라고도 한다. 이탈리아 인구의 20퍼센트가 이탈리아 전체 부의 80퍼센트를 가지고 있다고 주장한 이탈리아 경제학자 빌프레도 파레토(Vilfredo Pareto, 1848~1923)의 이름에서 따왔다.

'80 대 20'이라고 해서 모든 현상이 정확히 80퍼센트 대 20퍼센트로 떨어지는 것은 아니고 전체 성과의 대부분(80)이 소수 요소(20)에 의존한다는 의미다. 동물로 비유하자면, 머리만 똑똑하면 나머

당신의 미래에 던지는 **빅 퀘스천 10**

지 몸통이나 꼬리는 알아서 따라온다는 이론인 셈이다.

이 이론은 대량생산과 대량소비를 기반으로 하는 산업화 시대에 가장 중요한 마케팅 이론으로 위력을 떨쳤다. 국가든 기업이든 마찬가지다. 우리나라가 대표적이다. 수출로 먹고사는 한국 경제에서 반도체를 앞세운 IT 분야가 생산이나 고용에서 차지하는 비중은 20퍼센트에 못 미치나 수출로 벌어들인 흑자 규모는 전체의 80퍼센트를 넘나들고 있다. 기업들이 생산하는 제품이 열 가지라면 그 가운데 2~3개 '효자상품'이 기업을 먹여 살리며, 백화점 고객들 가운데 구매액 기준 상위 20퍼센트 고객이 이른바 VIP 마케팅의 대상이 된다는 것은 익히 알려진 사실이다. 은행이나 증권사 등 금융기관들이 큰손 고객을 대상으로 별도 마케팅을 진행하고, 공항마다 비즈니스 석 이상을 이용하는 고객 대상의 라운지와 탑승구를 별도 운영하는 것도 파레토 법칙에 근거한 마케팅이다. 소수 큰손 고객들이 전체 매출과 이익을 좌우한다는 인식 때문이다.

조직이나 인사에도 파레토 법칙은 깊숙이 침투했다. 회사나 조직에서는 직원 가운데 20퍼센트가 열심히 일하면 나머지 80퍼센트가 대강 일해도 굴러간다고 생각한다. 삼성의 신경영을 이끈 이건희 회장은 "똑똑한 한 명이 10만 명을 먹여 살린다"는 다소 과격한 주장을 하기도 했다.

파레토 법칙을 입증하는 사례들은 생활 주변에도 널려 있다. 통신 업계에서는 고객 한 사람이 통화 시간 가운데 가주 통화히는 20

퍼센트와의 통화 시간이 전체 통화 시간의 80퍼센트를 차지한다고 본다. 성인이 즐겨 입는 옷의 80퍼센트는 옷장에 걸린 옷의 20퍼센트에 불과하다거나, 20퍼센트의 범죄자가 80퍼센트의 범죄를 저지른다는 속설도 마찬가지다. 정치에도 파레토 법칙은 여전히 적용된다. 정당마다 핵심 당원과 지역의 유력 인사들을 관리하는 것은 이들이 나머지 다수 유권자들을 끌어들이는 득표 기반의 역할을 하기 때문이다.

파레토 법칙의 핵심은 '선택과 집중'에 있다. 어차피 자원은 제한돼 있으니 목표를 이룰 수 있는 핵심에 집중하라는 것이다. 근대 경제학을 지배하는 효율성의 논리 역시 파레토 법칙과 깊은 관련이 있다. 대량생산과 대량판매 시대는 생산성과 효율성이 무엇보다도 중요했고, 따라서 파레토 법칙은 마케팅의 바이블 같은 존재였다. 백화점이나 슈퍼마켓, 대형 서점처럼 매장이 클수록 철저히 잘 팔리는 상품을 가려 진열대를 채워온 것이 그동안의 시장이었다.

그런데 이런 파레토 법칙의 시대가 저물고 있다. 앞서 토머스 프리드먼은 IT혁명과 인터넷의 결합이 그동안 기업이 주도했던 세계화 2.0 시대를 밀어내고 이제 개인이 주도하는 세계화 3.0 시대를 가져왔다고 말했다. 바로 그런 물결이 100년 이상 파레토 법칙이 지배해온 시장을 바꾸고 있는 것이다.

8. 롱테일 법칙, 꼬리의 시대가 오고 있다

소수의 머리 부분에 집중하다 보면 나머지 다수의 꼬리 부분은 따라오게 돼 있다는 파레토 법칙은 오프라인 시대의 경제학이었다. 그런데 평평해진 세상, 온라인 세상에서는 상황이 바뀌고 있다. 이제 파레토 법칙이 무시해온 꼬리가 중요해진 것이다. 새로운 세상, 뒤바뀐 시장을 보여주는 대표적인 이론이 롱테일 법칙(Long Tail theory)이다.

롱테일 법칙은 파레토 법칙과는 거꾸로 80퍼센트의 사소한 다수가 20퍼센트의 핵심 소수보다 뛰어난 가치를 창출한다는 이론이다. '역(逆) 파레토법칙'이라고도 한다. 예를 들면 아마존닷컴의 전체 수익 가운데 절반이 오프라인 서점에서는 취급하지도 않는 단행본이나 희귀본 등에 의해 이루어진다고 한다. 또 구글의 주요 광고 수익원은 거대 기업들이 아니라 꽃배달 업체나 제과점 등 자잘한 광고주다.

이 용어는 2004년 미국의 인터넷 비즈니스 관련 잡지 〈와이어드(Wired)〉의 편집장 크리스 앤더슨(Chris Anderson)이 처음 사용했다. 그는 어떤 기업이나 상점이 판매하는 상품을 많이 팔리는 순서대로 가로축에 늘어놓고, 각각의 판매량을 세로축에 표시하여 선으로 연결한 그림으로 설명한다. 많이 팔리는 상품들을 연결한 선은 급경사를 이루며 짧게 이어지지만 적게 팔리는 상품들을 연결한 선은 마치 공룡의 긴 꼬리(long tail)처럼 낮지만 길게 이어지는데, 이 꼬리 부분에 해당하는 상품들의 총 판매량이 많이 팔리는 인기 상품의 총 판매량을 넘어선다는 것이다.

다시 아마존닷컴의 사례로 돌아가보자. 시가 총액 기준 미국 최고 기업의 반열에 오른 아마존이 1995년 온라인서점으로 서비스를 시작했을 때 오프라인 서점의 최강자는 반스앤노블(Barnes & Noble)이었다. 1873년 일리노이 주의 작은 서점에서 출발한 반스앤노블이 미국 전역에 1000여 개 서점을 거느린 대형 체인으로 성장하는 동안 지역의 소형 책방들은 속절없이 무너졌다.

시장을 장악한 반스앤노블의 기세는 대단했다. 출판된 책 가운데 팔릴 만한 책, 장사가 될 만한 책만 엄격히 골라 진열대에 비치했다. 그중에서도 베스트셀러를 비롯한 일부 책들만 매장에서 가장 좋은 진열대에 눕혀놓고 나머지는 책꽂이에 꽂아놓았다. 책이 나오자마자 차별을 받는 현장이었다.

반면 아마존닷컴은 오프라인 매장은 하나도 없이 인터넷으로만 책을 팔았다. 대신 반스앤노블 같은 책에 대한 차별이 없었다. 어떤 책이든 온라인에 전시할 공간이 있었고, 구매를 하면 배송했다. 재고나 물류 비용, 오프라인 매장 임대료 등의 비용을 절감한 대신 베스트셀러는 아니라도 최대한 많은 종류의 책을 파는 소량 다품종 판매가 쌓여 아마존닷컴을 키웠다. 어느 행가부터 아마존은 오프라인 서점에서는 취급하지도 않는 꼬리 부분에서 50퍼센트 이상의 수

입을 올리기 시작했다. 긴 꼬리가 머리를 이기는 결과를 만들어내기 시작한 것이다.

아마존이 온라인 서점에서 얻은 노하우를 살려 시가총액 1조 달러를 돌파한 미국 최대 기업으로 올라선 2018년 11월에 반스앤노블은 "회사 매각을 검토 중"이라고 발표했다. 2001년 22억 달러로 정점을 찍은 반스앤노블의 시가총액은 4억 달러로 쪼그라들었다. 이제 아마존은 미국 출판 시장의 절반 가까이를 집어삼킨 공룡이 됐다.

롱테일 법칙이라는 용어를 처음 소개한 크리스 앤더슨은 2006년 한국에서 번역 출간된 《롱테일 경제학》에서 "물이 빠지면 바닥이 드러난다"고 말했다. 디지털 혁명이 거래 비용을 획기적으로 줄이면서 그동안 오프라인 시장에서는 비용이나 품질 등의 이유로 수면 아래 잠겨 있던 틈새시장들을 수면 위로 끌어올렸다는 것이다.

그는 이 시대에 개인들은 소비자로서뿐만 아니라 생산자로서의 역할을 새롭게 정립했다고 말한다. IT와 인터넷은 개인에게 새로운 생산도구이기도 하다. 미디어 시장을 바꾸고 있는 유튜브가 좋은 예다. 지금 이 순간에도 무수한 개인들이 스스로 만든 동영상을 유튜브에 올리고 있으며, 유튜브를 통해 새로운 시장이 끊임없이 만들어지고 있다. 콘텐츠든 제품이든 누구나 생산자가 될 수 있는 세상에서 더는 머리와 꼬리를 가르는 파레토 법칙은 의미가 없다. 이제 꼬리가 중요한 세상이 된 것이다.

9. 숫자 0의 힘

똑똑한 소수의 시대에서 다양한 다수의 시대로 넘어가는 국면에 새롭게 관심을 가질 만한 것이 숫자 제로(0)다. 가만히 들여다보면 가장 바보 같은 숫자가 0이다. 100에서 0을 더하거나 빼도 아무 변화가 없다. 힘도 없고 영향력도 없어 보인다. 아무 의미가 없어 보이는 숫자다.

그런데 제로를 곱하기, 나누기에 쓰면 상황은 완전히 달라진다. 1억이 와도 1조가 와도 곱하기 제로는 0이 된다. 아무리 큰 숫자도 곱하기로 제로를 만나면 힘을 잃어버린다. 나누기도 마찬가지다. 사실 어떤 숫자를 0으로 나누는 것은 불가하다. 그러나 이때 숫자 0을 0에 가까운 미세한 숫자로 치고 나누면 그 숫자는 무한대로 커진다. 이것이 0의 또 다른 위력이다. 덧셈 뺄셈에서는 한없이 미약한 존재이던 제로가 곱하기 나누기에서는 어떤 숫자도 제압하는 최강의 존재로 바뀐다. 여기에 숫자 제로의 마력이 숨어 있다.

초등학생들이 공부하는 《초등수학 개념사전》은 '제로(0)의 발견' 설명 항목에 인류 문명의 발전에 가장 큰 영향을 미친 숫자라는 부제를 달았다. 사전에 따르면 고대 바빌로니아와 마야문명 시대의 유물에 숫자 0에 해당하는 기호가 남아 있지만, 당시는 단지 숫자를 표기할 때 빈자리를 메우는 용도에 그쳤다. 숫자 0의 형상을 갖추고 아무것도 없음을 가리키는 하나의 수로 인정받아 실제 계산에 쓰이기 시작한 것은 6세기 인도에서부터다.

숫자 0이 쓰이기 시작하면서 음수와 양수 구분, 사칙연산이 완성됐다. 인류의 과학기술 문명이 수학의 발달에 뿌리를 두고 있는 점을 감안하면 인류 문명 발전에 가장 큰 영향을 미친 숫자라는 설명에 공감할 수 있을 것이다. 오늘날 정보혁명을 이끈 컴퓨터가 숫자 0과 1 두 개만을 사용하는 이진법으로 작동한다는 사실 역시 제로의 중요성을 입증하는 것이다. 이제 우리는 숫자 0이 없는 세상을 상상조차 할 수 없다.

평평해진 세상에서 개인은 숫자 제로와 같은 존재다. 하나하나 떼어놓고 보면 덧셈이나 뺄셈에서와 같이 쓸모나 가치가 없을 수 있다. 그러나 조건만 맞으면 곱하기, 나누기처럼 최강의 존재로 돌변할 수 있다. 소의 무게를 평균값으로 맞출 수 있으며, 위키피디아 같은 대작을 만들어낼 수 있다. 지난 세기를 풍미한 파레토 법칙을 밀어낼 수도 있고, 수십 년 독재정권도 며칠 만에 축출할 수 있다.

이들은 더는 국가나 기업이 원하는 대로 따라하는 수동적 존재가 아니다. 권력자나 전문가 같은 소수 엘리트 그룹에 끌려 다니기만 하는 존재는 더욱 아니다. 이들은 수요자·소비자·납세자인 동시에 생산자·공급자·주권자이다. 정보화와 과학기술의 혁신이 이들을 일깨운 것이다. 그들은 이런 변화를 충분히 알아차리고 이미 행동에 나섰다. 오프라인으로 불리는 기존 질서와 시장은 바야흐로 지나간 과거가 되고 있는 것이다.

10. 뉴 리더십, 영웅이 없는 세상을 위하여

2018년 한국 프로야구 챔피언을 가리는 한국시리즈는 SK와이번스의 승리로 끝났다. 정규 시즌에서 2위에 미물렀던 SK는 압도적인 성적으로 리그 우승을 차지했던 두산베어스를 4승 2패로 꺾고 챔피언이 됐다.

이 한국시리즈는 앞서 우리가 살펴봤던 백인천 프로젝트를 되새겨볼 기회였다. 우선 구단 간 전력의 평준화가 두드러졌다. 정규리그 우승이 한국시리즈 우승을 보장하지 못한다는 점은 스포츠 자체의 의외성을 인정하더라도 이미 구단 간, 선수 간에 전력의 평준화가 이뤄져 있는 현실을 반영한다.

삼성, 현대 같은 구단주의 경제력이 프로야구 순위에 그대로 반영되지 않는다는 점도 평준화의 실상을 보여준다. 10여 년 전만 해도 스포츠하면 어느 종목이든 삼성, 현대가 우승을 다툰다는 인식이 있었다. 물론 삼성, 현대가 구단주인 스포츠 팀은 여전히 강세이지만 전과 비교하면 차이가 많다. 프로야구만 해도 삼성라이온스는 2017, 2018 시즌에 거푸 최하위권을 벗어나지 못했다. 예년 같으면 상상이 어려웠던 순위였다.

삼성이 마음먹고 투자를 늘리면 금방 다시 우승을 차지할 것이라는 인식은 남아 있다. 그러나 삼성이 과연 그런 투자를 할 것이냐, 그렇게 한다고 해서 실제로 우승이 보장될 것이냐는 질문에는 회의

당신의 미래에 던지는 **빅퀘스천 10**

적인 시각이 훨씬 많다. 프로야구 수준이 전반적으로 높아지고 평준화된 상황에서 어느 한 팀이나 선수가 독주하는 상황은 4할 타자가 다시 나오는 것만큼이나 어려워졌다.

2018년 월드컵도 프로야구 한국시리즈와 유사한 시사점을 던져준다. 프랑스의 우승은 축하할 일이지만 축구 소국인 크로아티아가 결승전 상대였다는 점이 전 세계 축구팬들에게 더 큰 놀라움이었다. 영원한 축구 대국으로 각인된 독일이 16강에조차 오르지 못하고 조별 리그에서 탈락했다는 점도 충격이었다. 월드컵 직전에 세계 랭킹 1위였던 독일이 축구로 치면 크로아티아보다도 못한 대한민국에게 2대 0으로 패배했다는 것은 크나큰 충격이었다. 당시에는 모두들 이변 또는 기적이라고 봤다.

그러나 월드컵의 흥분이 가라앉은 후에는 보다 냉정한 분석이 가능했다. 바로 세계 축구의 지형이 그만큼 평평해졌다는 해석이다. 세계 축구가 과거보다 후퇴해서가 아니다. 선수 개개인의 기량이나 전술 등은 분명히 발전하고 있다. 일부 선수나 국가가 독주하던 과거와 달라진 점은 축구의 전반적인 수준이 상향 평준화되고 있는 현상이다. 세계 1위와 50위가 과거처럼 까마득한 격차가 아니다. 스포츠 분야에서도 세상이 그만큼 평평해진 것이다.

이제 스포츠를 제외하면 1위부터 꼴찌까지 순위를 매기는 행위 자체가 의미를 잃어가고 있다. 과학기술을 앞세운 거대한 혁신의 흐름이 세상의 전반적인 수준을 올려놓고 있는 시대에 1등, 2등 순위를 가리는 것은 과거처럼 큰 관심을 끌지 못한다. 마찬가지로, 어느 날 슈퍼맨이 나타나 세상을 바꿀 것이라는 기대도 많이 줄어들었다.

지금은 영웅이 없는 세상이다. 모두가 영웅이기 때문이다. 특별히 잘난 사람이 없는 세상이다. 모두가 잘난 사람들이기 때문이다. 유발 하라리 같은 학자는 "인간이 신이 되어가는 세상"이라며 《호모데우스》라는 책을 펴내기도 했다. 굳이 잘난 사람 못난 사람 가르는 것이야말로 오프라인 시대, 인터넷 이전의 시대에나 있었던 일이다.

이제 리더십의 개념, 지도자 상(像)도 바뀌어야 한다. 새로운 시대에 적합한 '뉴 리더십'은 우선 나와 함께 하는 동료나 직원을 부하로 보는 시각부터 바꿔야 한다. 직원이나 동료를 상하관계, 주종관계로 보는 시각이 과거의 경성(hard) 리더십을 낳았다. 지시 명령형, 폐쇄(closed)형, 앞에서 끌고 가는(pull) 선도형, 채찍과 당근을 내세운 이론형 지도자가 이 같은 하드 리더십의 특징이다.

반면 평평해진 세상을 이끌 새로운 리더십은 상대를 부하가 아닌 파트너로 인정한다. 쌍방향 소통형, 개방(open)형, 밀어주기(push)형, 여론형 지도자 상(像)의 연성(soft)리더십이다. 무조건 지시에 복종하고 나를 따르라는 식의 하드 리더십이 아니라 뒤에서 밀어주고 구성원들이 충분한 소통을 통해 능력을 발휘하게 유도하는 소프트 리더십의 시대다.

새로운 리더십에 특별히 요구되는 자세는 앞으로 무슨 일을 하든지 혼자서 결론을 내리려고 하지 말라는 것이다. 누구든 리더의 자리에 이르렀다면 개인적인 자질을 인정받은 것이겠지만, 그렇다고 혼자만 잘났다고 생각하면 착각이다. 평평해진 세상에는 당신보다 더 좋은 아이디어와 능력을 갖춘 사람이 얼마든지 있을 수 있다. 이런 사람을 찾거나 키워서 활용하는 것이 훨씬 현명한 선택이다.

아홉 번째 질문

인간의 행복이
어디에 있다고 생각하는가?

1. 인간은 행복을 위해 사는가

인간은 태어나서 죽는 날까지 무엇을 위해 살아가는 것일까. 인류가 세상에 온 목적은 무엇인가. 이것은 생각하는 인간, 호모사피엔스가 출현한 이후 줄곧 지속된 화두였다. 고대의 현인들은 저마다 다른 논리와 화법을 내세워 삶의 목적을 설파했다. 그 가운데 '인간은 무엇을 위해 사느냐'는 철학적 질문에서 다른 현인들을 밀어내고 가장 정답에 가까운 지위를 획득한 철학자가 바로 '인간은 행복을 위해 산다'고 외친 아리스토텔레스(Aristoteles, BC 384~322)다. 그는 인간행위의 종착지는 행복이므로 결국 행복은 최고선이며, 인간은 이런 최고선에 이르기 위해 살아야 비로소 가치 있는 삶이라고 했다.

그런데 19세기 이후에 이런 흐름을 뒤집는 학설이 대두됐다. 바로 찰스 다윈이 1859년에 펴낸 《종의 기원(On the Origin of Species)》 이후 진화론에 뿌리를 둔 진화 생물학, 진화 심리학적 관점이다. 아리스토텔레스의 행복론이 '그래야 한다'는 도덕적 관점이라면, 진화론에 근거한 행복론은 인간이라는 존재와 행복이라는 감정을 과학적으로 분석해보자는 관점이다. 인간은 왜(Why), 또 무엇을 위해 행복을 쫓고 즐기는 것인가에 초점을 맞춘 것이다. 아리스토텔레스에서 출발한 철학적 행복론이 이렇게 하면 최고의 선인 행복을 이룰 수 있느냐는, 어떻게(How)에 초점을 맞추고 있는 것과는 사뭇 다른 관점인 셈이다.

행복을 심리학의 중요한 연구 과제로 부각시키는 데 기여하고 있는 서은국 연세대 교수의 《행복의 기원》(2014년)은 이런 진화 심리학적 관점을 명료하게 설명한다. 그에 따르면 인간은 어느 날 하늘에서 떨어진 존재가 아니라 아주 오래전 지구상에 나타난 단세포동물에서 출발하여 기나긴 진화 과정을 거쳐 호모사피엔스에 이른 존재다. 그런 진화 과정에서 인간을 포함한 모든 동물의 특성은 '생존과 번식'이라는 궁극적인 목적을 달성하기 위한 도구였다.

행복이라는 특성 역시 마찬가지다. 따라서 인간은 행복을 위해 산다는 아리스토텔레스적인 명제는 인정할 수 없다고 한다. 오히려 행복이 인간의 생존과 번식을 위해 존재하고 기능한다고 본다. 우리는 행복하기 위해 사는 것이 아니고 생존하기 위해 행복한 것이다. 행복은 하나의 수단이다. 최종 목적지는 생존이다. "인간은 유전자를 보존하고 번식시키기 위한 껍질, 또는 로봇기계에 불과하다"는 리처드 도킨스의 《이기적 유전자》론과 맥을 같이하는 주장이다.

진화론에 근거한 이 같은 행복론은 어느 쪽이 옳으냐 그르냐는 편 가르기를 떠나 인간과 행복의 관계를 규정하는 인식의 지평을 크게 확대했다는 점에서 큰 기여요, 진전이라고 평가해야 할 것이다. 진화론적 행복 이론은 행복을 생존과 번식을 위한 수단으로 보는 만큼 다양한 분야로 확산되고 있다. 인간에게 행복의 느낌이 어떤 형태와 방식으로 구현되는지, 사람마다 행복감을 많거나 적게 느끼는 이유, 행복의 인간적 정의 등등.

가령 의학과 진화 생물학은 행복감을 느낄 때 인간의 뇌에서 나타나는 특성들을 파악하고 있으며, 심리학은 무수한 실험을 통해 유전적으로 외향성을 물려받은 사람들이 대체로 행복감이 강하다는 연구 결과를 내놓고 있다. 또한 행복은 아이스크림 같은 것이어서 손에 쥔다고 언제까지 남아 있지 않는다고 정의한다. 인간은 아이스크림처럼 달콤한 행복감을 다시, 또 다시 맛보기 위해 끝없이 노력하며, 그런 과정에서 자신의 DNA를 유지하고 전파하고 확산시킨다는 것이다. 앞으로 다루는 개별 주제들을 통해 이런 관점을 구체적으로 들여다보도록 하자.

2. 햄버거 모델, 당신은 어느 쪽인가

행복이 삶의 목적이건 생존의 수단이건, 인생에서 가장 중요한 부분이라는 점에는 별다른 이견이 없을 것이다. 그런데 행복을 원하는 우리가 늘 고민하는 문제가 있다. 과연 행복을 위해 얼마나 어디까지 노력해야 하며, 도대체 언제 행복이 찾아오느냐는 것이다. 오늘의 쾌락이 중요한가, 내일의 성공이 중요한가? 이것도 저것도 다 의미가 있으므로 되는대로 사는 것이 좋은 선택인가. 이런 고민은 누구나 하고 산다.

이처럼 행복을 대하는 인간의 자세를 설명할 때 많이 이용되는 메뉴 가운데 하나가 '햄버거 모델'이다. 하버드대에서 '행복론'을 강의하는 탈 벤 샤하르(Tal Ben Shahar, 1970~)교수의 저서 《해피어(Happier)》에 담긴 이론이다. 그는 삶과 행복을 대하는 인간의 태도를 햄버거에 빗대 비교한다. 현재와 미래의 이익, 손실을 수학시간에 배운 4분면으로 나눠 인간의 행태를 분류한다. 가로축은 미래의 이익과 손실, 세로축은 현재의 이익과 손실로 나눈다.

이렇게 나눠진 4사분면 가운데 오른편 위쪽 1사분면은 현재의 즐거움도 느끼면서 미래의 이익도 추구하는 바람직한 행복주의자를 나타낸다. 왼편 위쪽의 2사분면은 현재의 즐거움과 이익을 희생하고 미래에 투자하는 사람으로 성취주의자에 해당한다. 햄버거로 치면 맛은 없지만 몸에는 좋다는 야채 햄버거에 해당한다. 왼편 아래쪽 3사분면은 현재의 즐거움도 느끼지 못하면서 미래에도 투자를 하지 않는 사람이다. 샤하르는 이를 허무주의자로 분류한다. 햄버거로 치면 맛도 없으면서 몸에도 나쁜 최악의 햄버거에 해당한

햄버거 모델

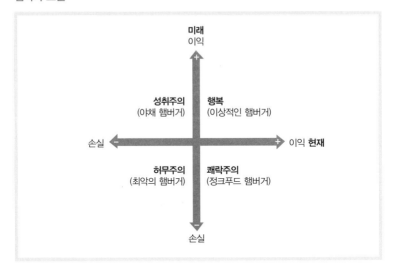

다. 오른편 아래쪽 4사분면은 현재의 즐거움에만 초점을 맞추고 미래에는 전혀 관심이나 투자를 하지 않는 전형적인 쾌락주의자를 뜻한다. 햄버거로 치면 '정크푸드 햄버거'다. 우선 먹기는 좋고 칼로리도 높지만 이내 비만과 각종 질병에 시달리고 만다.

그리고 샤하르는 묻는다. 당신은 어느 분면에 해당하는가, 어떤 햄버거를 먹고 있는가? 이쯤 되면 짐작하겠지만 샤하르가 권하는 것은 1사분면, 즉 행복주의자의 햄버거다. 지금 당장 먹기에 맛이 좋으면서 몸에도 좋은 이상적인 햄버거를 말한다. 물론 최악의 선택은 3사분면에 제시된 허무주의자의 햄버거다.

한국에도 여러 차례 찾아와 강의와 대담을 진행했던 샤하르 교수의 지론은 요컨대 오늘의 행복이 중요하다는 것이다. 불확실한 내일의 성취를 위해 오늘의 행복을 포기하거나 희생하는 삶은 그리 권장할 만한 것이 아니라고 강조한다. 그는 특히 오늘을 사는 대부분의 사람들이 지나친 성취주의에 발목 잡혀 있다고 말한다. 미래의 기약 없는 건강을 위해 맛없는 야채 햄버거로 너무나 많은 날을 때우고 있다는 것이다. 그러므로 "행복을 자꾸 뒤로 미루지 말라, 미래의 행복을 위해 현재의 행복을 너무 많이 희생시키지 말라"고 말한다.

샤히르 교수가 오늘 맛있는 햄버거만을 강조하는 것은 아니다. 그는 더 큰 행복을 위해 미래에도 투자해야 한다고 설명한다. 다만 앞으로 더 큰 행복을 찾는 사람들은 돈과 인기, 미모 등과 관련된 목표보다는 자신의 성장, 그리고 주변과의 연결·기여와 관련된 목표를 세우고 추구하는 것이 바람직하다고 강조한다. 특히 강요당하거나 어쩔 수없이 해야 하는 목표보다는 스스로 정말 하고 싶은 일을 가려내는 것이 중요하다는 것이다. 그는 미래를 위해 할 일을 중요도 순으로 가려 '할 수 있는 일→하고 싶은 일→정말 하고 싶은 일→정말 정말 하고 싶은 일'로 나눠보라고 권유한다. 이 가운데 가장 하고 싶은 일을 선택하는 것이 오늘의 쾌락을 다소 희생하더라도 더 큰 행복을 향해 나가는 길이라는 것이다.

3. 행복의 조건은 '관계', 하버드대 성인 발달 연구

인간을 실험 대상으로 삼은 단일 프로젝트 가운데 최장 기간 동안 지속되고 있는 연구는 단연 하버드대가 1938년부터 80년 이상 계속 중인 성인 발달 연구(Study of Adult Development)가 꼽힌다. 1938년 당시 하버드대 2학년에 재학 중이던 268명을 대상으로 이들의 생애를 추적 조사하는 종단연구다. 이 중에는 암살당한 존 F. 케네디 전 미국 대통령도 포함돼 있다. 1970년대에는 보스턴 시내에 거주하던 456명의 성인 남자들을 조사 대상에 포함시켜 기존 하버드 졸업생들과 함께 관찰하고 있다. 하버드대는 268명 재학생 멤버들의 경우 1300명에 달하는 아들, 손자 등 후손들까지 조사 대상으로 확대시켜 실험을 계속하고 있다.

연구 대상자들은 2년마다 신체적·정신적 건강, 결혼생활, 일, 은퇴, 취미생활, 그 외의 생활에 관한 설문지를 작성한다. 그리고 5년마다 전문의에게 건강 검진을 받으며, 대상자마다 간격을 달리하여 대인 관계, 경력, 노년기 적응에 관해 심층면접을 실시한다. 혈액검사·뇌 단층 촬영은 물론 배우자·자녀들과의 대화를 기록하고 영상 자료로 남기고 있다. 하버드대는 연구가 70년을 넘긴 2009년에 일종의 '인생성장보고서' 격인 중간 연구 결과를 발표했다.

연구 결과에 따르면 첫째, 47세경까지 형성된 인간관계가 이후 생애를 결정하는 데 가장 중요하다. 둘째, 평범해 보이는 사람이 가장 안정적이며 성공적인 삶을 이룬다. 셋째, 연구 대상자 중 3분의 1은 정신질환을 호소하였다.

이와 함께 노후의 행복한 삶을 위해서 필요한 7가지 요소를 제시했다. ①고난에 대치하는 자세 ②평생에 걸친 교육 ③인정적인 결혼생활 ④45세 이전의 금연 ⑤알코올중독 경험 없는 적당한 음주 ⑥규칙적인 운동 ⑦적당한 체중이 그것이다. 연구진은 이를 토대로 50세에 이상 7가지 가운데 5~6가지를 갖출 경우 조사 대상자 가운데 절반(50퍼센트)이 80세에도 행복하고 건강하며, 불행하고 병약한 사람은 7.5퍼센트에 불과하다고 분석했다. 반면 50세에 이들 7가지 조건 가운데 3가지 이하를 갖출 경우 80세에 행복하고 건강한 사람은 없었고, 4가지 이상 갖춘 사람보다 80세 이전에 사망할 확률이 3배나 높은 것으로 분석했다. 또한 65세에 성공적인 삶을 누리는 사람의 93퍼센트가 형제자매와의 관계가 좋은 것으로 나타났다.

이 종단 연구의 핵심은 역시 행복의 조건에 있다. 오랜 세월이 흐르면서 4번째 연구 책임자가 된 로버트 월딩거(Robert Waldinger) 교수는 지난 2015년 TED 강연에서 "우리를 진정 건강하고 행복하게 만드는 것은 좋은 인간관계였다"라고 정리했다. 그는 "50대에 좋은 인간관계를 맺은 사람은 설사 부귀나 명예가 조금 부족하더라도 80세 이후까지 행복한 삶을 살 가능성이 크다"고 강조한다.

하버드의 오랜 연구는 분명하게 보여준다. 우리를 행복하게 만드는 것은 부나 명예가 아니라 좋은 인간관계다. 가장 행복한 삶을 사는 사람은 가족과 친구, 공동체가 있는 사람이다.

4. 행복의 함정

/

서양의 행복론은 돈이나 소득의 경우 어느 수준을 넘어서면 개인의 행복에 영향을 미치지 않는다고 분명히 정리한다. 이런 이론의 선두에 서 있는 학자가 리처드 레이어드(Richard Layard, 1934~) 런던정경대 교수다. 경제학자로 평생 행복에 대해 연구한 인물이다. 그는 한국에서도 번역 출간된 저서 《행복의 함정(Happiness, Lessons from a new science)》에서 다음과 같이 말한다. "지난 반세기 동안 선진국의 1인당 소득 수준은 괄목할 만큼 높아졌지만 국민의 행복 지수는 거의 제자리걸음을 하고 있다. 세계인의 선망 대상인 미국의 1인당 소득은 두 배 내지 세 배 증가했지만 미국인의 행복 지수는 50년 전에 비해 높아지지 않았다."

'가질수록 행복은 왜 줄어드는가' 라는 부제를 붙인 이 책은 '레이어드 가설'로 불리는 그의 이론을 설명한다. 그에 따르면 국가별로 행복 지수가 정체되는 시점은 보통 1인당 국민소득이 2만 달러를 넘어선 때부터라고 한다. 그 이상의 수입은 행복과 큰 관련이 없다는 것이다.

레이어드 교수는 소득이 행복과의 상관관계가 멀어지는 이유를 이렇게 설명한다. 첫째, 자신의 비교 대상이 비슷한 처지에 있는 이웃이고 그들의 소득 또한 늘어나기 때문이며, 둘째, 소득 증가가 처음에는 행복을 가져다주지만 얼마 지나지 않아 이에 중독(습관화)되기 때문이라는 것이다. 결국 '비교'와 '습관화'가 소득에 비례해서 행복이 증가하지 않는 가장 중요한 이유인 셈이다. 그는 특히 비교를 행복을 해치는 가장 무서운 함정이라고 보았다. 이 부분은 뒤에 다시 논의할 예정이다.

레이어드의 행복론은 관념적인 주장만 나열하는 것이 아니다. 동서양의 고전과 학자들의 연구 결과를 통해 인간의 행복에 영향을 미치는 요인들을 정리하고 계량화했다. 그는 행복에 영향을 미치는 7가지 요소를 '빅 세븐(Big 7)'으로 분류했다. 중요도 순으로 ①가족 관계 ②재정 ③일 ④공동체와 친구 ⑤건강 ⑥개인의 자유 ⑦개인의 가치관이다. 이 가운데 재정과 건강을 제외하면 모두 관계의 질과 연관이 있는 것이다. 그만큼 인간관계는 행복과 밀접하게 연결돼 있는 셈이다.

레이어드는 이 같은 빅 세븐이 특히 인간의 행복을 손상 또는 저감시킬 수 있는 정도에 주목했다. 행복을 악화시키거나 빼앗아가는 일종의 함정으로 제시한 것이다. 이런 함정의 위험성을 수치로 분류한다. 1~10점까지의 척도를 기준으로 볼 때 가장 위험도가 큰 요소는 가족 관계 가운데 별거에 해당한다. 행복을 앗아가는 정도가 10점 만점에서 8점에 달한다. 이혼(5점)이나 사별(4점)보다 훨씬 고

레이어드가 분류한 행복에 영향을 주는 요소

재정	가족 소득이 3분의 1 줄어드는 것	▽2
가족관계	이혼(결혼한 사람들보다)	▽5
	별거(결혼한 사람들보다)	▽8
	사별(결혼한 사람들보다)	▽4
	독신(결혼한 사람들보다)	▽4.5
	동거(결혼한 사람들보다)	▽2
일	실업(직업이 있는 사람들보다)	▽6
	불안한 직업(안정된 직업이 있는 사람들보다)	▽3
	실업률이 10% 포인트 올라갔을 때	▽3
공동체와 친구	"일반적으로 사람들을 믿을 수 있다."	
	"그렇다"라고 대답한 시민의 비율이 50% 포인트 감소했을 때	▽1.5
건강	주관적으로 느끼는 건강이 1포인트 감소했을 때(5포인트 범위에서)	▽6
개인의 자유	정부의 질, 1995년 헝가리가 아닌 1995년 벨라루스	▽5
개인의 가치관	"신은 내 인생에서 중요하다."	▽3.5
	"그렇다"보다 "그렇지 않다"라고 대답했을 때	

통이 크다. 별거는 부부가 서로 얼굴을 보지 않을 뿐, 이혼이나 사별에 비해 해결되지 않은 문제들이 많다. 자녀 양육, 재산, 생활비 부담 등 많은 문제들이 감정의 앙금과 얽혀 당사자들의 행복을 끝없이 갉아먹는다.

별거 다음으로 위험한 요소는 실업과 건강 악화로 각각 6점이다. 특히 실업은 소득을 잃을 뿐 아니라 자존감에도 직접적인 타격을 입힌다. 일로 연결된 사회관계까지 무너뜨려 실직이 시작된 후 1~2년 뒤까지 같은 강도로 행복을 감소시키는 것으로 분석했다. 건강의 경우는 주관적으로 느끼는 자신의 건강 상태가 정상 범위보다 20퍼센트 이상 악화됐다고 느꼈을 때 행복감을 손상시킨다고 봤다.

5. 인간을 움직이는 동기, 5단계 욕구 이론

인간은 행복을 누리기 위해 산다지만, 먹고 마시고 일하고 여행하는 등 하루하루 행동하게 민드는 동기는 무엇일까. 인간이 무엇 때문에 움직이고, 느끼고, 판단하는지를 규명하는 것은 심리학자들의 오랜 연구 과제였다. 특히 인간의 동기를 유발하고 자극하는 욕구의 종류와 성격, 우선순위 등을 가리는 연구는 지금도 계속되고 있다. 인간을 움직이는 욕구와 동기를 파악하면 궁극적으로 인간이 도달하고자하는 행복의 속성에 이를 수 있기 때문이다.

심리학에서 인간의 욕구와 동기에 대한 연구의 초기 성과를 대표하는 이론이 미국 심리학자 에이브러햄 매슬로우(Abraham Maslow, 1908~1970)가 1943년에 발표한 논문 〈인간 동기의 이론(A theory of human motivation)〉에서 주장한 욕구 단계 이론(hierarchy of needs theory)이다. 인간을 움직이는 보편적인 동기에 5가지 욕구가 있으며, 여기에 순서와 위계가 있다는 내용이어서 '5단계 욕구 이론' 으로도 불린다. 그는 인간의 욕구는 병렬적으로 나열돼 있는 것이 아니라 낮은 단계에서부터 높은 단계로 성장해가는 것이며, 낮은 단계의 욕구가 충족되지 않으면 높은 단계의 욕구는 행동으로 연결되지 않는다고 보았다.

매슬로우는 상위 1퍼센트의 학생들을 대상으로 한 연구를 통해 인간의 5단계 욕구를 다음과 같이 정리했다.

매슬로우의 5단계 욕구

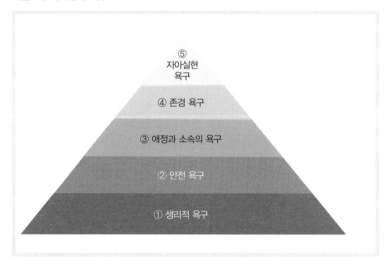

첫 번째, 생리적 욕구(physiological needs)다. 밥, 물, 섹스, 수면, 배설, 호흡 등 인간의 생존에 필요한 본능적 욕구를 가리킨다. 가장 기본적이고 중요한 욕구이므로 다른 어느 욕구보다도 먼저 충족돼야 한다.

두 번째, 안전 욕구(safety needs)다. 생리적 욕구가 충족된 사람들은 불확실한 것보다는 확실한 것, 낯선 것보다는 익숙한 것, 안정적인 것을 선호하는 경향을 보인다. 전쟁이나 자연재해, 질병 같은 물리적 위험을 회피하며, 경제 위기나 실업 등 경제적 안전에 대해서도 민감하게 반응한다. 보험 가입이나 종교에 의지하는 현대인의 행위는 안전 욕구의 반영이기도 하다.

세 번째, 애정과 소속의 욕구(need for love and belonging)다. 생리적 욕구와 안전 욕구가 충족된 인간은 가정과 직장 등 사회적으로 조직을 이루고 그곳에 소속돼 함께하려는 성향이 나타난다. 매슬로우에 의하면 인간은 누구나 규모가 크든 작든 사회 집단에 소속되고 수용되고자 하는 욕구가 있다. 규모가 큰 사회집단은 직장·종교·스포츠 팀, 학교 등이 있으며, 소규모 사회집단으로는 가족과 연인·친구 등을 꼽을 수 있다. 인간은 끊임없이 사랑하고 사랑받기를 원한다. 이런 사랑과 소속의 욕구가 충족되지 않을 때 외로움·우울증과 심한 스트레스에 시달리게 된다.

네 번째, 존경의 욕구(need for esteem, respect)다. 생리적 욕구와 안전, 소속의 욕구가 해결된 인간은 타인들로부터 존경받는, 가치 있는 존재가 되고 싶어 한다. 좋은 일을 하거나 실적을 올려 인정받고 싶어 한다. 매슬로우는 인간이 원하는 존중감을 낮은 수준과 높은 수준으로 나눈다. 낮은 수준의 존중감은 지위나 인정, 명성, 위신 등 타인의 평가로 형성된 것이다. 이에 비해 높은 수준의 존중감은 자기 존중(self-respect)에 대한 욕구다. 강인함, 경쟁력, 자신감, 독립성 또는 자유와 같은 가치를 갖고 싶어 한다. 인간은 타인의 인정을 받고 스스로도 자신이 중요하다고 느낄 때 존중의 욕구가 충족된 것으로 간주한다. 그렇지 못할 때는 열등감, 나약함, 무력감 같은 증상에 시달리게 된다.

다섯 번째, 자아실현 욕구(self-actualization needs)다. 욕구 단계의

최상부에 위치한다. 개인의 타고난 능력 또는 잠재력을 최고로 발휘하고 실행하려는 욕구다. 앞서 설명한 생리적 욕구 등 네 가지 욕구는 충분히 충족되지 않거나 부족할 경우 문제를 일으킬 수 있기 때문에 매슬로우는 이들을 '결핍 욕구(deficiency needs)'로 명명했다. 이에 비해 기본적인 욕구 충족을 넘어서 스스로 성장과 발전을 위해 노력하는 사람들의 동기를 성장 동기로 구분해서 설명했다. 그는 자아실현 욕구는 결핍 욕구가 충족된 다음에 나타난다고 보았다. 자아실현 욕구야말로 가장 인간다운 욕구이며, 상위 동기로 평가한 것이다.

매슬로우의 5단계 욕구 이론은 인본주의 심리학의 새로운 지평을 연 연구로 높은 평가를 받고 있다. 그가 분석한 5단계 욕구는 인간이 행복을 느끼기 위해 살아가는 과정을 세밀하게 보여주고 있다. 생리적 욕구와 안전, 소속과 존중의 욕구를 충족한 인간이 자아실현을 위해 마음껏 달려갈 때 행복도 함께 달릴 것이다.

6. 행복은 왜 오래가지 않을까

행복을 느끼는 기준이나 방식은 사람마다 워낙 달라서 한마디로 요약할 수 없다. 그러나 우리가 공통으로 느끼는 한 가지는 있다. 언제 어떻게 행복을 맛보았든, 그 느낌이나 기간이 오래가지 않는다는 점이다. 평창 동계올림픽에서 우리 선수가 금메달을 따는 순간 온 국민이 열광하고 환호했다. 월드컵에서 독일을 꺾었을 때도 마찬가지였다. 많은 사람들이 눈물까지 흘려가며 행복의 순간을 만끽했다. 그러나 지금 그날의 감정을 간직하고 여전히 즐기고 있는 사람이 과연 얼마나 될까?

비단 스포츠에 국한된 얘기가 아니다. 우리는 살면서 마주친 크고 작은 성공, 만족, 행운, 사랑에 이르기까지 즐겁고 행복했던 순간을 기억한다. 어떤 계기로 그런 기억을 떠올리며 잠시 기분이 좋아지기도 한다. 그러나 분명한 것은 지나간 그 순간에 맛본 쾌감이나 행복감은 오래가지 않는다는 점이다. 그토록 뜨겁게 사랑했던 연인들이 결혼 후 몇 년 지나면 평범한 부부 관계로 돌아가 지지고 볶고 사는 것이 현실이다. 로또 복권에 당첨되면 인생이 온통 행복으로 가득 차게 될 것이라고 기대하지만, 막상 복권 당첨 이후 불과 1~2년 만에 다시 불행해진 사례가 수두룩하다.

왜일까? 행복은 왜 오랫동안 지속되지 않을까? 심리학자들은 이런 질문에 다양한 해답을 내놓고 있다. 우선 행복이 지속되는 기간이 그리 길지 않다는 점을 실험과 사례 분석을 통해 입증하고 있다. 복권 당첨자들을 대상으로 한 연구가 좋은 예다.

하버드대 심리학 교수 대니얼 길버트(Daniel Gilbert, 1957~)는 로또에 당첨된 사람들을 연구했는데, 로또가 주는 행복의 효과가 평균 3개월이 지나면 사그라진다는 것을 확인했다. 프랑스 파리경제

대학 연구팀이 1994년부터 12년간 로또 복권에 당첨된 사람들을 추적 조사한 결과 이들은 거액을 손에 쥐고도 건강과 경제적 풍요를 유지하지 못했다. 복권에 당첨된 사람들은 비싼 파티를 지나치게 자주 열었고, 음주와 흡연은 복권 당첨 이전보다 많아졌다. 이로 인해 이들의 건강과 재정 상태는 계속 악화됐다.

1978년 미국 노스웨스턴대학의 사회심리학자 필립 브릭먼(Philip Brickman)은 대조적인 두 집단의 행복 감정이 어떻게 변화하는지 관찰한 논문을 발표했다. 한 집단은 복권에 당첨된 벼락부자들이고, 다른 집단은 최근에 사고를 당해 불구가 된 사람들이었다. 당연히 복권 당첨자들의 행복도는 크게 높아졌고, 불구가 된 사람들의 행복도는 사고 전에 비해 크게 낮아졌다. 하지만 1년 뒤 다시 조사했더니 예상 외의 결과가 나왔다. 복권 당첨자들의 행복도는 당첨되기 이전의 수준으로 낮아진 반면 사고를 당한 사람들의 행복도는 사고 나기 전과 비슷한 수준으로 회복됐다.

이 실험은 로또 당첨이든, 불행한 사고든 어느 정도 시간이 지나면 인간은 기존 감정 상태로 다시 돌아간다는 사실을 보여준다. 로또 같은 행운만이 아니다. 어렵게 들어간 회사에서 갖은 고생을 무릅쓰고 마침내 승진에 성공했다고 치자. 며칠간은 축하받고 파티도 즐기며 행복감을 만끽한다. 그러나 1주일? 한 달? 얼마 지나지 않아 승진의 쾌감은 잠잠해지게 마련이다. 심리학자들은 이런 현상을 인간의 감정이 새로운 상태에 적응하기 때문이라고 본다.

쾌락이나 행복감은 인간의 생존을 위해 설계된 경험이며, 그것이 제 기능을 하기 위해서는 본래 값으로 돌아가는 '초기화'가 반드시 필요하다. 이것이 적응 현상이 일어나는 생물학적 이유라고 진화 심리학자들은 설명한다. 결혼 생활도 마찬가지다. 연애 시절에 뜨겁게 사랑했다지만, 가정을 꾸린 후에도 뜨거운 연애만 계속할 수는 없다. 생존을 위해서는 일도 하고 밥도 먹어야 하기 때문이다. 대신 신뢰나 정서적 안정 등 새로운 감정이 행복의 다른 형태로 들어서게 되는 것이다.

불행의 경험이나 감정 역시 이런 초기화 과정을 거친다. 앞서 살펴본 대로 불의의 사고로 불구가 된 사람들도 일정한 시간이 지난 후에는 행복도를 회복했다. 마찬가지로 실연의 아픔이나 배우자, 자녀 등 가족의 일원을 잃은 슬픔도 시간이 지나면 치유가 된다. 이런 감정들도 행복과 마찬가지로 생존을 위해 존재하기 때문이다. 어찌 됐든 사람은 살아 있는 한 살아가야 하는 존재이기 때문 아니겠는가.

7. 행복은 강도인가, 빈도인가

행복이 영원히 지속되는 감정이 아니라는 깨달음은 이런 질문으로 이어질 수 있다. 행복은 한 번의 행운이나 성공으로 얻어질 수 없는 것인가. 로또 같은 강력한 한 방도 약효가 얼마 가지 못한다면 도대체 어떻게 해야 하는가? 이런 의문에 행복 심리학의 원조 격인 미국 심리학자 에드 디너(Ed Diener, 1946~)는 이렇게 답한다. "행복은 기쁨의 강도가 아니라 빈도다(Happiness is the frequency, not the intensity of positive affect)."

미국 일리노이대 교수로 재직하는 동안 인간이 행복을 느끼는 메커니즘과 사회적 관계를 연구한 디너 교수는 무엇보다도 인간의 행복은 로또 같은 한 방으로 해결되는 것이 아니라고 분석했다. 모든 쾌락은 적응 과정을 거쳐 곧 소멸되기 때문이다. 따라서 한 번의 커다란 기쁨보다 작은 기쁨을 여러 번 느끼는 것이 절대적이라고 보았다.

그는 행복은 어떤 지점이 아니라 과정이라고 말했다. 행복은 무엇을 소유할 때가 아니라 무엇인가를 할 때 찾아온다는 것이다. 등산의 목표는 정상 정복일 수 있다. 그러나 정상에서 맛보는 쾌감은 오래 지속되지 않는다. 곧 내려와야 한다. 결국 산행의 행복은 정상이라는 어떤 지점에 있는 것이 아니라 산을 오르고 내리는 과정에 있다는 것이다.

합격이나 승진 같은 삶의 조건들도 마찬가지다. 성취하는 순간에는 큰 기쁨이 있어도 그 후 소소한 즐거움을 지속적으로 얻을 수 없다는 한계가 있다. 명문대에 합격했다는 기쁨은 잠시뿐, 취직이냐 대학원 진학이냐라는 인생 설계를 해야 하는 길고 피곤한 대학 생활이 기다리고 있다. 승진이 기쁨 역시 며친 뒤면 늘어난 업무아 책임감에다 다음 승진 자리에 대한 관심으로 대체되면서 경쟁 속으로 되돌아가고 만다.

서은국 교수는 이 같은 행복의 속성을 아이스크림에 비유해 설명한다. 아이스크림은 입을 잠시 즐겁게 하지만 반드시 녹는다. 승진, 합격, 당선 등 인생의 거창한 것을 끝없이 쫓는 사람들은 "내 손안의 아이스크림은 녹지 않을 것"이라는 환상에 빠져 있다. 하지만 행복 공화국에는 냉장고라는 것이 없다. 모든 것은 녹는다. 내 아이스크림 역시 반드시 녹는다는 사실을 받아들여야 한다. 대신 자주, 여러 번 아이스크림을 맛보는 쪽을 택해야 한다.

디너 교수는 한국에서 《모나리자 미소의 법칙》이라는 제목으로 번역 출간된 저서에서 완전한 행복보다는 조금 불행한 행복을 추구하라고 권한다. 그는 그동안 우리가 알고 있던 지속적이고 완벽한 행복감은 실현 자체가 불가능할 뿐 아니라 장기적으로 개인에게 득보다 실을 더 많이 가져다준다고 말한다. 책의 제목에 들어 있는 모나리자의 미소처럼, 83퍼센트의 기쁨과 17퍼센트의 슬픔이 조화롭게 균형을 이룰 때 장기적으로 성공적인 삶을 살 수 있다고 말한다.

8. 성공한 사람들의 행복론

성공이나 행운이 행복을 보장하지는 않는다지만, 성공을 거둔 인물로 평가받는 사람들의 행복론을 들어보는 것도 행복의 여러 측면을 이해하는 데 도움이 될 것이다. 명문 대학이나 국가고시에 합격한 사람들의 수기처럼 후학들에게는 길잡이가 될 수도 있기 때문이다.

우선 부자들의 행복관부터 들어보자. 아무래도 부자는 본인의 행복 유무를 떠나 부자가 아닌 모든 사람들로부터 관심의 대상이 될 수밖에 없다. 워렌 버핏(Warren Buffett, 1930~) 버크셔 헤더웨이 회장은 세계 최고 부자 가운데 한사람이다. 그는 2018년 초 미국 언론과의 인터뷰에서 행복에 관한 자신의 생각을 이렇게 정리했다.

"학교를 막 졸업했을 때 내 수중에는 1만 달러뿐이었다. 그러나 나는 불행하지 않았다. 오히려 많은 재미를 맛보며 살았다." 그는 돈을 더 많이 가질수록 더 행복해진다는 생각은 잘못된 것이라고 지적한다. "당신에게 지금 10만 달러가 있다고 하자. 그런데 당신은 행복하다고 생각하지 않는다. 당장 100만 달러를 갖게 되면 행복할 것이라고 생각하지만, 그렇지 않다. 당신이 100만 달러를 갖게 된다 해도 주변을 둘러보면 200만 달러를 가진 사람들이 나타난다. 그 순간 당신의 행복은 사라지고 만다."

부자와 행복에 관한 그의 결론은 이것이다. "얼마나 빨리, 많이 돈을 버느냐는 것보다 부자가 되는 과정을 즐겨라."

미국을 대표하는 부자가 워렌 버핏이라면 중국을 대표하는 부자는 마윈(馬雲, 1964~) 알리바바 그룹 회장이다. 미국 경제지 〈포브스 (Forbes)〉이 2018년 세계 억만장자 순위에서 순자산 44조 원으로 20위를 차지한 아시아 최고 갑부다.

마윈을 배우려는 학생들이 가장 자주 던지는 질문은 벼락부자가 되는 법이었다. 그는 이런 질문에 "나는 지금 어깨가 너무 무거워서 정말 행복하지 않다. 세속적으로 출세하고 부자가 되면 권리도 생기지만 부담감도 커진다"라고 답했다. 이어서 "나는 학교 선생 할 때가 지금보다 훨씬 행복했다. 그때는 몇 달치 봉급을 모으면 자전거를 살 수 있었는데, 그날을 헤아리고 기다리는 작은 행복이 있었다. 지금은 어깨가 너무 무겁다"고 짜증 섞인 대답을 했다. 그때 어느 학생이 "그렇게 과거가 좋고 지금 행복하지 않다면 제가 가진 젊음과 회장님이 가진 돈을 맞바꿀 용의가 있느냐?"라고 물었다. 마윈은 "물론 그럴 용의가 있으나 당신은 얼마 안 가 후회하게 될 것"이라고 답했다.

성공한 커리어 우먼 가운데 한 명인 미국의 아리아나 허핑턴(Arianna Huffington, 1950~)은 한 번의 성공이 행복을 보장하지 않는 만큼 '제3의 행복'을 찾아야 한다고 강조한다. 그녀는 2014년에 쓴 《제3의 성공》에서 진정으로 바람직한 삶을 살기 위해서는 제3의 기준이 필요하다고 말했다. 여기서 제3의 기준은 웰빙(후생)과 지혜, 경이, 자선이라는 4가지 축이다. 특히 자선, 즉 베푸는 삶을 강조한다. 허핑턴은 웰빙과 지혜와 경이는 모두 성공과 번영을 위해 중요하지만, 네 번째 요소인 베풂이 더해지지 않으면 불완전하다고 지적한다. 베풂과 사랑, 배려와 공감, 동정심 등은 다른 사람을 돕기 위해서 자신의 안락함을 포기하는 마음이지만, 이를 통해 새로운 성공과 행복의 세계에 이를 수 있다는 것이다.

허핑턴의 행복관 가운데 인상적인 부분은 더 있다. 그는 행복은 자질이 아니라 테니스처럼 연습해서 키워갈 수 있는 능력이라고 강조한다. 특히 베풂의 경우 자주 되풀이할수록 행복감을 키워갈 수 있다고 설명한다.

부자는 아니지만 '성공한 철학자'인 김형석(1920~) 연세대 명예교수는 100세를 눈앞에 두고도 강의와 기고로 왕성한 활동을 이어가고 있다. 그는 2017년에 펴낸 베스트셀러 《백년을 살아보니》에서 60세 이후 75세까지 인생의 진정한 행복이 온다고 말했다. 그는 어떻게 살아야 잘사는 것이냐는 질문에 이렇게 답했다. "물질적으로는 중산층, 먹고살 만한 것이 좋겠다. 그러나 정신적으로는 상류층이 되자."

그는 행복에는 고통이 따른다는 점도 강조한다. 행복을 얻기 위해서는 그만큼 노력해야 한다는 것이다. 가령 자식이 사랑스럽다면 그 자식은 내가 사랑을 베푸는 고통을 감수해야 한다. 남녀 간의 사랑도 한쪽이 일방적으로 받을 생각만 하면 행복하지 않다. 주고받아야 한다. 행복에는 반드시 대가와 고통이 따른다는 점을 이해해야 한다는 것이다.

스스로 바보라고 불렀지만 누구도 바보로 생각하지 않은 우리 시대의 성지 김수환 추기경(1922~2009)이 남긴 어록 가운데 행복과 관련한 부분도 음미해볼 만하다. 김 추기경은 사후에 발간된 잠언집 《바보가 바보들에게》에서 이런 말을 남겼다. "내가 태어날 때는 나 혼자 울고 옆의 많은 사람들에게서는 박수를 받았다. 그러나 내가 죽을 때는 주변의 많은 사람들이 애도하는 가운데 나는 웃으면서 죽는 것이 진정한 행복일 것이다."

9. 돈과 행복을 보는 동서양의 인식차

앞서 인용한 철학자, 심리학자들의 행복론을 유심히 보면 돈과 행복의 관계에 관해서 한 가지 공통점이 드러난다. 대체로 서양의 행복론에서는 돈이 행복감을 느끼는 데 필요조건이긴 하나 행복을 보장하는 절대적인 조건은 아니라고 설명한다. 영국의 리처드 레이어드 교수나 미국의 에드 디너 같은 행복 경제학, 행복 심리학의 대가들은 대체로 개인 소득이 일정 수준(1인당 소득 2만 달러)을 넘으면 재산이 더 늘어나더라도 행복이 비례해서 증가하지 않는다고 공통적으로 지적한다.

《정의란 무엇인가》로 한국에서도 널리 알려진 마이클 샌델 (Michael J. Sandel, 1953~) 하버드대 교수는 또 다른 저서 《돈으로 살 수 없는 것들》에서 돈이란 시장경제를 돌리는 윤활유지만, 시장 밖으로 나와서 도덕을 밀어내는 현상을 경계해야 한다고 강조한다.

그는 돈으로 도덕을 사는 사례들을 여럿 보여준다. 교도소 감방을 보다 안락한 곳으로 업그레이드하는 데 1박에 82달러, 인도 여성을 대리모로 이용하는 비용 6,250달러, 대기에 탄소를 배출할 권리 1톤에 13유로 등등.

이스라엘에서 직장 맘들이 아이를 맡기는 어린이집의 사례도 제시한다. 오후 3시에 어린이집 문을 닫을 때까지 아이를 데리러 오지 않는 엄마에게 벌금을 매겼더니 오히려 늦는 엄마들이 더 늘어났다는 얘기다. 약속 시간을 넘겼다는 죄책감이 벌금으로 상쇄되면서 오히려 당당히 오후 3시를 넘기는 엄마들이 많아졌다는 사례는 사람은 인센티브에 반응한다는 일반 경제학의 논리와도 다른 것이다. 돈이 인간의 규범을 바꾼 것이다.

샌델 교수는 돈이 시장 밖으로 흘러넘치면서 발생하는 문제점들을 다양하게 제시한다. 돈으로 살 수 있는 것이 점점 많아지는 세상이지만, 돈으로 살 수 없는 것이 아직 많이 남아 있다. 돈으로 살 수 있지만 사서는 안 되는 것도 존재한다. 장기 매매나 영아 매매 같은 것이 좋은 예다. 이렇게 볼 때 시장의 도덕적 한계에 대한 공감대 형성이 필요하며, 이른바 시장 논리의 무조건적 추종은 비판받아 마땅하다는 것이다.

그는 요컨대 정의로 대표되는 '옳음(right)'을 앞세우는 접근도 중요하지만 도덕이나 선, 공동체적 가치 등을 가리키는 '좋음(good)'을 포기해서는 안 된다고 강조한다. 그런 좋음 속에 행복의 가치가 담겨 있다고 보기 때문이다. 그래서 정의를 추구할 때도 행복을 무시하거나 도외시할 것이 아니라 함께 품어야 한다고 말한다. 아무튼 샌델 교수의 이런 논리는 돈의 역할과 기능이 무한 확산되면서 좋음과 옳음의 가치를 훼손하는 세상은 결코 바람직하지 않다는 메시지를 담고 있다.

이에 비해 동양에서는 돈과 재산의 중요성을 높게 평가하는 가르침이 많다. 대표적인 것이 유교 문화권에 널리 퍼진 '5복' 사상이다. 중국 고서인 《서경》에서 비롯된 5복은 수(壽)·부(富)·강녕(康寧)·유호덕(攸好德)·고종명(考終命)의 다섯 가지로 구성된다. 서양의 행복론에서는 찾아보기 어려운 비정신적인 요소가 많다.

중국의 가치관을 잘 보여주는 것 중에 '후안흑심(厚顏黑心)'이 있다. 한(漢)나라를 세운 유방은 항우가 부친을 인질로 잡아 삶아 죽이겠다고 협박했을 때 태연하게 "그 국 한 사발을 나눠달라"며 항우를 비웃었다. 그는 초나라 병사에게 쫓길 때 수레가 무거워 잡힐 듯하자 수레의 무게를 덜기 위해 자식들을 세 번이나 발로 차서 마차에서 밀어냈으며, 천하를 얻은 뒤에는 일등공신인 한신과 팽월을 토사구팽했다. 조조의 책사 사마의는 과부와 고아까지 속임수의 대상으로 삼았으며, 제갈량에게 부녀자용 두건을 선물 받는 모욕을 당했을 때 선물을 가져온 사자를 환대하는 등 뻔뻔하기가 유비 못지않았다.

월왕 구천과 부차, 유방과 항우, 조조와 유비, 손권과 사마의 등 중국 역사에서 명멸한 영웅호걸들은 궁극의 승리를 위해 도덕이나 상식을 초월한 후흑사를 버젓이 되풀이했다. 그런 역사를 전하는 《후흑학》[14]의 핵심 메시지는 간단하다. 실리를 위해 도덕을 폐기하라는 것이다.

동양 고서 가운데 경쟁에서 이기는 길을 가르치는 대표적인 고전이 《손자병법》[15]이다. 싸우지 않고 이기는 것이 최선이며, 싸움은 이기고 나서 시작하라는 내용이 핵심이다. 전쟁을 피하되 불가피할 경우 짧은 시일 안에 무슨 방법을 쓰더라도 적은 희생으로 승리를 쟁취해야 한다는 것이다. 전쟁을 가능한 빨리 이기는 방법의 핵심을 상대를 속이는 것으로 정리한다.

춘추시대 이후의 병서들을 요약 정리한 《삼십육계》도 《손자병법》만큼이나 유명하다. 이것도 전체적으로는 적을 속이거나 역이용하는 내용들이다. 가령 36가지 계책 가운데 31번째로 미녀를 바쳐 음욕으로 유혹하라는 '미인계(美人計)'가 있다. 36번째 마지막 수단이 '주위상책(走爲上策)'이다. 이도저도 안 되고 세가 불리하면, 들고뛰는 것이 상책이라는 가르침이다.

동양적 가치는 소중한 것들이 매우 많다. 다만 중국을 비롯한 동양권 국가들이 절대 빈곤을 벗어나는 과정에서 《후흑학》적인 성공 방식이 지나치게 떠받들어지는 것은 그리 바람직하지 않다. 돈과 성공이 행복을 보장하지 않는다는 행복론의 관점에서도 이제는 버려야 할 현상이 아닐 수 없다.

10. 비커밍(Becoming)과 비잉(Being), 행복의 본질을 보자

우리는 앞서 영국 경제학자 리처드 레이어드의 《행복의 함정》을 인용하면서 소득이 일정 수준을 넘어서면 인간의 행복과 소득 증가가 비례하지 않는 이유를 비교와 습관화로 정리했다. 아무리 내 소득이 늘어도 나보다 더 많이 번 사람과 비교하는 순간 행복감은 사라진다. 로또 같은 행운이 주는 쾌락도 잠시뿐, 그 즐거움에 익숙해지고 습관화되면 효용은 끝난다는 것이다.

그렇다고 해서 레이어드 교수가 비교를 하지 말라고 강요하진 않는다. 과도한 비교로 위만 보다가는 모두가 불행해질 수 있다는 경고다. 요컨대 비교를 덜 하거나 균형점을 찾아야 한다는 것이다.

《행복의 함정》에 이런 비교가 사례로 제시된다. 당신의 연봉은 5만 달러이고 다른 사람들은 2만 5000달러인 사회와 당신의 연봉이 10만 달러인데 다른 사람들은 20만 달러인 사회 가운데 어느 사회에서 살기를 원하느냐는 설문이다. 하버드대 공공대학원의 교수·학생·교직원을 대상으로 한 설문이었는데, 다수가 실제 연봉이 절반에 불과한 첫 번째 사회에 살고 싶어 했다. 이처럼 행복을 결정하는 것은 자신의 소득이 아니라 남의 소득이다. 비교를 피할 수 없기 때문이다.

앞서 행복은 기쁨의 강도가 아니라 빈도라고 강조했던 행복 심리학자 에드 디너는 2006년 인도 콜카타와 미국 도시의 노숙자 168명을 인터뷰해 이들의 행복감을 비교하는 실험을 했다. 인도 노숙자의 수입은 한 달 평균 24달러, 미국 노숙자의 수입은 270~358달러로 10배 이상 높았다. 하지만 행복 지수로 보면 인도 노숙자가 미국 노숙자들에 비해 높았다. 인도인들에게 가난은 치욕이 아니지만 미국인들에게는 인생의 실패를 의미하기 때문이다.

이처럼 비교는 행복과 불행의 원천이다. 인간은 남들보다 더 행복하기 위해, 또는 덜 불행해지기 위해 끝없이 노력한다. 그것은 인간의 생존과 번식을 위해 불가피한 과정이기도 하다. 적당한 비교는 생존과 번식을 위한 동기 유발로 이어진다. 문제는 지나치지도 부족하지도 않은 적당한 선을 찾는 것이다. 행복의 본질도 이 근처에 있을 것이다.

우리가 행복의 본질을 생각할 때 중요한 길잡이가 있다. 무엇이되는 것을 가리키는 '비커밍(becoming)'과 무엇으로 사는 것을 가리키는 '비잉(being)'의 차이를 이해하는 것이다. 부자나 출세를 뜻하는 성공 또는 성취가 비커밍이라면, 하루하루 살아가는 과정이 비잉이다. 서은국 교수는 《행복의 기원》에서 이렇게 설명한다. "재벌 집 며느리가 되는 것(becoming)과 그 집안 며느리로 사는 것(being)은 아주 다른 얘기다." 우리는 재벌 집 며느리라는 화려한 변신의 순간에만 주목하지 삶을 구성하는 그 뒤의 많은 시간에 대해서는 미처 생각하지 않는다. 그래서 재벌 집 며느리는 당연히 행복할 것이라고 믿지만, 과연 재벌 집 며느리는 모두 행복할까?

명문대 합격을 달성한 대학 신입생이 느끼는 심리적인 변화도 마찬가지다. 합격 통지를 받는 순간의 행복감, 영광은 크다. 그러나 막상 명문대에 입학해서 대학생으로 살다 보면 고등학생 때나 행복에 큰 변화가 없다는 사실을 한 학기도 지나지 않아서 깨닫게 된다. 그제야 당황한다. 많은 사람들이 돈이나 출세 같은 인생의 변화를 통해 얻을 수 있는 행복의 총량을 과대평가한다. 바로 이 행복의 지속성 측면을 빼놓고 생각하기 때문이다.

행복은 남의 성공을 부러워하고 남보다 성공하기 위해 발버둥 치는 곳에 있지 않다. 자신이 행복해지는 방법은 지금 내가 사는 삶 속에 숨어 있다는 것을 제대로 인식하고 찾아내야 한다. 모두가 비커밍(becoming)에 눈을 두고 살지만, 정작 행복이 담겨 있는 곳은 비잉(being)에 있기 때문이다.

열 번째 질문

자신의 미래를
어떻게 설계하고 있는가?

1. 자아 인식, 나는 존귀한 존재

이제 마지막 질문을 앞에 두고 처음으로 돌아가자. 우리는 이 책의 첫 질문을 '인간의 실체는 무엇입니까?'로 시작했다. 짧게 정리하자면 이런 내용이었다. 과학의 관점에서 인간은 우주 역사를 1년으로 환산할 때 12월 31일 오후 2시가 넘어서 첫선을 보인 늦둥이다. 그러나 이기적 유전자를 앞세운 진화에 성공하면서 지구를 지배하는 존재가 됐다. 그동안 농업혁명과 산업혁명, 정보혁명을 거쳐 과학기술이 폭발적으로 발전하는 4차 산업혁명의 시대를 이끌어내면서, 바야흐로 신의 경지에 도전하는 호모데우스를 향해가고 있다.

인류는 이제 전쟁과 기아, 질병의 공포로부터 해방되면서 모든 개인의 자유와 권리, 존엄성, 행복 추구가 가능한 시대에 진입했다. 식민과 노예의 삶은 물론 독재자와 특권의 시대도 막을 내리고 있다. 집단 지성이 새로운 동력으로 떠오르면서 이제 한 사람 한 사람이 역사의 주인공으로 인정받고 대접받는 시대가 됐다.

그러나 이런 세상이 눈부신 변화를 따라가지 못하는 문제들도 여전히 남아 있다. 무엇보다도 인간은 지구라는 행성의 정복자가 됐지만, 막상 자기 자신은 정복하지 못하고 있다. 가령 "너 자신을 알라"라는 소크라테스의 명언은 지금도 여전히 유효하다. 세상이, 과학기술이 그렇게 눈부시게 발전해도 우리는 스스로 "나는 과연 나 자신을 아는가?"라는 질문에 자신 있게 답하지 못한다. 소크라테스의 질문은 여전히 엄중하고, 우리는 그 질문 앞에 여전히 왜소하다.

석가모니 부처님은 태어나면서 일곱 걸음을 걸은 뒤 외쳤다. "천상천하 유아독존!(天上天下唯我獨尊)". 이 말은 하늘과 땅, 우주에서 내가 가장 존귀한 존재라는 뜻이다. 천상천하에 존재하는 모든 생명의 존엄성과 인간의 존귀한 실존성을 상징한다. 석가모니는 바로 이런 진리를 깨우쳐 고통 속에 헤매는 중생을 구제하기 위해 사바세계에 오신 것이다.

그러나 정작 인간은 석가모니가 이 땅에 온 뜻이나 가르침을 제대로 인식하지 못하고 있다. 대부분의 인간은 평생 자신을 학대하며 살아간다. 돈과 권력에 눈이 어두워서, 명예욕이 지나쳐서 자신을 마구 다루는가 하면 때로는 비굴한 삶도 서슴지 않는다. 인간이 가장 사랑해야 하는 것이 자기 자신인데, 스스로 존중받고 행복을 느끼는 삶을 사는 인간은 그리 많지 않다.

지난 세기 식민 지배와 대규모 내전을 겪고 폐허가 되다시피 한 나라를 단기간에 세계에서 손꼽히는 경제대국으로 변모시킨 대한민국의 구성원들 역시 '유아독존' 보다는 불만과 불안, 갈등과 대립

속에서 OECD 국가들 가운데 인구 대비 자살률 1위라는 그림자에 시달리고 있다. 왜 우리는 외형적인 성장에 걸맞게 스스로 존중하고 사랑하며 행복감을 즐기는 대신 스스로를 학대하고 비하하는 삶을 택할까.

2. 나를 위해, 미움받을 용기

우리는 앞서 행복의 여러 측면을 살펴보면서 행복은 주관적인 마음 상태이며, 타인과의 비교나 쾌락의 습관화 같은 함정을 조심해야 한다는 관점에 공감했다. 행복이란 본질적으로 부자나 권력자의 자리에 오르는 '비커밍(becoming)'이 아니라 하루하루 의미와 가치 있게 살아가는 '비잉(being)'의 과정 속에 깃든다는 설명에도 공감했다.

이런 행복의 길잡이들은 돈이나 권력을 쫓아 자신의 삶과 가치를 희생시키는 상황을 피하도록 권한다. 불확실한 성공에 모든 것을 걸고 스스로를 비하할수록 행복은 멀어지고 존중받는 삶 역시 멀어진다고 보기 때문이다. 이런 사람들일수록 가족, 친구, 직장 동료, 선후배 등 주변 사람들의 핑계를 대거나 눈치를 보면서 끊임없이 자신을 학대한다. 허구한 날 술 담배에 빠져 사는 삶이 결코 바람직스럽지 않음을 알면서도 "친구 때문에", "거래처 만나느라", "직장 동료들이 붙잡아서" 같은 핑계를 대며 살아가는 사람들이 좀 많은가.

이처럼 스스로를 존중하지 않는 삶을 바로잡을 해법은 그리 복잡하지 않다. 한세상 살아가면서 내가 모든 것을 독차지할 수는 없다. 하나를 얻으려면 다른 하나를 포기하거나 대가를 지불해야 한다. 인생도 마찬가지다. 내가 자기학대와 수모의 삶을 탈출해 존귀함을 되찾고 행복을 거머쥐려면 그만한 대가가 필요하다. 그것은 용기다. 더 구체적으로 말하자면, 남의 시선이나 요구를 거부할 수 있는 일단의 용기다.

지난 2015년에 출판된 베스트셀러 《미움받을 용기》는 바로 이런 용기를 강조하는 내용이다. 일본 철학자 기시마 이치로(岸見一郎, 1956~)와 고가 후미타케(古賀史健, 1973~)가 공저한 이 책은 세계 3대 심리학자로 불리는 알프레드 아들러(Alfred Adler, 1870~1937)의 이론을 저자들이 대화 형식으로 풀어 썼다. 아들러는 오스트리아 출신의 정신의학자이자 심리학자로, 긍정적 사고를 통해 인간을 바꿀 수 있다는 관점을 강조하는 '개인 심리학'을 창시한 인물이다. 그의 이론은 데일 카네기(Dale Carnegie, 1888~1955), 스티븐 코비(Stephen Covey, 1932~2012) 등 자기 계발의 멘토로 불리는 인물들에게도 큰 영향을 미쳐서 '자기 계발의 아버지'로도 불린다.

책이 전하는 메시지는 분명하다. 우리는 모두 변화를 원한다. 지금보다 더 자유롭고, 더 행복하고, 더 성공적인 삶을 원한다. 하지만 우리는 쉽게 핑계를 대고, 쉽게 포기한다. 주변을 돌아보자. 나든 남이든, 이런 말들을 흔히 들을 수 있다. "상황이 이렇게 된 것은

다 남(가족, 친구, 동료 등) 때문이야", "내가 부잣집에서 태어났더라면 이렇게 살고 있지는 않을 텐데" 등등. 이렇게 남 탓, 과거 탓을 하면서 지금 해야 할 일을 하지 않거나 미루지는 않았던가.

아들러가 남긴 메시지는 간단하다. 인간은 변할 수 있고, 누구나 행복해질 수 있다. 단, 그러기 위해서는 용기가 필요하다. 자유로워질 용기, 평범해질 용기, 행복해질 용기, 그리고 미움받을 용기가 필요하다는 것이다. 특히 아들러는 미움받을 용기를 강조한다.

그는 나의 삶을 가로막는 모든 고민은 인간관계에서 비롯된다고 설명한다. 이를테면 부모나 형제와의 관계일 수도 있고, 직장 동료와의 관계일 수도 있다. 이들과의 관계가 체면이나 욕망과 얽히면서 스스로를 얽어맨다. 이런 관계로부터 자유로워지려면, 관계로 얽힌 사람들로부터 미움받을 용기가 필요하다. 다시 말해 남의 시선과 이목에 신경 쓰느라 지금 나의 행복을 놓치지 말라는 것이다. 내가 아무리 잘 보이려고 애써도 나를 미워하고 싫어하는 사람은 반드시 있게 마련이니 미움받는 것을 두려워하지 말라는 것이다.

그렇다고 아들러가 일부러 남에게 미움을 받으라고 권하는 것은 아니다. 인간관계를 일부러 파괴하라는 주문도 아니다. 우리는 앞서 하버드대학교의 '인간 발달 연구'를 통해 좋은 인간관계가 행복의 가장 큰 조건이라는 연구 결과를 살펴봤다. 관계는 여전히 소중한 것이다. 아들러는 다만 고민의 근원인 인간관계 속에서 '과제의 분리'를 강조한다. 나의 과제와 남의 과제를 분리하라는 것이다.

가령 내가 직장에서 오후 5시 정시 퇴근을 택했다면 그것은 나의 과제다. 오후 5시에 정시 퇴근하는 나를 부장님이나 과장님이 어떻게 생각할까 걱정하는 것은 나의 과제를 착각한 것이다. 그것은 부장이나 과장의 과제일 뿐이다. 나의 과제와 남의 과제를 냉정하게 분리해서, 내가 남의 과제에 개입하지 않듯이 남도 나의 과제에 개입시키지 말라는 것이다. 아들러는 따라서 자유나 존중, 행복을 누리는 삶은 나의 과제에 당당하되 남으로부터는 미움을 받을 용기에서 비롯된다고 설파한다.

남의 시선이나 기대에 쫓겨서 자신을 학대하는 사람은, 가장 소중한 자신의 인생을 남에게 맡기고 살아가는 것이나 마찬가지다. 그것은 나의 삶이 아니다. 그렇게 해서 행복해질 수도 없다. 결국 우리가 존중받고 행복한 삶을 원한다면 남의 시선이나 기대로부터 자유로울 수 있는, 미움도 받을 수 있는 용기를 가져야 한다.

3. 인생은 결국 자신과의 싸움

이제 "좋아, 설사 미움을 받더라도 내 인생을 살아보자"고 결심한다 하자. 그러면 나는 지금까지 나를 속이지 않고 제대로 대접하면서 살아왔던가? 나를 가장 사랑하는 것이 나이긴 하지만, 나를 가장 많이 괴롭히고 속인 것도 내가 아닌가. 내가 나 자신을 얼마나 알고 있는지 사실 나도 잘 모른다. 나는 누구인가. 내 마음이 나인가. 나와 내 마음 중 어느 쪽이 어느 쪽을 움직이는가? 내가 내 마음의 주인인가, 내 마음이 나의 주인인가? 의문은 끝없이 이어진다.

한 가지 분명한 것은 내가 나 자신을 속이거나 약속을 지키지 않는 일이 아주 많다는 점이다. 금연·금주는 자신과 수시로 맺는 약속이지만 수시로 깨는 약속이기도 하다. 열심히 운동해서 한 달 내로 체중 5킬로그램을 빼겠다거나 영어 공부를 열심히 하겠다는 다짐도 며칠 못가는 경우가 허다하다. 오죽하면 작심삼일(作心三日)이겠는가. 이처럼 자신과의 약속을 지키지 못하는 것은 자신과의 싸움에서 자신이 지고 있는 것이다.

우리는 피겨 스케이팅 라이벌 김연아와 아사다 마오를 기억한다. 1990년생 동갑나기인 두 선수는 뛰어난 실력과 미모를 겸비한 스타 플레이어로, 여자 피겨스케이팅의 기술 수준과 인기를 한 단계 끌어올렸다는 평가를 받고 있다.

이미 알려진 대로 두 선수는 주니어 시절부터 세계 무대에서 우승을 주고받으며 성장했다. 그러나 두 선수의 기량과 인기가 절정에 올랐던 2010년 밴쿠버 올림픽에서 김연아가 아사다 마오를 큰 점수차로 제치고 금메달을 목에 건 이후 승부는 사실상 끝났다.

아사다 마오는 왜 김연아를 넘지 못했을까. 밴쿠버 올림픽은 경쟁에 임하는 두 라이벌의 실력과 자세를 상징적으로 보여준 자리였다. 당시 아사다 마오는 쇼트프로그램에서 김연아에 앞서 경기를 했다. 마오는 그만의 전매특허로 꼽히는 트리플 악셀 기술을 성공시키며 높은 점수를 받았다. 관중의 환호와 박수가 체육관에 넘쳐났다. 순간 김연아가 싱긋 웃는 모습이 화면에 포착됐다. 그리고 다음 순서로 나가서 침착하게 사신의 연기를 마친 후 아사다 마오를 4점 이상 능가하는 점수를 받았다.

김연아는 경기 후 인터뷰에서 이렇게 말했다. "박수와 환호 소리만으로도 마오가 좋은 점수를 받았다는 것을 알았어요. 하지만 혼란스럽다든지 이런 생각은 전혀 없었어요." 이어진 프리스케이팅에서도 김연아는 마오는 물론 다른 선수들에게 신경 쓰지 않고 출전 직전까지 연습에 몰두하고 있던 반면, 마오는 종종 커튼 사이로 다른 선수들을 살펴보곤 했다.

이런 모습을 종합하면 김연아는 자신과의 승부에 집중했다고 볼 수 있다. 아사다 마오가 이를 악물고 성공시킨 트리플 악셀은 오직 김연아를 이기기 위한 기술이었다. 그의 목적은 어떻게든 김연아를 이기자는 것이었다. 그러다 보니 트리플 악셀은 성공시켰지만 기술의 연결성, 예술성이 흔들렸다. 그는 은메달 수상 후 일본 언론과의 인터뷰에서 "내가 할 수 있는 것을 다했지만, 져서 분하다"라며 울먹였다.

반면 김연아는 달랐다. 그는 선수 시절 여러 인터뷰에서 이렇게 말했다. "나는 늘 나의 적은 아사다 마오가 아니라 나 자신이라고 생각했다." 비록 아사다 마오가 김연아가 갖지 못한 기술을 가졌다

해도 그만의 장점인 예술성과 연기력, 탄탄한 기초를 잘 결합시키면 이길 수 있다고 생각했다. 그런 자세가 밴쿠버 올림픽에서 아사다 마오의 연기에 쏟아진 환호성에 전혀 흔들리지 않는 모습으로 나타난 것이다.

맨발의 마라토너로 유명한 아베베 비킬라(Abebe Bikila, 1932~1973)의 생애도 자신과의 싸움에 이긴 인간의 모습을 잘 보여준다. 그는 1960년 로마올림픽 마라톤 종목에서 우승했다. 한국전쟁 참전용사로 에티오피아 황실 근위병이었던 아베베는 맨발로 세계신기록을 세워 세계를 놀라게 했다. 4년 후 도쿄올림픽에서도 세계신기록으로 우승하며 조국 에티오피아는 물론 세계 육상계의 영웅으로 떠올랐다. 아베베는 이런 유명한 말을 남겼다. "나는 다만 달릴 뿐이다. 나의 적은 다른 선수들이 아니라 바로 나 자신이었다."

결국 자신과의 싸움에서 이겨야 진정한 승자가 될 수 있다는 얘기다. 비단 김연아나 아베베 같은 스포츠 스타들에게 한정된 얘기가 아니다. 우리 모두의 인생에 던져진 길잡이다. 남의 시선과 기대를 의식해서 자신의 삶을 살지 못하는 것도 문제지만, 자신과의 약속, 자신과의 싸움을 이겨내지 못하는 것은 더욱 큰 문제가 아닐 수 없다. 결국 모든 불행, 패배, 상실, 나아가 실패한 삶의 근원은 자신과의 싸움에 밀리면서 시작되는 것이라 할 수 있다.

4. 생각 없이, 준비 없이 맞는 미래

그렇다고 자신과의 싸움에서 늘 이기는 사람이 있을까. 무슨 일이든 마음먹은 대로 이뤄내며, 어떤 고통도 이겨내는 사람이 있을까. 있다면 인간이라기보다 신의 경지로 봐야 할 것이다. 때로는 술에 취하기도 하고, 가끔 약속을 깨기도 하는 것이 인간이다. 깜빡 실수도 하고, 뭔가 잊어버리기도 한다. 이처럼 자신과의 싸움은 전승(全勝)이나 전패(全敗)의 게임이 아니다. 승률의 게임이다.

앞서 행복의 함정으로 남과의 비교를 꼽은 심리학의 가르침을 살펴봤다. 심리학은 비교를 전혀 하지 말라고 가르치지는 않는다. 비교가 어느 정도 동기 유발의 근원이라는 점을 인정한다. 다만 남과 과도하게 비교하다 자신의 삶을 망가뜨리는 것을 경계한다. 자신과의 싸움도 마찬가지다. 자신과의 약속이나 다짐을 지켜내는 승률을 높일수록 가치 있고 행복한 삶을 기대할 수 있다.

내가 나 자신과의 싸움에서 승률이 떨어진다면 그 이유는 무엇일까. 핑계 없는 무덤이 없다고 했다. 개인에 따라 천 가지, 만 가지 이유가 있을 것이다. 그래도 어떤 공통분모를 찾아 고전을 들여다보면 삶의 의미와 목적의식이 부족하기 때문이라는 지적에 공감이 간다. 가령 프랑스 철학자 몽테뉴(Michel de Montaigne, 1533~1592)는 "위대하고 영광스러운 인간의 걸작은 목적을 갖고 사는 것"이라고 갈파했다. 삶의 목적이 인간에게 방향감각을 제공하고 각각의 활동에 의미를 부여하여 흩어진 조각 같은 삶을 걸작으로 만들어간다는 뜻이다.

헝가리 출신으로 긍정 심리학의 세계적 대가로 꼽히는 미하이 칙센트미하이(Mihaly Csikszentmihalyi, 1934~)는 인간에게 최고의 순간은 보통 힘들고 가치 있는 목적을 달성하기 위해 자발적으로 노력하면서 몸과 마음이 최고의 기량을 발휘할 때 나타난다고 말했다. 그는 목적이 있는 삶일수록 즐거움이 커지고, 즐거움을 얻으면 삶이 더욱 의미 있게 느껴진다고 설명한다. 뒤집어 얘기하면 생각 없이, 목적 없이 사는 삶은 의미도, 재미도 없다는 것이다.

일본에는 '하류 인생'이라는 개념이 있다. 일본의 장기 불황을 지칭하는 잃어버린 20년이 한창이던 2005년, 미우라 아츠시(三浦展, 1958~)가 쓴 《하류사회, 새로운 계층 집단의 출현》이 베스트셀러가 되면서 일반화되기 시작했다. 미우라가 말하는 하류는 먹고살기조차 어렵고 곤궁한 사람들이 아니다. 생활은 크게 어렵지 않지만 중류층으로 올라설 의욕이 없는 하류층이거나 중류층에서 떨어진 계층을 말한다. 특히 30대에 스스로를 하류나 중하층이라고 생각하는 사람들의 비중이 절반 가까이 된다고 한다.

5. 공자가 팔순을 넘겼더라면

나이가 들어서도 의미와 가치 있는 삶은 어떤 것이며, 어떻게 준비해야 할까. 우선 떠오르는 것은 돈이나 소득의 문제다. 돈이란, 살아가기에 필요한 최소한의 준비는 필요하다. 행복 심리학이나 성현들의 가르침도 돈이나 재산을 무조건 버리라는 얘기는 아니다. 그보다는 필요 이상으로 집착하다 삶을 망치지 말라는 것이다. 우리 시대의 존경받는 철학자 김형석 교수도 나이 60세를 넘겨 75세까지 인생의 진정한 행복이 온다고 강조했지만 물질적으로는 중산층, 먹고살 만한 것이 좋겠다는 말도 잊지 않았다.

문제는 과도한 욕망이나 집착을 다스리는 것이다. 앞서 우리는 '인간의 실체는 무엇인가' 라는 질문을 다루면서 공자(孔子)와 법정(法頂) 스님의 말씀들을 살펴보았다. 공자는 논어 위정편(爲政篇)에서 "나는 열다섯에 학문에 뜻을 두었고, 서른에 뜻을 확고히 세웠으며, 마흔에는 어떤 유혹에도 흔들림이 없게 되었고, 쉰에는 천명을 알게 되었다. 예순에는 사물의 이치를 절로 알게 되었고, 일흔에는 마음이 가는 대로 해도 순리에 어긋남이 없게 되었다(子曰, 吾十有五而志于學, 三十而立, 四十而不惑, 五十而知天命, 六十而耳順, 七十而從心所欲不踰矩)"라는 유명한 글을 남겼다.

학문과 진실을 찾는 길에 확고한 목적을 세우고 살았던 공자의 가르침은 2500여 년의 세월을 지나서도 여전히 살아 있다. 공자(BC 551~BC 479)는 72년의 생애를 살았다. 당시로서는 굉장한 장수이다. 만약 그가 80을 넘겨 살았다면 어떤 글을 남겼을까? 유혹에 흔들리지 않고, 하늘의 뜻과 사물의 이치를 깨우쳐, 마음 내키는 대로 해도 법도에 어긋나지 않는 경지에 이른 인간의 다음 단계가 무엇일지 궁금하다.

아마도 무(無)나 허(虛) 자가 들어간 표현을 쓰지 않았을까? 인생 무상(無常)이거나 무소유(無所有)를 넘어 무위(無爲) 같은 경지를 강조하지 않았을까? 아니면 그냥 허허(虛虛)라고 해도 좋을 것 같다. 어느 쪽이든 인간은 나이 들어가면서 더욱 겸손해지고, 낮아지고, 비우고, 무엇이든 나눠줄 준비와 자세를 갖춰야 한다는 점을 설파했을 것으로 생각한다.

같은 맥락에서 법정스님의 '무소유' 사상도 되돌아보자. 법정 (1932~2010)은 아무것도 갖지 않을 때 비로소 온 세상을 얻게 된다고 가르쳤다. 내 몸이 내 것이 아닐진대 하물며 잠시 내게 온 권력이나 재산이 어찌 내 것이냐는 스님의 가르침은 지금도 준엄하게 울리고 있다. 하류 인생으로 전락하지 않되, 과도한 욕망과 집착에서 벗어날 수 있도록 생각하고 준비하는 삶이 미래를 여는 길잡이가 돼야 할 것이다.

6. 후회 없는 삶을 위하여

인간이 신이 되는 경지를 가리키는 호모데우스의 시대를 앞두고 있다지만, 아직 흔들림 없는 진리는 인간은 언젠가 반드시 죽는다는 것이다. 죽음 앞에 모든 인간은 평등하다. 어떤 인간도 죽음을 피해 가지 못한다.

이런 얘기를 듣고 상당히 놀란 적이 있다. 사람의 죽음을 진짜로 슬퍼하는 문상객은 가족이나 지인 가운데 10퍼센트 정도다. 다른 10퍼센트는 속으로 '내가 그간 섭섭한 일이 많았는데, 잘 죽었다'라고 생각한다. 나머지 80퍼센트는 별 관심이 없는 사람들이다. 인간의 죽음 앞에서 세상은 생각보다 무관심하다는 것이다. 한세상 살아가는 것이 그리 쉽지 않다는 얘기이기도 하다.

우리는 앞서 톨스토이의 소설 〈이반 일리치의 죽음〉이 주는 메시지를 살펴보았다. 소위 잘나가는 판사였던 주인공은 불치병 진단을 받고 죽어가는 과정에서 삶과 죽음, 인간관계의 실체와 소중함을 깨달아간다. 죽어가는 남편을 두고 연금을 따지는 아내와 결혼 걱정을 앞세우는 딸에게 실망하며, 끝까지 손을 잡아주는 아들이나 하인에게 감동한다. 그런 주인공이 지금껏 남의 부러움을 받은 자신의 삶을 '내려가는 삶'이었다고 말한다. 대신 죽어가면서 배우는 것을 두고 '올라가는 삶'이라고 털어놓는다.

미투(Me too) 바람에 휩쓸려 명성이 바래긴 했지만, 고은(1933~) 시인의 유명한 단시(短詩) 〈그 꽃〉은 이렇게 노래한다. "내려갈 때 보았네 / 올라갈 때 보지 못한 그 꽃."

이반 일리치의 '올라가는 삶'이나 고은 시인의 '내려갈 때 보이는 꽃'은 모두 나이 듦이 새로운 깨달음이거나 기회라는 점을 시사

당신의 미래에 던지는 빅퀘스천 10

한다. '어떻게 죽느냐'는 명제가 '어떻게 사느냐'와 다를 바 없다는 가르침이기도 하다. 그러나 대부분의 인간은 이런 관점을 모르거나 모르는 체한다.

그러다가 막상 죽음에 임박해서 후회하는 것이 인간이다. 2015년에 번역 출간된 《죽을 때 후회하는 스물다섯 가지》는 말기 암환자 1000명의 죽음을 지켜본 호스피스 전문의 오츠 슈이치(大津秀一)가 전하는 절절한 실화다. 어떻게 죽을 것이냐는 질문이 결국 어떻게 살 것이냐와 같은 명제임을 보여주는 내용이기도 하다. 목차만 훑어봐도 고개가 끄덕여지는 내용들이다. 첫 번째 '사랑하는 사람에게 고맙다는 말을 많이 했더라면'부터 스물다섯 번째 '신의 가르침을 알았더라면'까지, 그냥 생활하면서 조금만 마음을 고쳐먹으면 할 수 있는 것들이 대부분이다.

그중에 특히 인상적인 후회 몇 가지를 소개한다. 우선 세 번째 '조금만 더 겸손했더라면'이다. 항상 내가 최고라며 안하무인으로 살아온 환자의 후회다. 그는 이렇게 말한다. "나 혼자, 나만 잘났다고 믿고 살았다. 지금 생각하니 너무 후회스럽다."

네 번째, '친절을 베풀었더라면'도 같은 맥락이다. 평생 친절도, 선행도 모르고 독불장군처럼 살아온 환자의 후회다. 그는 "그동안 성공을 위해 많은 사람을 희생양으로 삼았다. 내 주위의 사람들은 모두 불행했을 것"이라며 눈물을 흘린다.

일곱 번째, '감정에 휘둘리지 않았더라면'에 인용한 말기 암환자는 "왜 그렇게 울고불고 화를 냈는지 모르겠다. 지금껏 끙끙 앓았던 문제들이 사실은 아무것도 아니었는데"라고 말한다. 인간은 감정의 동물이어서 순간의 감정에 자제력을 잃어버리곤 하지만, 마음을 조금만 고쳐먹으면 세상을 좀 더 여유롭게 살 수 있다는 얘기다.

이상 세 가지 후회는 스스로의 감정을 잘 다스려서 다른 사람에게 상처나 피해를 주는 말과 행동을 삼가자는 교훈을 담고 있다. 그런 마음가짐과 행동이 죽음에 직면해서 후회를 덜어준다는 가르침이기도 하다. 후회 없는 죽음은 곧 귀하고 값진 삶을 뜻하는 것이 아니겠는가.

7. 바보예찬론

/

2600여 년 전 쓰여진 노자(老子) 《도덕경》에 이런 말이 있다. "가장 곧은 것은 마치 구부러진 것같이 보이고(大直若屈), 가장 뛰어난 기교는 서툴러 보이며(大巧若拙), 가장 뛰어난 말솜씨는 더듬거리는 것처럼 보인다(大辯若訥)." 이 구절에서 비롯된 사자성어가 '큰 지혜는 어리석음과 같다'는 대지약우(大智若愚)다.

노자의 가르침은 재주나 용모, 권세와 재산에 대한 인간의 끝없는 욕망을 경계하는 것이기도 하다. 끝없이 갖고 싶고, 행세하고 싶고, 자랑하고 싶어 하는 인간 속성이 실제로는 어리석음의 근원이

당신의 미래에 던지는 빅 퀘스천 10

라는 것이다. 그런 단계를 넘어 조금 구부정해 보이고 서툴러 보이고 더듬거리는 경지에 큰 지혜가 있다는 가르침이다.

스티브 잡스는 이런 대지약우의 의미를 이해했던 것으로 보인다. 죽기 5년 전인 2005년, 자신이 다녔던 스탠퍼드대학교 졸업식 축사에서 그는 "항상 갈망하라(Stay hungry), 항상 바보 같아라(Stay foolish)"라는 기념비적인 말을 남겼다. 스탠퍼드 졸업생은 물론 전 세계 젊은이들에게 지금도 살아 있는 소중한 메시지다. 당시 췌장암 투병 중이던 그가 언급한 "항상 바보 같아라"는 바보가 되라는 뜻은 아니다. 조금 손해 보고 살더라도 자신의 이상과 가치를 향해 흔들리지 말고 나가라는 의미다. 그래야 큰 지혜, 큰 성취를 이룰 수 있다는 것이다.

스티브 잡스의 연설이 커다란 공감을 얻은 이유는 그의 삶이 진솔하게 담긴 내용이었기 때문이다. 스탠퍼드를 중퇴하고 자신이 창업한 애플에서 해고돼 방황하다 복귀해 위기에 처한 회사를 되살린 그의 굴곡 많은 인생이 다시 췌장암이라는 죽음의 공포와 싸움을 벌이고 있다는 사실을 아는 사람들은 공감하지 않을 수 없었다. 세계 최초의 스마트폰 상용화를 성공시키며 세계사의 물줄기를 바꿔버린 그의 큰 지혜를 알기에 '항상 바보 같아라' 라는 말은 울림이 컸다.

창조 경제의 시대로 불리는 21세기에는 바보가 희망이라는 주장도 제시된다. 지난 2010년 차동엽 신부가 펴낸《바보 존(zone)》이 좋은 예다. 저자는 역사에서 위대한 발명, 혁신, 발견의 공을 이룬 사람들은 한결같이 동시대에 인정받지 못하고 바보 소리를 들은 사람들이었다며, 바보는 패러독스라고 말한다. 이들은 단 하나를 살리기 위해 나머지 모두를 끊고 몰입하며, 마침내 현자로 드러난다.

차 신부가 가리키는 바보는 두려움도, 근심 걱정도, 심지어 포기도 없다. 받으려고 집착하는 대신 베푸는 낙을 즐기는 이들은 행복하다. 이런 경지의 바보는 더는 바보가 아니다. 오히려 이들의 어리석음이 어느 경지에 이르면 세상을 난국에서 구한다고 말한다.

노자와 스티브 잡스, 차동엽 신부의 바보론은 그냥 멍청한 사람이 되라는 가르침이 아니다. 오히려 큰 지혜를 흔들림 없이 갖추라는 것이다. 사소한 것은 버리고, 양보하고, 신경 쓰지 말라는 것이다. 대신 큰 지혜를 잡고 큰 목적을 이루라는 가르침이다.

8. 미 퍼스트(Me First)→위(We) 퍼스트→유(You) 퍼스트

나를 존중하면서 남도 배려하는 삶이 바람직스럽다지만, 말처럼 실천이 그리 쉬운 것은 아니다. 산업혁명 이후 자본주의적 세계관이 인간 사회를 지배하면서 나의 이익을 가장 중요시하는 '미 퍼스트(Me First)' 인식이 뿌리 깊이 자리 잡았기 때문이다. 개인의 이기심과 사유재산권 보장이 시장경제와 자본주의를 움직이는 근본 원리로 작동하고 있는 한 미 퍼스트는 사라질 수 없다. 실제로 지난 세기까지 벌어진 참혹한 전쟁과 이념 대립을 극복하고 이제 폭발 직전의 과학기술 혁신과 전반적인 생활수준 향상을 이끌어내는 과정에서 미 퍼스트에 근거한 자본주의적 동기 유발의 기여가 컸다는 점은 부인할 수 없다.

문제는 미 퍼스트가 도를 넘었다는 점이다. 고도성장을 이미 이룬 나라나 개발도상국들이 점점 심해지는 양극화를 해결하지 못해 고통과 갈등을 겪고 있다. 대중은 이미 행동으로 저항하고 있다. 지난 2011년 미 퍼스트 자본주의의 상징인 월 스트리트를 점령한 시위대는 "우리는 미국의 최고 부자 1퍼센트에 저항하는 99퍼센트 미국인의 입장을 대변한다", "미국의 상위 1퍼센트가 전체 부(富)의 50퍼센트를 장악하고 있다"고 외쳤다.

비슷한 시점에 북아프리카와 중동으로 번진 재스민혁명의 물결은 독재 권력이 경제력까지 장악한 불평등 구조를 더는 용납할 수 없는 시민들의 봉기였다. 그것은 미래 사회 진입을 앞둔 개인들의 집단적 자각이기도 했다. 인터넷과 스마트폰 SNS 등 첨단화된 통신수단을 활용해서 독재 정권을 몰아낸 개인들은 인권이 보장되면서 창의와 공유를 지향하는 새로운 시대를 만들어가고 있다.

자본주의 체제에서 자본가와 기업의 지나친 미 퍼스트를 견제하는 새로운 흐름이 '위 퍼스트(We First)' 다. 나보다 우리를 앞세우자는 구호다. 시위대가 월 스트리트 점령에 나서던 무렵에 브랜드 마케팅 전문가이자 컨설턴트인 사이먼 메인위링(Simon Mainwaring,

1967~)이 펴낸 《위 퍼스트, 우리가 원하는 세상을 산다》라는 책이 베스트셀러가 되면서 부각되기 시작됐다. 저자는 대기업들이 거둔 막대한 이익을 주주와 경영진, 직원들이 잔치하듯 나눠 갖는 현실을 비판한다. 전형적인 미 퍼스트라는 것이다.

저자는 기업이 거둔 이익은 기업만의 것이 아니라는 점을 강조한다. 무엇보다도 그 기업의 상품이나 서비스를 사준 고객들의 기여를 인정해야 하며, 기업 활동이 가능하도록 보장해준 제도와 사회의 기여도 감안해야 한다는 것이다. 사이먼 메인워링은 자본주의의 패러다임이 나 먼저(Me First)에서 우리 먼저(We First)로 전환하고 있다고 전제하고, 더 나은 세상의 건설은 기업이 이익을 낸 후에 해야 할 일이 아니라 이익 창출 수단의 일부로 기업의 일상이 돼야한다고 강조한다.

그는 이런 흐름을 외면하고 그들만의 잔치를 계속하는 기업에게는, 고객과 소비자들이 인터넷과 SNS를 활용해 적극적으로 개입해야 한다고 권한다. 이미 1990년대 후반부터 확산되고 있는 기업의 사회적 책임(CSR) 운동과 같은 맥락이되 소비자들의 역할을 더욱 강조하는 내용이다.

《위 퍼스트》는 21세기의 새로운 세대는 경쟁보다 협력, 사재기보다 공유, 유료보다 무료를 선호한다고 분류한다. 나아가 고립보다 연결, 하향식 중앙 집중화보다 상향식 탈중심화된 권한, 균질성보다 다양성, 통제보다는 자유로운 표현을 추구하는 흐름을 제시한다. 이런 흐름 속에서 인간은 남들과 삶을 공유하면서 공동체를 같이 세우려는 성향을 더욱 중시하고 있으며, 따라서 우리 먼저 사고가 자본주의에 통합될 수밖에 없다고 강조한다.

이런 위 퍼스트에서 한발 더 나아간 것이 '유 퍼스트(You First)'다. 한마디로 당신, 즉 남을 먼저 배려하자는 것이다. 만나는 모든 사람들 앞에서 자신이 먼저 낮아지고, 겸손해지고, 배려하고, 양보하는 자세를 뜻한다. 영어권에서 에티켓으로 사용되는 '애프터 유(after you)'와 비슷한 개념이다. 미국에서는 엘리베이터나 회전문 등을 이용할 때 상대를 앞세우는 애프터 유가 상식이다. 요즘 우리나라 결혼식 주례사에서도 '유 퍼스트'가 자주 들린다. 부부간에도 항상 상대를 먼저 배려하고 뒤따라가는 자세로 살면 화목하고 행복한 가정을 이룰 수 있기 때문이다.

시대는 무섭게 변화하고 있다. 우리에게 미 퍼스트를 상징하는 사회적 현상은 갑질이었다. 권력이나 부를 앞세워 인간을 대놓고 차별하거나 학대하는 문화였다. 땅콩 회항 사건이나 운전기사 막말 폭행 사건이 대표적이다. 우리는 그런 사건을 일으킨 갑질의 당사자들이 들끓는 여론에 밀려 자리에서 물러나고 사법처리까지 받는 장면을 생생하게 목격했다. 그런 기업의 신뢰도나 주가는 엄청난 타격을 입었다.

재벌이든 권력자든 갑질하다 걸리면 재산이나 권력을 빼앗길 수 있다는 인식이 보편화된 시대다. 인터넷과 SNS를 갖춘 을(乙)들이 분노하면 누구든 날릴 수 있는 세상이다. 이제는 더는 갑질이 통용되지 않는 시대다. 아니, 갑이 없는 시대다.

9. 미래는 단수(單數)가 아니라 복수(複數)

1960년에 한국인의 평균수명은 52세였다. 2017년 현재 평균수명은 82.7세. 60년이 채 지나지 않아 30년 이상을 더 살게 된 것이다. 지난 10년간 평균수명이 3.1세 늘었으니 연평균 0.3년씩 늘고 있는 셈이다. 이런 추세는 경제력이나 과학기술 발전 속도를 감안하면 앞으로도 계속될 것이다. 웬만하면 90세, 100세를 넘길 날이 멀지 않았다.

그러나 오래 산다고 무조건 좋은 것인가. 사람답게 존중받고, 베풀면서 오래 살아야 하지 않겠는가. 우리가 주인이 되는 위 퍼스트, 남을 먼저 배려하는 유 퍼스트의 시대를 앞당기면서 장수 시대를 맞이해야 하지 않겠는가. 그러려면 준비가 필요하다. 건강하고 행복하며 존중받는 삶은 그냥 주어지지 않는다. 준비하고 노력하는 사람들의 몫이다.

그럼 어떻게 해야 할까. 각자 취향과 형편, 계획에 따라 방법은 얼마든지 다를 수 있다. 한 가지 분명한 점은 누구든 지금부터 남은 인생을 제대로 설계해보자는 것이다. 세상에서 가장 소중한 나의 인생을 아무 생각 없이, 계획 없이 살아가서는 안 되기 때문이다.

우선 개인별로 일종의 인생 계획서인 '퓨처 맵(future map)'을 만들어보길 권한다. 먼저 내가 생각하는 삶의 목표와 비전, 세상에 태어난 이유와 남은 생애 동안 나아갈 방향을 정리해보자. 그리고 미래에 다가올 기간 별로 실행 목표와 계획을 구체적으로 작성해보면 좋겠다.

앞서 언급한 짐 데이토 하와이대 미래전략연구센터 소장은, 전 세계 29명 미래학자들의 견해를 묶어 2002년에 펴낸 《다가오는 미래(Advancing Futures)》에서 유명한 말을 남겼다. "미래는 예측하는 것이 아니라 창조하는 것(Futures study is to create the future, not to forecast it)"이라는 말이다. 이 책에서 누누이 강조하지만, 미래는 주어지는 것이 아니라 만들어가는 것이라는 얘기다.

그는 "미래는 하나(단수)가 아니라 복수(複數)"라고 한다. 어떻게 만들어가느냐에 따라 얼마든지 다른 미래가 가능하다는 것이다. 다시 말해 우리가 선호하는 미래(preferred future)를 설정하고 이를 만들어가는 것이 진정한 미래의 모습이다. 그는 우리가 선호하는 바람직한 미래를 '대안적인 미래(alternative future)'라고 표현한다. 이 대안적인 미래는 우리가 파악할 수 없는 불가피하고 불가능한 대상이 아니라 우리의 노력 여하에 따라 이끌어낼 수 있는 복수의, 가능한 미래로 볼 수 있다. 그래서 미래는 복수라고 한다.

10. 이제라도 미래를 보자

/

지금까지 미래를 연구하고 대비하는 담론들을 '10가지 빅 퀘스천 (Big Questions)'으로 나눠 소개했다. 급변하는 세상, 빠르게 다가오는 미래의 여러 모습과 대응 방안도 모색했다. 행복한 삶, 바람직한 미래도 살펴봤다. 오늘을 사는 우리에게 필요한 마음가짐과 준비 방안도 공유했다.

그러나 여전히 아쉬움이 남는다. 전반적으로 우리 사회는 미래에 대한 담론과 준비가 너무 부족하다는 느낌이다. 문재인 정부도 출범 초기 '적폐 청산'으로 받은 박수를 보다 나은 생활, 새로운 비전 등 미래 담론으로 이어가지 못하고 있어 아쉽다. 미래를 여는 길목에 해당하는 경제가 좀처럼 돌파구를 찾지 못하고, 과학기술 혁신 역시 인적 청산과 규제에 발목 잡혀 있다. 일자리는 지지부진이고 고령화와 노인 빈곤, 결혼 기피와 출산율 저하 등 미래와 직결된 이슈들은 가까스로 현상 유지거나 아니면 뒷걸음질이다.

남북관계 개선과 통일의 가능성은 미래를 여는 새로운 돌파구가 될 수 있다. 그래서 문재인 정부는 국정 최우선 순위를 북한과 통일 문제에 맞추고 있다. 실제로 2018년 이후 한반도 정세는 극적인 반전을 거듭하고 있다. 일제 식민지에서 해방된 이후 통일에 대한 기대감은 최고조에 달하고 있다. 좌파나 우파, 진보와 보수, 청년과 장년 이후 세대 등 모든 진영을 망라해서 통일을 반기지 않을 사람은 없다. 다만 통일이라는 이슈가 모든 담론과 정책의 블랙홀이 되는 것은 바람직하지 않다.

경제도, 과학기술도, 개인의 인권이나 행복까지도 '통일만 되면…'이라는 전제로 묶어버릴 수는 없다. 통일이 지연되거나 다시 멀어지면 어쩔 것인가. 그동안 우리는 미래를 준비할 귀중한 시간과 자원을 날리게 된다. 그 책임은 실로 막중하다. 요컨대 남북관계나 통일 과제를 진전시키는 데 최선을 다하되 미래를 준비하는 어젠다를 설정하고 강력히 추진해나가야 한다는 것이다. 국가가 방향을 제대로 설정해주면 개인들의 준비와 적응은 훨씬 쉽다. 성경에 비유하자면, 목마른 양들을 물가로 인도하는 것은 목자인 국가의 책무이기 때문이다.

얼마 전까지만 해도 인생을 '30+30+알파@'라고 표현했다. 부모 밑에서 30년, 부모로 30년을 보내고 환갑 넘기면 얼마 남지 않은 여생을 보낸다는 의미다. 이런 시대는 지나갔다. 이제 '30+30+30+α'의 시대다. 환갑 지나 30년은 당연하고, 그 이후에 얼마를 더 살지 모르는 세상이다. 이런 시대 변화는 국가나 개인 모두에게 미래 준비를 요구한다.

늘어나는 시간은 덤이 아니다. 엄연히 생명의 연장이다. 삶의 기회가 확대되는 것이다. 아무 생각 없이, 준비 없이 맞이하는 미래는 재앙일 수 있다. 국가든 개인이든, 이제라도 다가올 날들을 생각하자. 미래를 준비하자. 모두 미래파가 되자.

미래를 준비합시다.

미래는 이미 우리 곁에 와 있습니다.

현재가 과거로 변하면, 미래는 곧 현실이 됩니다.

미래 준비가 필요한 이유입니다.

미래를 모르는 채 살아가는 것은

망망대해에서 나침반 없이 항해하는 것과 같습니다.

미래를 창조합시다.

미래는 갈수록 다양하고 빠르게 변합니다.

미래를 정확히 예측하고 각각의 미래를 만들어갑시다.

그럴 때 우리는 개인으로서, 조직 구성원으로서,

국가 사회의 일원으로서 남보다 앞서갈 수 있습니다.

우리 모두 미래파가 됩시다.

과거에 연연할 겨를이 없습니다.

현재에 안주해서도 안 됩니다.

우리의 발목을 잡았던 이념 대립의 굴레에서 벗어나

미래파가 됩시다.

미래파가 많아질수록 우리 사회는 한결 밝아질 것입니다.

미래의 성공은 미래파의 것입니다.

과거에 연연하거나 현실에 안주하면 성공할 수 없습니다.

미래 개척의 선구자로서 긍정적으로 사고하고

적극적으로 행동합시다.

그럴 때 우리는 훌륭한 미래인(Futurist)으로서

성공적인 인생의 주인공이 될 것입니다.

우리는 여기에 웃으려고 왔는가, 울려고 왔는가?
우리는 지금 죽어가고 있는가, 거듭나고 있는가?

카를로스 푸엔테스(Carlos Fuentes)의 《테라 노스트라》에서

30여 년 전에 나온 앨빈 토플러의 《제3의 물결》은 이런 문구로 시작한다. 하루하루 먹고살기에 급급했던 우리에게 미래를 생각하고 준비해야 한다는 각성을 준 책이다.

미래 준비에 꼭 필요한 10대 이슈를 제시하는 작업을 시작하면서 이 문구부터 다시 읽었다. 세월이 책갈피를 변색시켰으나 글과 말의 울림은 여전했다. 그리고 6개월에 걸친 작업을 시작했다. 매주 한 차례 토론 모임을 통해 정리된 내용들을 쌓아올렸다. 10대 이슈를 한 장(章)씩 나누되 이슈별 핵심을 10개 관점으로 분류했다. 10(10대 이슈) × 10(10개 관점)의 구도로 정리한 것이다.

과학기술의 급속한 발전이 핵심 내용 중 하나인 만큼 학술 및 기술 용어들을 가급적 쉽게 풀이하려 노력했다. 삶과 죽음, 권력의 이동, 행복과 지성 같은 근원적 문제들을 인문학적 관점에서 다루고자 고심했다. 인용된 전문가들의 저서와 논문을 최대한 확인했다. 근거 자료 확인과 그래픽 처리에는 세계미래포럼 사무국 직원들의 지대한 기여가 있었다. 그럼에도 책의 내용에 오류가 있다면 저자들의 책임이다.

지난날 우리는 늘 쫓아가는 입장이었다. 패스트 팔로워(Fast Follower)였다. 미래만큼은 패스트 무버(Fast Mover)로 가야 한다. 그렇게 거듭나야 한다. 책을 덮으면서 다시 토플러의 인용구를 생각한다.

'우리는 지금 죽어가고 있는가, 거듭나고 있는가?'

손병수

주

1. 리처드 도킨스, 《이기적 유전자(The Selfish Gene)》, 1976년

2. 국내에서는 2015년에 번역본 《나란 무엇인가》로 발간

3. 셸리 케이건, 《Death》, 2012년

4. 네이버TV '지식인의 서재'

5. 피노 아우디아 외, The Paradox of Success: An Archival & Laboratory Study of Strategic Persistence Following Radical Environmental Change, 2000년

6. 윌리엄 데레시에비츠, The Disadvantages of an Elite Education, The American Scholar 2008년 여름호

7. 이영탁, 《미래와 세상》, 2013년

8. 토머스 프리드먼, 《늦어서 고마워(Thank You for Being Late)》, 2017년

9. 레이 커즈와일, 《특이점이 온다(The Singularity Is Near)》, 2007년

10. 홍성욱 서울대 교수, '홍성욱의 포스트휴먼 오디세이'

11. 포린 폴리시(Foreign Policy), 2015년 1월 15일자

12. 최정규, 《이타적 인간의 출현》, 2009년

13. 신영복, 《담론》, 돌베개, 2015년

14. 청나라 말기 학자겸 관리 이종오(李宗吾, 1879~1944)가 펴낸 일종의 처세술 책

15. 춘추시대 손무(孫武)가 지은 병법서. 손무는 실존 여부가 아직도 논란인 인물이다.

당신의 미래에 던지는
빅 퀘스천 10

제1판 1쇄 인쇄 | 2019년 4월 12일
제1판 1쇄 발행 | 2019년 4월 19일

지은이 | 이영탁, 손병수
펴낸이 | 한경준
펴낸곳 | 한국경제신문 한경BP
책임편집 | 마현숙
저작권 | 백상아
홍보 | 김새누리 · 이여진 · 조남경
마케팅 | 배한일 · 김규형
디자인 | 지소영
본문디자인 | 디자인 현

주소 | 서울특별시 중구 청파로 463
기획출판팀 | 02-3604-553~6
영업마케팅팀 | 02-3604-595, 583   FAX | 02-3604-599
H | http://bp.hankyung.com   E | bp@hankyung.com
T | @hankbp   F | www.facebook.com/hankyungbp
등록 | 제 2-315(1967. 5. 15)

ISBN 978-89-475-4466-5 03300